透视与展望

中国与国际发展报告 2023—2024

商务部国际贸易经济合作研究院 ｜著
国际发展合作研究所

中国商务出版社
CHINA COMMERCE AND TRADE PRESS

图书在版编目（CIP）数据

透视与展望：中国与国际发展报告. 2023—2024 /
商务部国际贸易经济合作研究院国际发展合作研究所著
. —北京：中国商务出版社，2023.12（2024.7重印）
　ISBN 978-7-5103-4866-2

　Ⅰ.①透…　Ⅱ.①商…　Ⅲ.①中外关系—国际合作—
研究报告—2023—2024　Ⅳ.①D822

中国国家版本馆 CIP 数据核字（2023）第 203319 号

透视与展望：中国与国际发展报告 2023—2024

TOUSHI YU ZHANWANG：ZHONGGUO YU GUOJI FAZHAN BAOGAO 2023—2024

商务部国际贸易经济合作研究院　　　著
国际发展合作研究所

出　　　版：中国商务出版社
地　　　址：北京市东城区安外东后巷 28 号　　　邮　　编：100710
责任部门：融媒事业部（010-64515164）
责任编辑：云　天
直销客服：010-64515164
总 发 行：中国商务出版社发行部（010-64208388　64515150）
网购零售：中国商务出版社淘宝店（010-64286917）
网　　　址：http://www.cctpress.com
网　　　店：https://shop595663922.taobao.com
邮　　　箱：631229517@qq.com
排　　　版：北京天逸合文化有限公司
印　　　刷：北京九州迅驰传媒文化有限公司
开　　　本：787 毫米×1092 毫米　1/16
印　　　张：19.25　　　　　　　　字　　数：378 千字
版　　　次：2023 年 12 月第 1 版　　印　　次：2024 年 7 月第 2 次印刷
书　　　号：ISBN 978-7-5103-4866-2
定　　　价：128.00 元

编者简介

　　商务部国际贸易经济合作研究院（简称商务部研究院）是 2015 年中央确立的首批国家高端智库建设单位之一。商务部研究院国际发展合作研究所长期致力于中国对外援助、国际发展合作政策研究，在中国国际发展合作政策规划、体制机制改革、监督评估、国别分析、领域专题等方面具有丰富的研究积累，长期跟踪国际发展形势和援助政策动向，与国际机构开展联合研究和交流合作，为中国国际发展合作管理和参与部门提供政策咨询服务。商务部研究院自 2020 年起每年主办"中国与国际发展论坛"，2022 年牵头成立"中国与国际发展智库联盟"，以国内外深度学术交流和知识共享为特色，为相关政府部门、国际组织、国内外专家学者就国际发展合作、落实可持续发展目标提供交流对话平台。出版《国际发展合作之路——40 年改革大潮下的中国对外援助》、《国际发展援助的中国方案》（中英文版）、《兼容并蓄与因地制宜？各国开展发展合作的方式及对中国的借鉴意义》（中英文版）等著作，对外发布《面向"昆明目标"时代的中国生物多样性对外援助》《中国能源对外援助赋能非洲的多重路径：观点纪要》《国际儿童发展合作研究概述》《国际合作支持儿童营养和可持续发展：以营养包走出去为例》《妇幼健康国际发展合作研究报告》《探索"债转发展"，拓展债务处理和发展融资新渠道：观点报告》《创新可持续发展融资，探索混合融资、公私合作新模式：观点报告》等研究报告，设有"中国与国际发展"公众号和"国际发展与援助"网站。

编委会

大道之行，天下为公。

2023 年对于中国和国际发展而言都是意义重大的一年。

这一年，联合国 2030 年可持续发展议程进程过半，但进展堪忧。百年未有之大变局加速演进，全球新冠肺炎疫后经济复苏乏力、地缘政治冲突升级、气候危机加剧、技术发展规则失范等全球性挑战叠加，单边主义、保护主义、霸权主义正在严重威胁人类的共同繁荣，全球发展的不确定性与不稳定性急剧增加。面对大变局、大挑战、大调整，发展问题正在重回国际议题的核心，国际发展合作的作用愈发凸显。9 月召开的联合国可持续发展目标峰会上，各国领导人通过了可持续发展目标政治宣言，重申对可持续发展目标的承诺与支持。

这一年，中国走过新时代十年的非凡历程，迎来习近平主席提出构建人类命运共同体理念、共建"一带一路"倡议、正确义利观、真实亲诚对非政策理念和亲诚惠容周边外交理念 10 周年，以及中国援外医疗队派遣 60 周年，也是全球发展倡议全面落实年。7 月 10 日，全球共享发展行动论坛首届高级别会议在北京召开，来自 158 个国家和国际组织代表共商全球发展大计，推动全球发展倡议走深走实。10 月 17—18 日，中国成功举办第三届"一带一路"国际合作高峰论坛，形成了包括 1000 个小型民生援助项目在内的 30 余项发展合作成果。经过新时代十年的改革与创新，中国国际发展合作作为助力可持续发展目标、深化南南合作的"中国方案"，为全球共同发展繁荣作出了积极贡献，正在迈向更高水平、更高质量的新征程。

这一年，站在新的历史节点，作为长期从事中国与国际发展政策研究的专业机构，商务部国际贸易经济合作研究院国际发展合作研究所，倾注全所之力，联合所内外研究人员，推出首部《中国与国际发展报告：透视与展望 2023—2024》（以下简称《报告》），希望在几十年的研究积累之上，从宏观形势、热点专题、地区国别、发展议题等多维视角，对当前中国与国际发展合作做出尽量全面而系统的分析，以期向国内外各界展示我们对于中国与国际发展现状和未来的观察与思考。

《报告》共有五个部分、二十六章，聚焦发展这一时代主题，紧扣全球发展大势，全面呈现中国与国际发展合作最新形势与趋势、机遇与挑战、政策与实践。第一部分是综述篇，分析全球发展合作总体形势，总结中国国际发展合作经验与贡献。人类社会面临前所未有的挑战，无论是发展还是安全，乃至思想文化取向，世界都处在何去何从的十字路口。面对多重危机挑战，全球发展合作的资金规模虽然连创历史新高，但发展融资鸿沟难以弥合，发达国家援助利己主义倾向明显加剧，"全球南方"被置于大国博弈前沿，推动加速实现可持续发展目标需要国际发展合作发挥更大作用。"己欲立而立人，己欲达而达人"。作为"全球南方"的当然成员，中国相继提出全球发展倡议、全球安全倡议与全球文明倡议，向全球发展提供的公共产品更加丰富。中国国际发展合作步伐加快，法治建设取得实质进展，体制机制不断完善，信息发布机制持续健全。中国国际发展合作交出了世界十字路口发展选择之间的"中国方案"。

《报告》的第二部分选取近年具有典型特点的国际发展议题进行重点阐释。2023年是共建"一带一路"倡议提出十周年。10年来，中国在120多个共建国家开展2000多个援外项目，建立80多个经贸合作区，拉动近万亿美元投资规模，培训各领域人才10万余人，使近4000万人摆脱贫困。这条造福世界的"发展带"和惠及人类的"幸福路"带动形成了中国特色国际发展合作新范式。针对发展中国家面临的债务处理僵局，"债转发展"专题建议创新债务处理方法，就探索适合中国实际的债转发展方案提出了具体建议。围绕儿童这一脆弱群体，"儿童国际发展合作"专题指出，尽管针对儿童发展的顶层设计、发展共识、援助方式、合作伙伴等都有所提升，但儿童的健康与福祉依然面临严重危机。"紧急人道主义援助"专题在总结国际人道主义形势基础上，详细分析了中国紧急人道主义援助的实践与特点。2023年是联合国2030年可持续发展议程的中期评估年，"国际发展合作评估"专题指出，中国特色的援外评估体系日渐成熟，基本形成了"日常评估—专项评估—五年综合评估"的多层次评估体系。

《报告》的第三部分聚焦地区与国别，从发展中国家和地区参与发展合作的角度，分析亚洲、非洲、南太、拉美和加勒比地区的发展挑战及国际发展合作动向，并从国际发展合作提供方的角度，分析国际发展政策、特点及趋势。当前，发展中国家和地区的发展融资需求急剧上升。亚洲强劲的经济韧性中蕴含各种安全挑战，各援助方在亚洲的博弈日趋激烈。针对内外交困的非洲，发达国家出于地缘政治考虑，纷纷加大合作力度。在"印太战略"影响下，曾长期处于发展合作边缘的南太平洋岛国开始获得更多援助青睐。拉美和加勒比地区获得的国际援助关注较少，主要域内国家兼具援助国和受援国的双重属性，三方合作活跃。

近几年，传统发展合作提供方的资金规模呈增长态势。美国援助"回归"中心地位，在"新华盛顿共识"下呈现出内顾性和"利己主义"倾向。德国的发展合作政策延续性强，致力于在气候变化等发展议题上发挥引领作用，强调女性主义的发展政策。英国的国际发展合作体制和政策发生了重大调整，虽然削减援助资金，但期待"重回"发展合作领导者地位。日本依据国家安保战略修订《发展合作大纲》，创立"官方安全援助"机制，援助呈现安全化战略转向。法国出台发展援助新法案，持续加大援助投入，表现出提升国际影响力的"大国雄心"。欧盟更加注重整合发展资金和工具箱，"全球门户"计划、"全球欧洲"融资框架持续落地，加速构建欧盟国家发展合作的整体性和统一性。新兴援助国在援助理念、体制机制、合作模式方面均呈现出不同于传统援助国的新特色，凭借平等互利、不附加政治条件等援助原则及多元化、创新性的援助模式，日益成为全球发展的重要力量，推动国际发展格局深度调整。

《报告》第四部分围绕全球发展倡议的八大重点领域，分析各领域的国际形势、发展合作实践与中国贡献。减贫因气候危机、地缘冲突等问题突出亟需大量援助，粮食安全形势已连续四年恶化，全球卫生因新冠疫情的冲击虽然资金投入攀升但缺口依然巨大，发展筹资呈现多样化、规范化特点的同时面临借贷困境、协调矛盾和效率赤字三大矛盾，气候合作和绿色发展在国际共识下取得可喜进展，数字发展合作已成为抢占全球治理变革先机的重点新兴领域，互联互通成为国际发展资金的投入热点但博弈加剧，工业化发展则尚未获得国际援助的足够关注。中国提出全球发展倡议，推动发展问题成为国际议程的核心，在减贫、粮食安全、卫生健康、气候变化、数字经济、互联互通和工业化等领域加大援助资源投入力度，作出了积极贡献。

《报告》第五部分全面梳理中国与国际发展大事记，清晰简明地呈现1945年至2023年有关发展合作的国内外事件，展现出在"二战"后至今的近八十年的历史长河中，中国与国际发展的源起、演进、调整与变化。

《报告》由商务部研究院顾学明院长、俞子荣副院长全程指导和严格把关，由国际发展合作研究所所长王泺担任副主编，姚帅担任执行主编，全所同事联合所内外研究人员共同完成。综述篇由姚帅、郭语撰稿，专题篇由刘娴、孙天舒、陈小宁、张晨希、徐佳敏、姚帅、张闰祎撰稿，国别地区篇由杨冬婉、毛小菁、阮思诺、徐佳敏、郭语、张晨希、张闰祎、姚帅、刘娴、王雪莲撰稿，领域篇由周梁、袁晓慧、何其为、刘娴、张晨希、孙天舒、陈小宁、范伊伊、王钊撰稿，大事记由王泺、贾子涵、张闰祎汇总整理，史博丽博士在编辑、统稿过程中给予了大力支持。本书的每一章都倾注了各位作者的心血。由于时间所限，难免存在纰漏和不妥之处，敬请批评指正。

《报告》在撰写和出版的过程中得到了许多领导的关心，在此感谢商务部、外交部、财政部、国家国际发展合作署等政府部门的长期指导。《报告》也得益于与国内外机构、专家学者、业内人士的持续交流、研讨与合作，在此一并感谢。同时，感谢中国商务出版社的细心编辑，使《报告》得以顺利出版。

发展是人类社会的永恒主题，各国人民热切期盼通过发展实现对美好生活的向往。习近平总书记在党的二十大报告中指出，中国愿加大对全球发展合作的资源投入，致力于缩小南北差距，坚定支持和帮助广大发展中国家加快发展。聚沙成塔、汇滴成海，全球发展需要世界各国携手同行。新征程上，中国将积极承担大国责任，继续向国际社会分享中国式现代化的发展经验，不断创新适用于他国国情的发展合作方案，促进国家间的协调与合作，积极应对全球发展挑战，为构建人类命运共同体、实现世界各国繁荣与发展、加速实现联合国 2030 年可持续发展目标贡献中国力量。

目录 **Contents**

综述篇

专题篇

国别地区篇

领域篇

综述篇

第一章
全球发展合作：新挑战、新形势、新格局[①]

2023 年，世界百年未有之大变局加速演进，地缘政治冲突、气候变化、粮食安全、人道主义危机等多重挑战叠加共振；逆全球化、反多边主义、民粹主义思潮盛行，全球发展面临的不确定性、不稳定性持续增加。面对大变局、大挑战、大调整，发展议题泛化加剧、援助国面临本国发展困境与受援国需求增长的双重压力，无论是南北合作还是南南合作都在探索新的模式与方向，全球发展合作呈现出新形势与新格局。

一、多重危机影响下全球发展挑战加剧

当前，和平赤字、发展赤字、安全赤字、治理赤字持续加重。从历史的长、中、短时段划分视角看，当今时代处于三个时段叠加共振的"巨变"状态[②]，即长时段的气候变化，中时段的产出水平、技术进步和人口结构的变化，以及作为短时段标志性事件的乌克兰危机、巴以冲突同时出现。2023 年 5 月 5 日，世界卫生组织宣布新冠疫情不再构成"国际关注的突发公共卫生事件"，标志着持续三年之久的新冠疫情大流行的终结。然而，新冠疫情留给世界的重创将长期存在，全球发展遭受严重冲击，在多重危机挑战交织的背景下，全球发展形势表现出前所未有的复杂性和严峻性。

（一）可持续发展目标（SDGs）进展受挫，全球发展前景堪忧

2015 年制定的可持续发展议程和目标到 2023 年进程过半，然而，过去几年，在气候灾害、冲突、经济衰退和新冠疫情的持续影响和叠加作用下，可持续发展目标进程几十年来首次出现倒退。在 169 个具体目标中，仅有 15% 的目标在按计划推进，近一半目标轻度甚至严重偏离轨道，约三成目标止步不前甚至低于 2015 年基准。《可持续发展目标报告 2023：特别版》发出警示："到 2030 年，世界将无法实现大部分可持续发

[①] 本章撰稿人：姚帅，商务部国际贸易经济合作研究院国际发展合作研究所副研究员。
[②] 张宇燕：《站在历史的十字路口——关于当前的国际形势与全球治理》，《俄罗斯研究》，2023 年第 3 期。

展目标。"① 联合国秘书长古特雷斯呼吁："除非我们现在就采取行动，否则 2030 年议程就可能成为被葬送世界的一篇墓志铭。"《2023 年全球可持续发展报告》建议，实施 2030 年议程需要积极调动政治领导和雄心，实现以科学为基础的变革。② 在 2023 年 9 月 18 日举行的联合国可持续发展目标峰会上，各国领导人就加快行动实现可持续发展目标达成了政治宣言，承诺为发展中国家提供资金。

（二）减贫成果逆转，贫困人口数量庞大

2000 年以来，尽管全球贫困率已经下降了一半以上，但受新冠疫情直接冲击，2020 年全球生活在极端贫困中的人数上升至 7.24 亿，极端贫困率从 2019 年的 8.3% 上升到 9.2%，是 1998 年以来首次上升，也是 1990 年以来的最大增幅。③ 受全球通货膨胀和乌克兰危机影响，到 2022 年底有多达 6.7 亿人仍生活在极端贫困中。2023 年 7 月发布的全球多维贫困指数（MPI）报告显示，在该指数所覆盖的 110 个国家当中，有 11 亿人生活在严重的多维贫困中，占总人口的 18% 以上。有 5/6 的贫困人口生活在撒哈拉以南非洲（5.34 亿人）和南亚（3.89 亿人），近 2/3 的贫困人口（7.3 亿人）生活在中等收入国家。在过去三年，全球 46 个最不发达国家约有 1.6 亿人落入贫困线以下。联合国预测，按目前的趋势，到 2030 年全球贫困率将达到 7%，仍将有 5.75 亿人生活在极端贫困中，其中大多数分布在撒哈拉以南非洲。

（三）地缘冲突长期化，流离失所人数创新高

当前，全球人道主义形势正面临"二战"结束后的最严重挑战，武装冲突数量达到 1945 年以来最多，暴力冲突长期化、反复化，自然灾害加剧了冲突这一人为灾难。2022 年初爆发的乌克兰危机久拖不决，2023 年上半年，苏丹、刚果（金）、缅甸等国冲突，索马里干旱、洪水及动荡局势，阿富汗人道主义危机等，造成流离失所人口大幅上升。联合国难民署 2023 年 10 月 25 日发布的《年中趋势报告》显示，截至 2023 年 9 月底，全球流离失所人数达到创纪录的 1.14 亿。在全球流离失所者中，过半为境内流离失所者，中低收入国家收容了 75% 的难民。10 月初爆发的新一轮巴以冲突正持续恶化人道主义形势。面对冲突的长期化及多地冲突的扩散或升级，联合国秘书长古特雷斯在第 78 届联合国大会一般性辩论上指出"全球人道主义系统濒临崩溃"。2023 年

① 联合国：《可持续发展目标报告 2023：特别版》，第 8 页。

② Independent Group of Scientists appointed by the Secretary-General, Global Sustainable Development Report 2023: Times of crisis, times of change: Science for accelerating transformations to sustainable development, United Nations, New York, 2023.

③ 联合国：《2022 年可持续发展目标报告》，2022 年 7 月，第 26 页。

12 月举行的第二届全球难民论坛将是国际社会共同应对人道危机的集体行动。

（四）气候危机已对全球发展与安全造成广泛影响

气候变化的后果包括极端干旱、缺水、重大火灾、海平面上升、洪水、极地冰层融化、灾难性风暴以及生物多样性减少等。当前气候危机造成的破坏已然广泛，2023年极端天气和气候事件频发，世界气象组织预计 2023 年气温升高或创历史之最高。气候变化叠加新冠疫情和地区冲突的影响，全球粮食供应链被打乱，粮食短缺问题日趋严峻，2022 年全球饥饿人口达 7.83 亿人，相比 2019 年增加了 1.22 多亿人。气候危机也带来公正问题，历史上对气候变化影响最小的脆弱群体正受到最严重的冲击①，并急需紧急援助。此外，尽管应对气候危机已是国际共识，但资金缺口巨大。仅在生物多样性方面，发达国家向发展中国家提供的资金，到 2025 年至少需要增加到每年 200 亿美元，到 2030 年至少要增加到每年 300 亿美元，到 2030 年全球至少要筹集到 2000 亿美元资金用于生物多样性保护。

二、援助因突发危机而连创历史新高

由于新冠疫情这一突发性全球危机，以及疫情由公共卫生危机到深层次的社会经济危机所带来的直接刺激，2020—2022 年全球发展援助水平大幅增加，连续三年创历史新高。据经济合作与发展组织（OECD）的不完全统计数据计算，2020—2021 年全球发展援助规模分别达到 2542 亿美元、2725 亿美元的历史高位。

目前，全球发展合作的参与主体和资金来源已呈现多元化特点，主要为 OECD 发展援助委员会（DAC）成员国（即传统援助国）、新兴经济体（非 DAC 成员）等官方主体以及多边机构（国际组织、多边和区域发展金融机构）、非政府组织和私营部门等。DAC 是协调发达国家对发展中国家援助的最重要机制，又被称为西方主导的"援助国俱乐部"，在"二战"后的全球治理体系建立和发展中发挥着关键作用，其成员国在 20 世纪最后的 20 年中提供了全球约 95% 的发展援助。目前，传统援助国仍主导国际发展合作格局，但新兴经济体、非政府组织、私营部门等主体正在发挥越来越重要的作用。据统计，2021 年 DAC 成员的官方发展援助（ODA）占全球发展援助总额的 68%，多边机构占比 21%，新兴经济体②占比 7%，非政府组织和私营部门占比 4%（见

---

① IPCC：AR6 Synthesis Report：Climate Change 2023，March 2023.
② 仅统计了向 OECD 汇报 ODA 数据的国家和地区，主要包括爱沙尼亚、以色列、拉脱维亚、立陶宛、阿塞拜疆、保加利亚、克罗地亚、塞浦路斯、哈萨克斯坦、科威特、列支敦士登、马耳他、卡塔尔、摩纳哥、罗马尼亚、土耳其、沙特阿拉伯、阿联酋、泰国、中国台湾地区。

图1-1）。为了全面衡量流入发展中国家的发展性质的资金贡献，DAC引入了"可持续发展官方支持总额（TOSSD）"，将ODA、其他官方资金（OOF）、调动的私人资金、南南合作、三方合作以及全球公益事业的投入都涵盖在内。根据TOSSD从105个提供方收集的100多万项支持可持续发展的活动统计，2021年TOSSD总支付额达3940亿美元。

注：作者根据OECD公布的ODA净支付额制作。非DAC成员仅限于向OECD汇报ODA数据的国家和地区，主要包括爱沙尼亚、以色列、拉脱维亚、立陶宛、阿塞拜疆、保加利亚、克罗地亚、塞浦路斯、哈萨克斯坦、科威特、列支敦士登、马耳他、卡塔尔、摩纳哥、罗马尼亚、土耳其、沙特阿拉伯、阿联酋、泰国、中国台湾地区。

图1-1　全球发展援助的资金规模与主要构成

2020年以来，传统援助国的ODA规模因新冠疫情和乌克兰危机等突发性事件呈现整体增长态势。OECD发布的2022年初步数据显示，DAC成员国的ODA达到2040亿美元，同比实际增长13.6%，是官方发展援助历史上单年增长率最高的年份之一，仅次于2005年，当时由于特殊的债务减免行动，ODA净额增长了32%。ODA占国民总收入（GNI）比重大幅上升至0.36%，上一次达到这个比重是在1982年。

2022年援助大幅增长的主要原因是西方援助国针对乌克兰危机投入了大量援助资金。一方面，用于援助国自身的难民安置费用（in-donor refugee costs）从2021年的128亿美元大幅增加到293亿美元，涨幅达134%，占ODA总额的14.4%，远超2016年欧洲难民潮时期用于境内难民安置费用的峰值（160亿美元），增幅较大的国家分别是波兰（+255.6%）、捷克（+167.1%）、爱尔兰（+125.1%）、立陶宛（+121.6%）、斯洛文尼亚（+48.7%）和奥地利（+36.2%）。如除去这些费用，2022年ODA实际同比增长仅 4.6%。另一方面，西方大幅增加对乌克兰援助，从 2021 年的 9.18 亿美元骤增至 161 亿美元，占 ODA 总额的 7.8%，其中 18 亿美元以人道主义援助形式提供。对乌援助较多的是美国、加拿大、日本、挪威和德国。2022 年，DAC 成员国共提供人道主义援助 223 亿美元，与 2019 年相比实际增长 22%（见图 1-2）。由于 2023 年乌克兰危机仍在持续，加之 10 月初巴以冲突升级，预计西方援助国围绕两个危机的援助及相应的境内难民安置费用将维持高位。

单位：10亿美元（2021年定值美元）

图 1-2　DAC 成员国官方发展援助变化趋势

资料来源：OECD Creditor Reporting System（2023）。2022 年为初步数据。

2020—2021 年，西方援助的增长点主要是抗疫援助，两年共提供了约 307 亿美元，其中疫苗援助 63 亿美元，占 ODA 总额的 3.5%。2022 年抗疫援助下降 45%，总额缩减至 112 亿美元，其中疫苗援助 15.3 亿美元，同比下降了 74.1%。随着 2023 年新冠疫情的结束，相关援助支出将进一步下降。

美国、德国、日本、英国和法国长期维持全球前五大援助国地位。2022 年，美国（553 亿美元）、德国（350 亿美元）、日本（175 亿美元）、法国（159 亿美元）、英国（157 亿美元）均因乌克兰危机实现了 ODA 的较大增长。英国因调整援助政策，将 ODA 占 GNI 的目标从 0.7% 下调至 0.5%，导致 2021—2022 年将长期稳居的第三大援助国地位让与日本，远居法国之后，位于第五（见图 1-3）。

从援助资金流向看，2022 年 DAC 成员国对最不发达国家的官方发展援助仅为 320

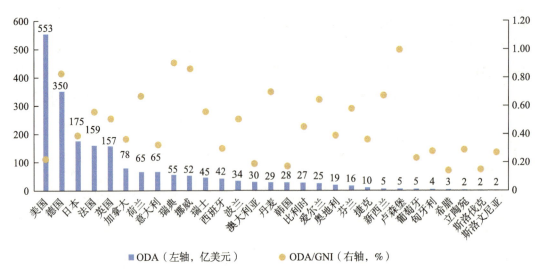

ODA（左轴，亿美元）　　ODA/GNI（右轴，%）

注：作者根据 OECD 于 2023 年 4 月公布的 2022 年初步数据制作，ODA 为按赠与等值法统计的数据。

图 1-3　2022 年 DAC 成员国官方发展援助情况

亿美元，与 2021 年数据相比实际下降了 0.7%。在最不发达国家受气候危机和严重债务问题影响的当下，发达国家远未达到 2011 年做出的承诺，即将 GNI 的 0.15%～0.20% 用于对最不发达国家的援助。2021 年，DAC 成员国仅有 10 个国家达到上述要求，用于援助最不发达国家的资金在 GNI 的平均占比仅为 0.11%。从地理分配来看，2022 年，DAC 成员国对撒哈拉以南非洲的 ODA 净额仅为 290 亿美元，实际下降了 7.8%。2021 年，DAC 国家的前十大受援国依次为印度（52.4 亿美元）、孟加拉国（35.9 亿美元）、阿富汗（33.96 亿美元）、埃塞俄比亚（25.2 亿美元）、约旦（24 亿美元）、印度尼西亚（23.9 亿美元）、叙利亚（22.7 亿美元）、菲律宾（20.4 亿美元）、哥伦比亚（20.4 亿美元）、也门（18.2 亿美元）。

三、发展融资鸿沟难以弥合

新冠疫情造成的持久影响、多地爆发的冲突和日益加剧的气候变化，使全球经济遭受冲击，援助供需缺口进一步拉大，发展筹资呈现危机态势。就当前发展挑战而言，弥合巨大资金鸿沟是当前和今后一段时期国际发展界的重要任务，超越 ODA 的更广义的"援助+"模式已是大势所趋。

从需求方角度看，全球发展面临巨大融资鸿沟。据统计，新冠疫情导致流向发展中国家（不包括中国）的可持续发展融资总量下降 17%，发展中国家实现可持续发展目标的年度资金缺口增加了 70%，由疫情前的 2.5 万亿美元扩大至 4.2 万亿美元。在全球通胀、供应链中断等复杂形势下，发展中国家经济复苏举步维艰，债务问题凸显。联合国预计，到2023年底，有1/5的发展中国家的人均GDP无法恢复到2019年水平。[①] 2022年，全球公共债务增至创纪录的92万亿美元，有52个国家和地区深陷债务困境，约60%的最不发达国家和低收入国家被评估为债务高风险[②]，绝大多数发展中国家需要积极和紧急的国际援助。联合国贸易和发展会议经济学家佩尔托拉（Anu Peltola）表示，2023年至2030年，实现可持续发展目标预计需要每年支出5.4万亿~6.4万亿美元。据预测，2022—2040年，全球基础设施投资需求将达到75万亿美元，投资缺口超12万亿美元，主要集中在发展中国家。2023年，联合国秘书长古特雷斯在多个场合呼吁改革全球金融架构，并提出每年应向发展中国家提供5000亿美元的可持续发展目标刺激计划，以大幅增加可负担的长期发展筹资。

从供给方角度看，自2015年通过《第三次发展筹资问题国际会议亚的斯亚贝巴行动议程》以来，发展筹资问题高级别对话每四年举行一次。为了帮助发展中国家，各方已做出了努力，包括二十国集团（G20）的《暂停偿债倡议》和国际货币基金组织（IMF）分配的特别提款权。在全球环境第八次增资周期，各国政府承诺在2022—2025年这四年捐资53.3亿美元，比第七个增资周期捐资额增加了30%。尽管如此，这些投入远远不够。大部分发达国家从未兑现将0.7%的GNI用于援助的承诺，目前仅有卢森堡（1.00%）、瑞典（0.90%）、挪威（0.86%）、德国（0.83%）和丹麦（0.70%）达到标准。发达国家也从未兑现为发展中国家的气候行动提供1000亿美元的承诺，目前发展中国家每年适应气候变化所需资金为2150亿~3870亿美元，可资金缺口高达1940亿~3660亿美元，比之前估计的范围高出50%以上，主要原因就在于发达国家提供的气候援助仅为发展中国家所需资金的1/18~1/10。

为了维持在发展中国家的影响力，近些年发达国家的援助资金结构和方式发生了改变。一方面，优惠贷款增长明显，且增速远超无偿援助，2019—2020年优惠贷款实际增长了37%[③]，2022年DAC国家的双边主权贷款比2021年增加了36%，其中日本（60%）、韩国（32%）和法国（22%）的主权贷款在双边ODA中占比最高。[④] 另一方面，发达国家转向撬动私营部门投融资以填补援助资金的空缺。2021年，DAC国家援助总额中有12亿美元通过面向发展的私营部门工具（Private Sector Instruments）渠道提供，有33亿美元以净贷款或股权形式向在具备接受ODA资格的国家运营的私营企业

① UN, Financing for Sustainable Development Report 2022, April 12, 2022, p. 2.
② World Bank Group, International Debt Report 2022：Updated International Debt Statistics, September 2022.
③ 数据为ODA贷款毛支付额，OECD, Creditor Reporting System（CRS），https://stats.oecd.org.
④ OECD, ODA Levels in 2022-Preliminary Data Detailed Summary Note, 12 April 2023.

提供，而后者在 2018 年仅为 10 亿美元。① 近年来，发达国家普遍对发展政策和机制进行改革，以适应发展融资多元化的趋势。美国于 2018 年注资 600 亿美元成立国际发展金融公司，同年 12 月美国国际开发署（USAID）公布《私营部门参与政策》，宣称将推动"企业驱动的援助模式"②。英国于 2022 年 5 月出台《国际发展战略》，设定了至 2025 年英国国际投资公司（BII）发展融资规模达到 80 亿英镑的目标，将援助资源与"英国投资伙伴关系"统筹协调，强调私营部门的作用。③ 德国经济合作与发展部发布的《2030 改革战略》将促进私营部门在发展中国家的投资作为实现"全新高质量合作"目标的四大支柱之一。④ 日本在 2023 年新修订的《发展合作大纲》中突出了私营部门的作用，提出推进公私合作并战略性地利用公共和私营部门投资。

四、西方援助利己主义倾向加剧

受经济增长疲软、民粹主义抬头等因素影响，发达国家援助动能和意愿明显下降，声称"南方的发展不再是北方的责任"，援助的利己主义色彩渐浓，更趋于优先服务本国政治安全和经济利益。

尽管西方援助总量连续三年增长，但对国际发展的实质性投入却在下降，大量资金分配给能带来巨大地缘政治和经济影响力的事项。DAC 国家对最不发达国家的援助连续三年下降，而境内难民安置费用和对乌克兰援助激增，表明西方国家优先考虑的是"家门口"的冲突，完全取代了对贫困国家应当履行的国际责任，这无疑挤占对广大发展中国家尤其是脆弱国家、最不发达国家的发展资源投入。与之形成强烈对比的是，尽管发展中国家的安全、经济和社会困境加剧，但西方对此的援助并未增长，甚至很多领域没有得到关注，减贫、粮食、教育、医疗卫生、经济复苏等全球发展核心问题迫切需要更多援助支持。

在当前资金紧张、缺口加大的情况下，对外援助的发展属性正在被弱化，是否有利于维护本国的外交、安全和经济利益越来越成为提供援助的首要考虑因素，援助政策也越来越多地与外交、安全和经济政策挂钩。⑤ 拜登就任后，美国援助利己主义本质较特朗普时期进一步强化。2022 年 10 月发布的《国家安全战略》将对外援助与外交、

---

① OECD, https://stats.oecd.org/Index.aspx?datasetcode=TABLE1.

② USAID, Private-Sector Engagement Policy, May 2022, p. 9.

③ FCDO, The UK Government's Strategy for International Development, May 2022, p. 8.

④ BMZ, BMZ 2030 Reform Strategy: New Thinking-New Direction, June 2020, p. 4.

⑤ 姚帅、杨冬婉：《多重危机背景下的全球发展合作：形势与趋势》，《国际经济合作》，2023 年第 2 期。

产业战略、经济方略、情报和国防作为国家的力量要素①，支持美国战略目标的实现。美国国务院和国际开发署联合发布的《2022—2026 财年联合战略规划》提出的五大战略目标均反映了对外援助以维护美国利益为首要目标，包括恢复美国领导力、保护国家安全和经济安全、强化民主体制和人权价值观等。② 此外，拜登将国际开发署署长提升为国家安全委员会常任委员，使援助决策与美国安全战略深度绑定。英国在 2020 年改革发展机制，将原国际发展部与外交及联邦事务部合并，成立外交、联邦事务及发展部（FCDO），发展合作战略目标转向协同外交政策，并将本国经济利益置于发展政策的核心。③ 日本依据 2022 年 12 月制定的《国家安保战略》修订《发展合作大纲》，并在 2023 年启动官方安全援助机制，援助的泛安全化趋势凸显。

五、"全球南方" 被置于大国博弈前沿

当前，发展议题成为国际关注焦点，在加速落实可持续发展议程的国际共识之下，各方都在关注并努力做大发展议题，在各层次、各领域的合作中突出援助的功能和投入，推动发展合作在国际议程中的地位较此前更加突出。同时，在地缘政治因素的推动下，发展合作正前所未有地成为大国博弈的主战场。特别是美国挑起对华战略博弈以来，西方国家的发展合作充斥着"冷战"思维，日渐成为输出所谓民主价值观、维护国际秩序主导权的工具，对"全球南方"的争夺日渐激烈。

（一）"印太战略" 下援助聚焦亚太地区

亚太地区发展前景巨大、经济活力强劲、劳动力市场庞大、资源禀赋丰富，是重要的海外投资市场和贸易通道。2016 年以来，日本、法国、美国、德国、欧盟等相继出台"印太战略"，使全球发展合作重心东移，以东盟国家为中心的亚太地区成为援助重点地区。拜登政府在《美国印太战略》报告中强调，印太已上升为美国全球战略的首要关注地区④，意欲拉拢亚太地区乃至全球盟伴，在政治、经济、安全等方面与中国开展全方位竞争，维护美国的地区霸权地位。⑤ 为此，美国接连作出援助承诺。2021 年 10 月，拜登总统与东盟国家领导人举行视频峰会时承诺向东盟提供 1 亿美元资金。2022 年 5 月，拜登在美国—东盟特别峰会上宣布投入 1.5 亿美元。同年 11 月 12 日，

---

① White House, National Security Strategy, October 2022, p. 11.
② U. S. Department of State and USAID, Joint Strategic Plan FY2022-2026, March 2022, p. 2.
③ FCDO, The UK Government's Strategy for International Development, p. 7-10.
④ White House, Indo-Pacific Strategy of the United States, February 2022, p. 4.
⑤ 韦宗友：《拜登政府 "印太战略" 及其对亚太秩序的影响》，《当代美国评论》，2022 年第 2 期，第 57 页。

拜登总统在柬埔寨首都金边出席美国—东盟峰会时提出将美国—东盟关系升级为全面战略伙伴关系，并宣布2023年将为东南亚提供8.25亿美元援助。作为东南亚地区的第一大援助国，日本在"印太战略"的政策导向下，近年来援助重点从东南亚向南亚扩展，对印度、孟加拉国的援助迅速增长，南亚成为日本援助投入最大的地区。①

（二）突出意识形态划线，打造议题联盟

美国拜登政府将提升"民主、人权和治理"作为对外援助核心议题。② 2021年12月9日至10日，美国在首届所谓"领导人民主峰会"上发起"总统民主复兴倡议"，称在未来1年内将提供4.24亿美元援助，聚焦支持自由和独立媒体、反腐败、支持民主改革者、推进民主科技、捍卫自由和公平的选举与政治程序等五个方面。③ 2023年3月29日至30日，美国与韩国、荷兰、赞比亚和哥斯达黎加合办了所谓的第二届"民主峰会"，又给出6.9亿美元的民主援助承诺。

同时，传统援助国在援助战略中均进一步突出奉行所谓民主价值观的"志同道合"（like-minded）援助国间加强协调配合。七国集团（G7）先后发起"重建更美好世界""全球基础设施和投资伙伴关系"等倡议计划，与欧盟"全球门户"计划对接，集体高调重返基础设施建设领域，强调价值观导向、高质量、高标准，实则意图"建立一套'民主国家'的基础设施方案，重新界定全球基础设施建设的'游戏规则'"。④ 2023年10月，美、日、韩落实戴维营峰会成果，举行了首次三国发展与人道援助政策对话，推动三国发展合作机制化、常态化。围绕人道主义、气候变化、难移民、公共卫生、债务处理等发展议题，西方国家同样采取联合行动，打造"小圈子"，并借助多边机制主导制定议题走向和规则。

（三）分化"全球南方"，利益争夺加剧

尽管经过几十年的发展，新兴援助国实现了群体性崛起，但不同于传统援助国的普遍一致性，新兴援助国战略立场和援助模式存在差异，话语始终难以统一，影响力虽然上升但有限。2023年，"全球南方"成为热点话题，并在传统援助国的持续炒作下被赋予大国博弈色彩，致使南方内部的竞合关系趋于复杂，南南合作遭遇分化。印度于1月12日举办"全球南方国家之声"线上峰会，希望借二十国集团轮值主席国身份

---

① 姚帅：《亚洲时刻：新时代的全球发展治理与地区合作》，中国商务出版社，2023年，第199页。
② 陈曦、王泺：《美国拜登政府对外援助政策转向与应对——基于历史数据的实证研究》，《国际经济合作》，2022年第2期，第12页。
③ White House, Fact Sheet: Announcing the Presidential Initiative for Democratic Renewal, December 9, 2021.
④ 姚帅：《"全球基础设施伙伴关系"的意图与前景》，《世界知识》，2022年第15期，第55页。

将自身打造为南南合作领导者、弥合南北鸿沟的协调者。七国集团广岛峰会上，日本邀请了韩国、澳大利亚、越南、巴西、印度（二十国集团轮值主席国）、印度尼西亚（东盟轮值主席国）、库克群岛（太平洋岛国论坛轮值主席国）、科摩罗（非盟轮值主席国）8国领导人出席扩大会议，讨论"全球南方"议题。

传统援助国对南方国家的拉拢明显加剧。事实上，近十年来，随着新兴经济体影响力逐步扩大，DAC不断吸纳新成员，2013年到2016年就有波兰、捷克、斯洛伐克、斯洛文尼亚、匈牙利5国加入，2022年11月立陶宛加入后，2023年7月又吸纳了爱沙尼亚，使DAC成员扩充至32个。DAC称扩员"有助于增强DAC的全球相关性和影响力"。此外，现有包括土耳其、沙特阿拉伯、泰国、科威特、阿联酋等在内的20个非DAC援助方每年向DAC汇报援助数据。乌克兰危机爆发后，西方国家频繁动用"援助牌"诱使南方国家"选边站队"，人为制造分歧和对抗。2023年9月，在印度主办二十国集团领导人峰会之际，印度、美国、阿联酋、沙特阿拉伯、欧盟、意大利、法国、德国启动"印度—中东—欧洲经济走廊"，打造连接海湾地区、欧洲、南亚的贸易路线，被指对冲"一带一路"。

2022—2023年，非洲、拉美、南太等区域性峰会竞相召开，既体现了援助国在各地区的利益和影响力之争加剧，也凸显了地区发展议题的重要性和发展中国家在区域性多边机制中自主权的强化。2023年，最为突出的是南太地区，从发展援助边缘迅速成为焦点。5月，印度时隔八年举办了第三届印度—太平洋岛国合作论坛。同月，韩国首次举办太平洋岛国峰会，并宣布在2027年前将对太平洋岛国的援助翻番。9月25日至26日，仅时隔一年，美国就高调举行第二届美太峰会，两次峰会宣布的援助总额超10亿美元。

随着一系列围绕南方国家的新倡议、新机制和新举措的出现，"全球南方"在未来发展合作中的位置将更加凸显。2024年，G20峰会将维持"南方主场"在巴西里约热内卢举行，计划9月举办的联合国未来峰会将讨论应对发展挑战的解决方案，预计"全球南方"的声音、诉求、倡议和行动将获得更多关注。

第二章
2020 年以来的中国国际发展合作[①]

2020 年以来，新冠疫情反复跌宕，地缘冲突不断加剧，大国博弈趋于激烈，中国面临的外部环境发生深刻复杂变化。世界经济复苏乏力，减贫和可持续发展议程严重受阻，气候危机更显紧迫，中国国际发展合作面临的国际压力和关注日益增加。在上述背景下，中国国际发展合作趋势特征明显，同时面临诸多挑战。

一、中国国际国内形势发生重大变化

党的二十大报告指出，"我国发展进入战略机遇和风险挑战并存、不确定难预料因素增多的时期，各种'黑天鹅''灰犀牛'事件随时可能发生"。[②] 这一判断表明，中国的国际国内环境发生重大变化。国际上，外部环境复杂严峻，新冠疫情、乌克兰危机、债务危机等风险因素持续蔓延，动荡与冲突加剧，复苏与发展迟滞，大国博弈态势加速演变，国际经济、科技、安全合作阵营化、武器化，未来世界体系是沿着经济相互依存的全球化道路继续前行，还是裂变为两个渐行渐远的平行体系，存在各种可能与变数。在国内，中国经济持续稳定发展，国内生产总值（GDP）2020 年首次突破 100 万亿元人民币大关，2021 年为 114 万亿元（约 17.73 万亿美元），2022 年为 121 万亿元（约 18 万亿美元），人均 GNI 2019 年首次突破万美元大关，2020—2022 年分别为 10450 美元、12440 美元、12608 美元。[③] 研究预测中国将于 2025 年左右迈入高收入国家的行列，有望迎来在未来十年成为世界最大经济体的战略机遇。[④] 同时，中国仍存在区域发

---

① 本章撰稿人：郭语，商务部国际贸易经济合作研究院《国际经济合作》主编、副研究员。

② 习近平：《高举中国特色社会主义伟大旗帜 为全面建设社会主义现代化国家而团结奋斗——在中国共产党第二十次全国代表大会上的报告》，中国政府网，2022 年 10 月 25 日，https://www.gov.cn/xinwen/2022-10/25/content_5721685.htm.

③ 参见历年《中华人民共和国国民经济和社会发展统计公报》。

④ 参见《〈大公报〉专访林毅夫："十四五"迈向高收入国家》，北京大学国家发展研究院，2020 年 9 月 17 日，http://nsd.pku.edu.cn/sylm/xw/505844.htm；《专访林毅夫：中国今年实际经济增长或超 6%，2030 年有望成为世界第一大经济体》，北京大学新结构经济学研究院，2023 年 5 月 24 日，https://www.nse.pku.edu.cn/sylm/xwsd/530153.htm；姚枝仲：《如何认识中国面临的战略机遇和风险挑战》，《国际经济评论》，2023 年第 3 期，第 12 页。

展不平衡不充分、高科技重点领域"卡脖子"风险突出等问题。

国际国内环境深刻变化为中国国际发展合作带来前所未有的机遇和挑战。一方面，中国拥有的世界大国地位、不断增强的综合国力和国际影响力使中国更加有意愿和能力开展国际发展合作，积极参与全球治理体系改革与建设。另一方面，中国国际发展合作的战略机遇期因美国将中国视为主要战略竞争对手而面临新的挑战，进入大国博弈和全球体系调整背景下竞争与合作并存、风险因素增多的时期。中国是世界最大的发展中国家，中国外交进入道德责任的大国外交时期，未来一个时期中国国际发展合作既面临更大的国际压力，也日益拥有更多的物质能力和责任自觉。

二、新形势下中国国际发展合作的趋势特征明显

面对新的国际国内形势，中国国际发展合作呈现出战略性进一步凸显、规模保持稳定发展、发展领域提供的公共产品更加丰富、法治建设不断加强、体制机制不断完善、信息发布机制持续改善等趋势特征。

（一）中国国际发展合作的战略性进一步凸显

随着综合国力的日趋接近，中美两国博弈的性质发生了变化，美国及其盟国将中国视为最主要战略竞争对手，大国博弈的广度、深度、烈度不断扩展升级，国际发展合作作为大国外交的重要手段亦成为国际竞争的新场域。2020 年以来，围绕新冠病毒溯源、"疫苗外交"、"债务陷阱"等问题，以美国为代表的部分国家对中国进行抹黑攻击，舆论战叠加贸易摩擦、科技战，中国的外部环境迅速恶化。在这一形势下，中国国际发展合作出于内外两方面的动因成为"不见硝烟的战场"[1]，表现出更强的战略性、政治性和独立性。一个直接结果是，中国与欧美在发展领域的合作陷入停滞状态，中国与欧美国家开展的三方合作项目鲜见进展，甚至出现倒退。根据 OECD 三方合作项目数据库统计，在向 OECD 报告的三方合作项目中，2018 年以来的 6 年时间里中国共开展了 4 个三方合作项目，其中与美欧国家开展的三方合作项目数为零，与之对照，2012—2017 年中国共参与了 32 个三方合作项目，与美欧国家开展的三方合作项目为 19 个。[2] 同样，一度被寄予厚望、希望能够链接撬动中美关系的气候合作也成为两国"政治气候"的表征与博弈筹码，实质性进展不多。

---

[1] 罗照辉：《大疫情背景下中国对外援助和国际发展合作》，《国际问题研究》，2022 年第 1 期，第 16 页。

[2] https://www.oecd.org/dac/dac-global-relations/triangular-co-operation-repository.htm.

（二）中国国际发展合作规模保持稳定发展

党的二十大报告指出，"中国愿加大对全球发展合作的资源投入，致力于缩小南北差距，坚定支持和帮助广大发展中国家加快发展"。[①] 根据《新时代的中国国际发展合作》白皮书，2013—2018 年中国对外援助金额共计 2702 亿元，包括无偿援助、无息贷款和优惠贷款，其中无偿援助 1278 亿元，占对外援助总额的 47.3%。[②] 这意味着 2013—2018 年中国年均无偿援助为 213 亿元。受新冠疫情影响，2019—2022 年中国对外援助规模呈现小幅下降趋势，分别为 219.75 亿元、204.97 亿元、200.59 亿元和 210.67 亿元。但历史地看，进入 21 世纪以来中国对外援助规模较快发展并总体保持稳定，从 2000 年的约 45 亿元螺旋式上升至 2022 年的 210.67 亿元，2013—2022 年中国对外援助年均预算支出 205 亿元（见图 2-1）。[③] 值得关注的是，2023 年国家国际发展合作署首次调动了国内外金融机构 120 亿美元的专项资金，进一步推动中国国际发展合作融资方式的多元化。

2020 年，新冠疫情暴发以来，中国开展了新中国成立以来持续时间最长、规模最大的人道主义援助，成为近年中国国际发展合作的亮点。中国向全球 151 个国家和 13 个国际组织提供检测试剂、防护服、口罩等抗疫物资数千亿件，累计发运物资 5246 吨。中国捐助的常规抗疫物资包括检测试剂 702.65 万人份、防护服 347.94 万件、口罩 7247.17 万只等。截至 2023 年 4 月，中国在政府援助框架下向 110 个国家和阿盟、非盟、联合国维和人员、联合国近东巴勒斯坦难民救济和工程处 4 个国际组织提供新冠疫苗 5.2 亿剂。[④] 中国宣布免除 15 个非洲国家 2020 年底到期的无息贷款债务，金额为 1.14 亿美元。[⑤]

除开展新冠疫情国际合作外，2020 年以来中国共提供 634 项对外紧急人道主义援助，金额约 110 亿元（见图 2-2）。[⑥] 值得关注的是，中国日益成为国际人道主义援助网络的重要组成部分，联合国在中国设立多个人道主义物资生产、仓储、物流园区和枢纽。2020 年 4 月，世界粮食计划署（WFP）在中国设立全球人道主义应急枢纽。2023 年在土耳其、叙利亚地震后，中国是第一批提供全方位救援的国家，分别向两国

---

① 习近平：《高举中国特色社会主义伟大旗帜 为全面建设社会主义现代化国家而团结奋斗——在中国共产党第二十次全国代表大会上的报告》。

② 《新时代的中国国际发展合作》，国务院新闻办公室网站，2021 年 1 月 10 日，http://www.scio.gov.cn/zfbps/32832/Document/1696685/1696685.htm.

③ 参见财政部 2019—2022 年《全国一般公共预算支出决算表》。

④ 国家国际发展合作署：《国际发展合作的中国实践：抗击疫情援助篇》，2023 年 4 月，第 10-11 页。

⑤ Johns Hopkins University's School of Advanced International Studies, "Global Debt Relief Dashboard," http://www.sais-cari.org/debt-relief.

⑥ 国家国际发展合作署：《国际发展合作的中国实践：人道主义援助篇》，2023 年 4 月，第 7 页。

提供 4000 万元紧急人道主义援助，并向土耳其派出地震救援队。2023 年 10 月，巴以冲突以来，中国政府提供了 100 万美元现汇援助和价值 1500 万元人民币的物资援助。

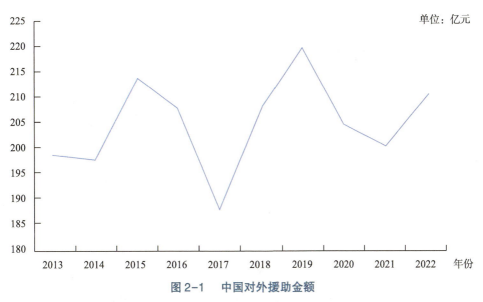

图 2-1　中国对外援助金额

资料来源：财政部 2013—2022 年《全国一般公共预算支出决算表》。

图 2-2　中国提供的紧急人道主义援助

资料来源：国家国际发展合作署《国际发展合作的中国实践：人道主义援助篇》。

2022 年 6 月，习近平主席在主持全球发展高层对话会时宣布，把南南合作援助基金升级为全球发展和南南合作基金，并增资 10 亿美元，目前总计 40 亿美元。基金自 2015 年成立以来，在亚非拉的 50 多个发展中国家实施了 130 多个项目，惠及 2000 多万民众。[①] 新冠疫情期间，中国通过南南基金与联合国开发计划署等国际组织分别在柬

---

① 国家国际发展合作署：《国际发展合作的中国实践：人道主义援助篇》，第 10 页。

埔寨、老挝、菲律宾、尼泊尔等发展中国家开展了"借鉴中国经验提升亚太地区应对新冠肺炎疫情能力援助"等项目。

（三）中国在发展领域提供的公共产品更加丰富

一是提出发展领域的重要倡议。习近平主席于 2021 年 9 月 21 日在北京以视频方式出席第七十六届联合国大会时提出全球发展倡议，与全球安全倡议、全球文明倡议一道，"三大倡议"成为中国参与全球治理的重要机制。2022 年 6 月，习近平主席宣布落实全球发展倡议的 32 项重大举措，包括成立全球发展促进中心，举办全球共享发展行动论坛，建立倡议项目库，提供 10 万个研修研讨名额等。全球发展倡议对接联合国 2030 年可持续发展议程，聚焦减贫、粮食安全、抗疫和疫苗、发展筹资、气候变化和绿色发展、工业化、数字经济、互联互通等发展中国家需求最迫切的八大重点合作领域。截至 2023 年 3 月，有 100 多个国家和联合国等国际组织支持该倡议，70 余个国家加入"全球发展倡议之友小组"。

二是助力"一带一路"高质量发展。2023 年是"一带一路"倡议提出十周年，"一带一路"倡议目前在全球 150 多个国家和 30 多个国际组织同时开展。中国将发展合作作为"一带一路"高质量建设的重要方面，加大发展合作力度，聚焦社会民生领域，进一步加强"一带一路"的公共产品属性，努力将"一带一路"建设成为"减贫之路"和"增长之路"。在 2023 年 10 月 18 日举行的"一带一路"国际合作高峰论坛上，习近平主席宣布高质量共建"一带一路"的八项行动，中国将统筹推进标志性工程和"小而美"民生项目，将实施 1000 个小型民生援助项目，通过"鲁班工坊"等推进中外职业教育合作。

（四）中国国际发展合作法治建设不断加强

2023 年 6 月 28 日，第十四届全国人民代表大会常务委员会第三次会议通过的《中华人民共和国对外关系法》规定，发展对外关系的目标任务是"推动践行全球发展倡议、全球安全倡议、全球文明倡议，推进全方位、多层次、宽领域、立体化的对外工作布局"，中国"通过经济、技术、物资、人才、管理等方式开展对外援助，促进发展中国家经济发展和社会进步，增强其自主可持续发展能力"，明确了推动国际发展合作以及提供紧急人道主义援助、开展气候治理合作等发展合作相关工作的法律地位。

国家国际发展合作署作为中国国际发展合作的主管部门先后颁布了系列法规。一是以部（署）令的形式于 2021 年 8 月与外交部、商务部联合发布新的《对外援助管理办法》，明确了对外援助实施部门以及中国驻外使领馆在对外援助管理方面的职责和分工。二是以国家国际发展合作署署令的形式于 2020 年 1 月发布《对外援助标识使用管理办法》，同年 4 月发布《国家国际发展合作署行政处罚实施办法》《国家国际发展合作署行政复议实施办法》，同年 10 月发布《对外援助项目咨询服务单位资格认定办法》。上述法规对中国国际发展合作管理和具体执行做出了相关规定，一定程度上提升了中国国际发展的规范性。

（五）中国国际发展合作的体制机制不断完善

一方面，中国国际发展合作主管部门的人员队伍持续壮大。国家国际发展合作署未公布人员数量，根据其部门预算，2020—2023 年人员经费分别为 1860.75 万元、1722.89 万元、2124.54 万元、2225.7 万元，其中基本工资分别为 450.16 万元、426.99 万元、577.45 万元、544.39 万元。① 鉴于近年国家公务员基本工资较为稳定，可知 2023 年国家国际发展合作署的人员数量较 2020 年有所增加。另一方面，国家国际发展合作署的机构扩大。2022 年成立国家国际发展合作署对外援助服务保障中心，作为国家国际发展合作署的直属事业单位，主要职能包括为对外援助项目监督评估提供服务保障，援外项目监督监管技术支持，援外项目评估组织实施及指标体系建设，以及援外项目可行性研究和组织实施等。

（六）中国国际发展合作的信息发布机制持续改善

《中国对外关系法》第四十三条规定"国家通过多种形式促进社会公众理解和支持对外工作"，第四十四条规定"国家推进国际传播能力建设，推动世界更好了解和认识中国，促进人类文明交流互鉴"。在信息发布与提升援助透明度方面的主要举措，一是发布白皮书。2021 年 1 月 10 日发布《新时代的中国国际发展合作》，这是中国对外援助和国际发展合作主管部门继 2011 年、2014 年之后发布的第三版对外援助白皮书。此外，2021 年 4 月发布的《人类减贫的中国实践》、2023 年 9 月发布的《携手构建人类命运共同体：中国的倡议与行动》等白皮书中也涉及中国对外援助和国际发展合作的内容。二是建立对外援助统计调查制度。设立对外援助统计数据直报平台，首次实现了对中央政府部门之外的地方政府部门、中央企业和部分非政府组织援助数据的定期收集和梳理汇总。三是项目评估工作取得进展。国家国际发展合作署于 2021 年编制印发《对外援助项目评估指标体系》《对外援助项目评估工作指导手册》。四是举办国际会议、论坛等多边活动数量明显增加。2020 年以来，国家国际发展合作署先后主办了南南基金和南南学院成立 5 周年、菌草援外 20 周年、青蒿素问世 50 周年、杂交水稻援外与世界粮食安全国际论坛、中国对外援助和国际发展合作政策与实践论坛、全球共

---

① 参见国家国际发展合作署历年部门预算，http://www.cidca.gov.cn/yjsgk.htm。

享发展行动论坛首届高级别会议、国际发展合作阳光论坛等活动，并与地方政府联合举办中国—印度洋地区发展合作论坛、驻华外国使节和国际组织代表赴地方考察参访等活动，详细介绍援外政策、管理流程、监督评估、人力资源开发合作、优惠贷款、全球发展倡议等情况。

根据有效发展合作全球伙伴关系（Global Partnership for Effective Development Cooperation）的数据，2016 年、2018 年两次监测，中国国际发展合作的年度可预测性从2016 年的 78.3%上升至 2018 年的 100%，中期可预测性从 71.6%上升至 75%。与之相对照，2018 年 DAC 国家这一数据分别为 88%和 53.2%。① 年度和中期可预测性分别反映援助提供方在相关年度内及未来三年交付承诺资源的可靠性，以及在时间段内准确预测和支付资金的能力，体现出中国国际发展合作较好的提供能力。

三、中国国际发展合作仍面临诸多挑战

进入 21 世纪以前，中国国际发展合作并未引起国际社会太多关注，但 2008 年以后，随着中国综合国力和国际影响力的持续快速提升，尤其是美国开启对华竞争政策后，中国国际发展合作迅速成为国际竞争和体系调整的新场域。面对世界百年未有之大变局，中国通过国际发展合作参与世界事务和全球治理仍然面临总体规模受限、创新方式不够、手段较为单一等诸多挑战。

（一）援助规模与国际身份和大国责任不匹配

近年来，中国国际发展合作规模保持稳定发展，但远低于美国、德国、日本、法国等传统援助国，仅与中等强国澳大利亚规模持平（见图 2-3）。与新兴援助国相比，2015—2020 年中国国际发展合作规模低于土耳其，高于印度与沙特阿拉伯（见图 2-4）。2021 年，中国对外援助金额为 200.59 亿元，GNI 为 113.35 万亿元，中国对外援助在 GNI 中的占比不到 0.02%，美国这一数据为 0.18%，OECD DAC 国家平均为0.33%。考虑到中国作为世界最大的发展中国家、世界第二大经济体，中国外交已进入承担较大国际道德责任的大国外交阶段，在未来一个时期，中国国际发展合作将持续面临较大的国际压力和外部关注。

---

① Global Partnership Monitoring, https://dashboard.effectivecooperation.org/partner.

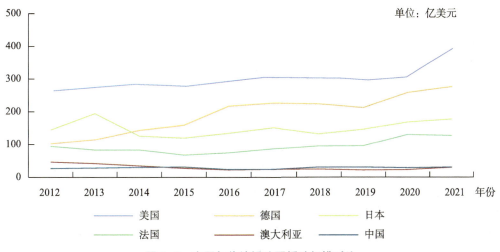

图 2-3　中国与传统援助国援助规模对比

资料来源：中国数据根据财政部《全国一般公共预算支出决算表》折算美元。其他数据来自 OECD。

图 2-4　中国与新兴援助国援助规模对比

资料来源：中国数据根据财政部《全国一般公共预算支出决算表》折算美元。其他数据来自 OECD。

（二）国际发展合作管理和协调能力存在不足

一方面，随着国际形势和援助需求的快速演变，发展合作的议题和领域不断增加，涉及气候变化、公共卫生、生物多样性等新兴议题，为中国国际发展合作提供机遇的同时，也对管理能力提出了更高要求，急需拓展中国国际发展合作参与的议题和领域，并设立相应的管理架构。另一方面，国际发展合作是一项跨领域、跨部门的综合性工作，涵盖政治、外交、商务、经济、科技、卫生、政党、教育、文化等方面，包括全球、区域、次区域、国家、中央、地方等层面，以实现"大援外"为目标的中国国际发展合作仍面临内部统筹协调和资源整合等问题。

（三）提升援助透明度面临较大压力

相较在贸易、投资等领域参与国际体系的广度与深度，中国在发展领域保持了更多独立性和自主特色。中国未加入 OECD DAC，对 2015 年以来兴起的关于"可持续发展的官方支持总额"（Total Official Support for Sustainable Development，TOSSD）的讨论和参与也仅限于学术层面，缺乏官方层面的正式参与。未来，中国国际发展合作是继续保持高度自主性和独立性，还是适度参与以 OECD 为代表的发展领域国际体系的规则制定，目前尚无定论。中国作为世界最大发展中国家和重要新兴援助国，对外政策已具有明显的外溢效应，中国国际发展合作也因此承载更多国际制度压力，诸如透明度问题就是突出表现之一。一方面，中国要参与发展领域的国际体系，透明度不够或者说不同于国际惯例，很难进行国际协调，与其他援助国之间缺乏互信基础。另一方面，中国国际发展合作的国内环境发生变化，公众更加强烈地要求知情权、参与权和获得感，社会从业人员和机构研究人员要开展不依赖特殊渠道和内部信息的学术研究、独立评估和学科建设，均对透明度和开放度提出了新要求。

四、对中国国际发展合作的政策建议

学界对于中国对外援助的自我更新和再定位问题，以及向国际发展合作乃至全球发展合作转型升级的讨论已有一段时间。有研究认为，中国对外援助正逐渐从少数部委辅佐最高层决策的"小援外"形态，朝着以中央为核心、包含更多资源和层次、有着宽大坚实底座的"大援外"方向进阶。[①] 这里的"大援外"主要指中国国际发展合作的统筹协调能力。

首先，这体现在援助概念的演变上。概念使用的变化反映出中国政策界和学术界对国际发展合作认知的演变，反映出中国国际发展合作与国际接轨的姿态与意愿。2012 年，党的十八大报告未直接使用对外援助或者发展合作的术语，而是采用"中国致力于缩小南北差距，支持发展中国家增强自主发展能力"等表述。2017 年，党的十九大报告提出，"加大对发展中国家特别是最不发达国家援助力度，促进缩小南北发展差距"，使用的是援助的概念。2022 年，党的二十大报告提出，"中国愿加大对全球发展合作的资源投入，致力于缩小南北差距，坚定支持和帮助广大发展中国家加快发

---

① 王逸舟、郭语：《中国对外援助探析》，《国际经济合作》，2023 年第 5 期，第 7 页。

展"，使用了全球发展合作的概念。党的十八大以来，党和国家领导人开始在联合国等重要多边场合更多使用发展援助和发展合作的概念。2021 年 9 月，习近平主席在第七十六届联合国大会一般性辩论上的讲话《坚定信心 共克时艰 共建更加美好的世界》中提出全球发展倡议，号召关注发展中国家特殊需求，通过缓债、发展援助等方式支持发展中国家，尤其是困难特别大的脆弱国家，就使用了发展援助的概念。

其次，援助规模应有计划地稳步增长。随着中国整体外交从韬光养晦转向更加积极有为，中国国际发展合作也更加奋发进取。OECD 认为，中国援助规模的螺旋式上升是习近平主席领导下的更广泛外交政策转变的一部分。① 中国国际发展合作规模与欧美发达国家相比仍存在较大差距。2020 年以来，美国、德国、日本、法国、英国等传统援助国 ODA 规模均有所上升，2020—2022 年上述五国 ODA 平均值分别为 205.6 亿美元、214.6 亿美元和 278.8 亿美元。② 美国拜登政府 2022 财年、2023 财年对外援助预算申请分别为 420 亿美元、430 亿美元。③ 2022—2024 财年美国总统预算案为国务院、国际开发署和其他国际项目申请预算分别为 635 亿美元、677 亿美元、705 亿美元。④ 考虑到中国作为世界最大发展中国家的地位和不断增长的综合国力，未来一个时期，中国国际发展合作规模应保持稳步增长，对外提供更多全球和区域公共产品。

再次，进一步加强中国的国际发展合作统筹协调能力。国际发展合作是一项连通国际国内，具有鲜明的跨部门、跨地域和跨领域专业协调属性的工作，需要进一步加强综合统筹协调能力。一方面，应将国际发展合作纳入国家对外战略的长远规划和顶层设计考虑，强调国际发展合作的战略属性和杠杆撬动作用；充分发挥外交、经济、发展、军事、文化等对外交往途径的合力。另一方面，国际发展合作主管部门应定期制定中长期、地区国别及重点领域援助规划，强调国际发展合作的科学性、计划性和规范性。同时，在加强统筹协调的过程中，提升透明度是应有之义。

最后，发挥国际发展合作对"中间力量"的带动作用。欧洲注重外交自主，广大发展中国家尤其是新兴经济体在全球治理体系中的地位不断上升，欧洲和新兴经济体是中美博弈背景下的"中间地带"。中国可通过国际发展合作进一步做欧洲、发展中国家等"第三力量"或"中间地带"的工作，可向发展中国家提供援助，同时与欧洲在其他发展中国家开展三方发展合作项目，从而增强中美长期战略博弈的主动性。

---

① OECD, "Other Official Providers Not Reporting to the OECD", https://www.oecd.org/dac/dac-global-relations/non-dac-reporting.htm.

② 2022 年 ODA 数据为 OECD 初步估计数据。

③ 根据美国对外援助数据库计算得出，https://www.foreignassistance.gov。

④ 数据参见 2017—2024 财年 Budget of the U. S. Government。

专题篇

第三章
"一带一路"倡议十周年：中国国际发展合作成果与展望[①]

发展是人类社会永恒的主题，也是共建"一带一路"的应有之义。2023 年是共建"一带一路"十周年。十年来，中国发扬和合理念，聚焦发展路径，同"一带一路"共建国加大发展合作力度，大批标志性项目和惠民生的"小而美"项目落地生根。这条造福世界的"发展带"和惠及人类的"幸福路"带动形成了中国特色国际发展合作新范式，为中国与其他广大发展中国家的南南合作注入了蓬勃活力，为全球减贫和人类发展贡献了中国方案。

一、中国特色国际发展合作助力"一带一路"走深走实

2013 年，"一带一路"倡议的提出为新时代国际发展合作锚定了战略定位，搭建了实践平台。习近平主席在 2017 年、2019 年、2023 年三届"一带一路"国际合作高峰论坛上宣布了一系列举措，进一步丰富了国际发展合作的内涵和实践。据统计，十年间，中国在 120 多个共建国家安排 2000 多个援外项目，建立 80 多个经贸合作区，拉动近万亿美元投资规模，培训各领域人才 10 万余人，使近 4000 万人摆脱贫困。

(一) 着力互联互通，促进经济融合

共建"一带一路"的基础和重点是构建互联互通的设施网络。中国国际发展合作配合"六廊六路多国多港"建设，聚焦关键通道和关键节点，提升交通、能源、通信等领域互联互通水平，助力金融、货物和服务贸易等领域合作，促进共建国家互联互通和经济要素流动、资源配置和市场深度融合。为疏通巴基斯坦南北交通要道、服务中巴经济走廊，中国援建了瓜达尔新国际机场项目、瓜达尔港东湾快速路项目、N5 公路修复项目、9.26 光电球升级及边境监控系统等项目，促进中巴形成以瓜达尔港、交

[①] 本章撰稿人：刘娴，商务部国际贸易经济合作研究院国际发展合作研究所助理研究员。

通基础设施、能源和产业合作为重点的经济合作布局。中国援建的斯里兰卡汉班托塔港、毛里塔尼亚友谊港扩建等项目，提高了港口吞吐能力，使之成为 21 世纪海上丝绸之路的重要贸易物流节点。中国向孟加拉国、蒙古国、肯尼亚、吉布提等国援助海关集装箱检测设备，为促进国际贸易便利化发挥了积极作用。援老挝国家银行卡支付系统建设实现了老挝国内发行银行卡联网通用，为其参与国际金融体系创造了条件。

（二）聚焦民生减贫，惠及普通民众

近年来，受新冠肺炎疫情和地缘冲突冲击，发展中国家发展动能不足，南北鸿沟加剧。中国秉持正确义利观，在共建国家实施一批顺民意、惠民生、得民心的项目，让发展成果惠及受援国民众，助力"一带一路"走深走实。中国在老挝、柬埔寨、缅甸三国实施"东亚减贫示范合作技术援助项目"，分享中国扶贫兴农经验，多渠道增加村民收入，提升示范村自主发展能力。援白俄罗斯社会保障住房、援圣多美和普林西比社会住房、中老铁路配套工程援老挝搬迁安居村、援柬埔寨乡村供水等一批民生项目移交，为当地民众提供了"幸福之家""惠民之泉"。在公共卫生领域，中国在老挝、柬埔寨、斯里兰卡、突尼斯、赞比亚、多米尼克等国建设了一批医院，并通过提供医用设备及药品，支持提升当地医疗服务水平。在教育领域，援卢旺达穆桑泽综合技术学校、援佛得角大学新校区、援埃塞俄比亚领导力学院等项目建成移交，扩大了当地的教学资源，创造了更多教育机会。中国支持南苏丹综合性教育援外项目，为南苏丹编制印刷了 130 万册数学、英语和科学教材，为这个"世界上最年轻的国家"教育发展打下坚实基础。

（三）分享中国式现代化经验，共享发展红利

政策沟通是推动"一带一路"务实合作的重要基础。中国通过联合规划、研修研讨等方式，加强与共建国家的战略对接，为共建"一带一路"凝聚共识。中国围绕基础设施互联互通、国际产能和装备制造、贸易便利化、技术标准化等共建"一带一路"相关主题，为相关国家举办 4000 余期官员研修项目。开展柬埔寨国家路网规划、孟加拉国防洪规划、巴基斯坦瓜达尔市整体规划、中白（俄罗斯）工业园政策等规划类项目十余项，扩展和提升了参训官员参与规划与政策制定的视野和能力。中国秉持授人以渔理念，与其他发展中国家分享治国理政、减贫、招商引资、数字发展等方面鲜活的发展经验，帮助其提升治理能力，支持各国探寻符合本国国情的发展道路。2015 年成立的南南合作与发展学院系统总结中国在经济发展、国家治理等方面经验，帮助发展中国家培养政府管理高端人才，为推动发展中国家治理体系和治理能力现代化提供宝贵的智力支撑。新冠肺炎疫情期间，全球人员交流受阻，中国创新思路，以线上教

学方式开展培训，使分享中国经验"无时差""不断档"。

（四）应对多重挑战，推进全球治理

人类社会面临自然灾害、公共卫生危机、气候变化等多重挑战。过去十年，中国及时响应国际社会呼吁，共安排近 400 次紧急人道主义救援行动。[①] 在尼泊尔发生地震、菲律宾超强台风"雷伊"来袭、南苏丹发生特大洪涝灾害、阿富汗遭遇严冬、汤加火山爆发等灾害之际，中国第一时间捐赠帐篷、粮食等救灾物资，派出搜救和医护人员，传递万里驰援的中国速度和雪中送炭的中国温度。2020 年新冠肺炎疫情全球蔓延，中国秉持人类卫生健康共同体理念，开展了新中国成立以来援助时间最长、涉及范围最广的紧急人道主义救援行动，向 153 个国家和 15 个国际组织提供了数千亿件抗疫物资，向 34 国派出 37 个援外医疗专家组，组织开展近千场现场和视频技术指导，向世界卫生组织提供 2 批共 5000 万美元现汇援助，向 106 个国家和 4 个国际组织提供超过 15 亿剂疫苗[②]，在阿联酋、埃及、阿尔及利亚等 20 多国建成疫苗联合生产线，为护佑全球生命和健康贡献了中国力量。为积极应对全球气候变化，中国实施巴基斯坦国会大厦太阳能供电、埃塞俄比亚的斯亚贝巴河岸绿色发展等项目 200 多个，培训上千名相关环境人才，支持当地提升气候治理能力，促进绿色转型。

二、国际发展合作服务"一带一路"的经验总结

十年来，中国国际发展合作主动适应新形势发展，不断创新理念、丰富实践，为助力"一带一路"行稳致远发挥积极而独特的作用。

（一）推动传统国际发展合作理念转型升级

以均衡普惠发展为"核心引领"。"一带一路"是开放式的区域主义和地缘经济合作，意在将少数国家的点状式经济增长扩展为全球均衡发展，为新的发展提供新路径。"一带一路"的提出突破了传统"政府对政府"援助的关系范畴和思维范式，引领中国国际发展合作从以双边政治外交为主转向区域和全球层面的更高定位和更广视野，以共商共建共享的全球治理观，积极同发展中国家的战略规划对接，寻找利益共同点和合作同心圆，为发展中国家参与全球治理体系和全球产业链供应链提供新机遇。以"一带一路"为引领，中国加快形成了以发展影响为结果导向的国际发展合作行动逻辑

---

① 国家国际发展合作署：《罗照辉谈中国国际发展合作与世界人权》，2022 年 12 月 30 日。
② 国新办举行我国抗疫援助及国际发展合作发布会，国务院新闻办公室网站，2021 年 10 月 26 日，http://www.scio.gov.cn/xwfbh/xwbfbh/wqfbh/44687/47280/wz47282/Document/1715312/1715312.htm.

链，带动搭建起以服务"一带一路"为重点任务的政策规划和监督评估体系。

向国际化和本土化"双向发力"。在"一带一路"共建过程中，中国国际发展合作更加注重推动项目建设、运营等环节按照普遍接受的国际规则标准进行，走经济、社会、环境协调发展之路，确保项目可持续性，推动合作朝着绿色和可持续性发展。同时，加强项目属地化管理，扎根当地、深耕本土。中国陆续在塔吉克斯坦、白俄罗斯、菲律宾、巴勒斯坦等国家和地区试点"受援方自建"模式，让当地企业参与项目设计或建设，提升受援方参与度，促进互动交融式的发展合作。

带动全球发展合作伙伴"多方联动"。以"一带一路"为依托，中国创新机制，拓宽传统双边政府间合作渠道。2015年，中国成立南南合作援助基金[1]，增强援助资金的灵活性和创新性，带动联合国等国际组织、多边机构、企业和私营部门、非政府组织等多元主体发挥各自比较优势，以双赢、多赢、共赢的理念，丰富全球发展合作伙伴关系和合作路径。各方在合作中互学互鉴，增进理解和互信，打造以效果最大化为导向的合作机制和更具包容性的全球治理模式，彰显中国的国际情怀和全球观照。

（二）以政府主导的对外援助撬动"一带一路"大市场

"一带一路"作为系统、综合的中国对外合作大篇章，涉及官方和民间多层次、多元化主体，兼具市场化、商业化和公益性特点。中国国际发展合作以政府主导优势发挥"四两拨千斤"作用，利用官方资金补短板、逆周期、防风险功能，找准发力点，弥补市场失灵，为共建"一带一路"发挥独特作用。

打通关键堵点。对外援助资金的财政性质决定了其有限性，国际发展合作聚焦重点合作国别、优先合作领域、关键节点项目精准发力，打造以点带面、从线到片的互通化格局，完善陆、海、天、网"四位一体"互联互通布局。援吉尔吉斯斯坦比什凯克市政路网改造、塔吉克斯坦两城市道路修复、老挝湄公河沿岸公路、缅甸滚弄大桥、孟中友谊八桥等一批项目紧扣经济走廊发展需求，促使交通网延伸至共建各国关键城市，为"一带一路"共建国谋求发展新空间。

缓解融资瓶颈。国际发展合作利用有效市场和有为政府，发挥援外资金催化剂作用，加强同政策性资金、开发性金融、对外投资等的配合力度，合力推进战略性项目进展。一是使用无偿、无息和优惠贷款等援助性质资金，软化贷款条件，提高优惠度，推动尼泊尔博卡拉国际机场、埃及斋月十日城市郊铁路项目、柬埔寨51号公路项目、柬埔寨科怀灌溉发展等项目落地。二是创新"援贷投"筹融资模式，发挥援外资金杠杆作用，撬动政银企三方资源，降低项目财务成本，提高项目收益率，赋能柬埔寨金

---

① 2022年升级为全球发展和南南合作基金。

边至西哈努克港高速公路等项目。三是缓解受援国偿债压力。中国积极落实二十国集团于 2020 年 5 月提出的"暂缓最贫困国家债务偿付倡议"，对疫情特别重、压力特别大的国家提供支持，2020 年 5 月至 2021 年末，中国缓债额超过 13 亿美元，占二十国集团缓债总额近 30%，成为二十国集团中贡献最大的国家，为发展中国家释放了更大财政空间。

夯实民心之基。中国践行以民为本理念，发挥对外援助增强政治互信、深化务实合作的"巧劲"，在项目"硬援助"的同时加大智力"软援助"力度，提升共建国家参与建设的能力，为"一带一路"建设奠定民意基础。通过派遣专家顾问，在政府管理、产业发展、法律法规制定、科技贸易等领域提供规划咨询和研修研讨支持，为共建国家参与"一带一路"建设奠定思想和能力基础。通过政府奖学金、派遣志愿者等方式，在汉语教学、体育、社会发展等领域广泛、深入开展人才交流、基层服务，绵绵用力、久久为功，深耕民间友谊。同时，组织共建国家新闻媒体记者等研修班，帮助受援国以更加独立、客观、开放的视角看待"一带一路"合作影响。

（三）打造援外品牌，推动"小而美"项目深耕当地

推动"小而美"项目，提升发展普惠性。伴随国内外环境变化和中国经济发展，"一带一路"自 2013 年从基础设施起步，到产业链、资源开发及社会公共事业全面发展，经历了夯基垒台、立柱架梁和高质量发展阶段。国际发展合作相应转向"小而美、惠民生、见效快"的政策导向，深化农业减贫、医疗卫生、教育文化、社会发展等民生领域合作，为当地经济社会发展带去实打实、沉甸甸的发展成果，提高发展项目的普惠性和有效性，提升当地民众获得感、认同感，让共建"一带一路"成果更好惠及全体人民。

打造对外援助金品牌。中国依托长期援外实践和比较优势，打造了菌草、杂交水稻、青蒿素、"万村通"、"光明行"等援助"金名片"，培育了一批治国理政和技术培训精品项目，形成中国特色援助品牌。为支持受援国粮食安全，以杂交水稻、菌草为重点，中国共举办近千期技术培训班，并因地制宜，推动技术在 100 多个国家落地生根，为当地创造了数十万个绿色就业机会，成为中国减贫脱贫经验应用于全球可持续发展的成功实践。青蒿素是广受欢迎的抗疟援助产品。我国为 30 多个国家援建抗疟中心，向巴布亚新几内亚等国提供抗疟药，推广青蒿素药品和疗法，降低疟疾患者死亡率，为全球疟疾防治作出重大贡献。此外，中国做优做精全球发展和南南合作基金、南南合作与发展学院，打造南南合作的重要公共产品和国际品牌，进一步扩大中国援助的国际影响力。

（四）完善多方位保障，丰富政策工具箱

提升集成、高效的援助管理水平。2018年4月，党中央对援外机制体制作出重大调整，组建了国务院直属机构国家国际发展合作署，专司国际发展合作和对外援助工作，使服务共建"一带一路"明确成为国际发展合作的重大使命职责。新机构成立后，深化宏观统筹协调，加强对外援助工作横向协作和纵向联动，加大政策规划和建章立制力度，突出监督和评估，强调发挥项目可持续综合效益，注重防范质量、安全、廉政等风险，推动成立全球发展倡议项目库、资金库，完善项目储备和资金支持，为服务"一带一路"提供坚实的体制机制保障。

构建多元主体参与的"大援外"格局。中国调动各方力量，形成多元主体互相配合、共同发力的援外模式，多维度作用于"一带一路"建设。一是在减贫、地质调查、文物保护等领域，发挥专业部门和机构优势，参与对外援助项目管理。二是利用各省市的区位优势，借力地方产业资源和人才红利，形成资源共享、优势互补的部省合作格局，共同服务"一带一路"。三是发挥企业作用，创新采用全过程工程咨询服务方式，提高项目实施效率，降低管理成本。采用"投建营"一体化模式，由中方企业或科研机构参与推动项目后续运营，保障项目可持续运作。四是引导民间组织参与国际发展事业，发挥其灵活性和专业性特点，弘扬人道主义理念和人文关怀。在新冠疫情期间，大批非政府组织积极开展捐赠活动，丰富了抗疫国际合作图景，成为传统政府援助的有益补充。

丰富政策工具箱。一是结合硬援助和软援助。既有基础设施建设、提供物资设备等"硬"援助，也开展技术援助、规划咨询、人才培养、援外医疗队和志愿者等"软"援助，既立足发展中国家当下急需，也着眼长期可持续发展。二是统筹无偿和贷款资金。实施多档次、差异化贷款条件，保障贷款优惠度，支持大中型基础设施项目融资。同时，充分发挥无偿援助、无息贷款、优惠贷款等传统援外方式的作用，在全球发展倡议框架内，利用援助资金调动国内外金融机构资金，2023年达到120亿美元，并开展"债务换发展"，援外和贸易、投资三结合等援外方式改革，为全球发展提供更多资金红利。三是兼顾双边和多边渠道。向联合国等多边组织提供核心和非核心捐款，支持发展中国家发展事业。通过全球发展和南南合作基金、气候变化南南合作基金等，同联合国开发计划署等20多个国际组织开展减贫、粮食安全、公共卫生、气候变化、生态环保等领域三方合作，在60多个国家实施了130多个项目，超过3000万人受益。

三、前景展望

当前，和平赤字、发展赤字、安全赤字、治理赤字仍然严重，为人类社会带来了巨大不确定性，也为共建"一带一路"带来新的挑战。中国国际发展合作作为推动构建人类命运共同体的重要抓手，是当今保护主义、伪多边主义、霸权主义猖獗背景下全球治理和南南合作的一股强大正能量。在第三届"一带一路"国际合作高峰论坛上，形成了30余项援外领域成果，包括实施1000个小型民生援助项目。展望下一个金色十年，为提升对外援助服务"一带一路"建设的水平和能力，应着力构建五大体系，包括政策体系、合作体系、伙伴体系、评估体系和叙事体系。

（一）完善对外援助配合"一带一路"的政策体系

一是以全球发展倡议为引领，对接联合国2030年可持续发展目标，准确把握对外援助服务"一带一路"建设的功能定位和使命任务，加强前瞻性思考、全局性谋划，完善对外援助配合"一带一路"的顶层设计和中长期规划，加大配合共建"一带一路"的政策性功能和力度。二是打造以发展议题为引领的集成式援助方案，在"一带一路"共建国家推出系列叫得响的援外品牌和标志性旗舰项目，扩大对外援助影响力。三是在重点区域和重点国家，结合"一带一路"共建国家发展水平、资源禀赋、产业结构，因国施策，在充分调研共建国家发展诉求、全面梳理当地已建和在建项目的基础上，配套制定重点国别的援助规划，建立动态调整的项目储备库，有节奏、有重点地回应共建国家的发展诉求。

（二）依托比较优势，创新对外援助产品供给

一是进一步促进对外援助、双向贸易、双向投资的"大发展"政策，围绕产业投资合作、工业园区建设、境外经贸合作区提质升级、能源资源开发利用、产业核心技术研发等，持续创新援助形式和方案，打造援助的"新质生产力"，支持发展中国家提升贸易和吸引投资能力，融入全球价值链体系。二是顺应第四次工业革命发展趋势，把握数字化、网络化、智能化新发展机遇，为建设数字丝绸之路挖掘更多援助需求，帮助打通信息网络，加强人工智能等新兴领域合作，释放更多数字经济红利。三是从传统承包工程向高端咨询类援助领域拓展，如工程设计和融资方案咨询、资产评估等，带动提升咨询行业国际化运营水平。四是围绕绿色发展、卫生健康、国际减贫合作，打造新的合作融合点。聚焦气候变化、粮食安全、难移民、债务、发展筹资等全球性议题，提供更多创新性全球公共产品。

（三）构建多层次的发展合作伙伴关系

对内发挥地方、商行业协会、企业、社会组织和专家智库作用。强化统筹协调，动员调动更多援外新力量，打造多层次立体援助模式。地方省市，特别是沿边省份应继续发挥对接壤国家的地缘优势，结合西部陆海新通道、大湾区建设、东部海洋经济发展等，挖掘需求，丰富合作形式，灵活开展多领域部省合作。发挥企业在探讨国别项目、行业供给优势分析、后续运营等方面的积极作用，与对外援助项目共同布局海外。发挥商行业协会在行业标准制定、推荐优质企业、一线监督、应对海外风险、维护项目安全等方面的支撑保障作用。培育国内民间援助主体，发挥非政府组织和社会组织深耕"草根"、联结民心的作用，鼓励其参与探讨更多"小而美"、接地气的项目，在卫生健康、基础教育、职业培训、生态环保、广播电视等领域发挥更多作用。进一步发挥专家智库在推动理论建设、学科建设、舆论引导、专业和国别政策制定等方面的作用。

对外同多边平台、机构和资金协同配合，形成发展合力。运用联合国、二十国集团、金砖合作机制等多边平台，在南南合作统计、评估、援助协调等方面加强交流，提升援助透明度。可围绕不同议题形成"发展合作圈"，与发达国家和国际非政府组织开展交流和三方合作。在项目开发、管理、融资等方面，引导国际金融机构、跨国公司、港澳企业积极参与，同丝路基金、产能合作基金等开发性金融和商业资金分工配合、协同推进重大项目，促进投融资的多元化和国际化。重视发挥受援国当地组织的比较优势，加大其在国别政策探讨、立项评估、监督和后评估等方面的参与度，提升受援方在援外项目中的获得感。

（四）健全"一带一路"评估和风险防范体系

一是以高质量建设为导向，构建与国际高标准规则相衔接的监管模式和评估体系，利用对外援助发展规律和各专业领域工作特点，完善项目可行性研究，做好经济、社会和环境影响预测分析，合理评估项目建设的收益和风险，提升资金投向的科学性。建立援外服务"一带一路"建设项目的评估指标体系，发挥评估工作导向作用，注重评估成果运用，更好指导项目立项，将后评估结果作为新立项项目的重要参考，带动形成立项决策和评估结果的闭环管理。二是统筹发展和安全，在项目立项、执行中客观评估国别安全、外部干预等风险因素，主动防范化解风险挑战，做好海外利益集中的国别安全保障，提升海外援建项目安全防护水平，保障援外项目人员安全。严把涉外和内部廉政风险，打造"阳光援外"品牌。

(五) 更加全面、立体地讲好"一带一路"国际发展合作故事

发挥对外援助项目实体性、利他性、务实性优势，以更广阔的维度、更深入的视角，讲好"一带一路"国际发展合作中的生动故事。一是从中国利己达人、扶危济困的优良传统出发，阐明构建人类命运共同体是我国开展对外援助的精神内核，系统介绍我国美美与共、天下大同的新时代国际发展合作观。二是根据不同国情、区情、民情和项目特点，打造政府机构、智库、媒体、企业、受益群体、非政府组织、国际多边机构等多元主体联动的信息网络格局，同当地媒体、智库机构等深入开展合作，采用更加贴合当地受众特点的叙述方式，提高当地民众对合作项目的接受度和满意度，扩大项目的知名度和覆盖面。

第四章
债转发展的历史演进、国际实践和中国方案[①]

在新冠疫情、地缘冲突、粮食和能源危机、美联储连续加息等多重因素影响下，近年中低收入国家普遍出现流动性困难，偿还外债压力增大。若干国家宣布暂停偿还外债，主权债务违约将不可避免地出现常态化和持续性多发状态。在此背景下，各方呼吁创新债务处理方法、破解债务处理僵局。债转发展（Debt‐for‐Development Swap）[②] 作为债务处理模式之一得到广泛关注。债转发展最早产生于 20 世纪 80 年代，近年在全球反思债务与发展关系的背景下再次获得热议，既得到包括联合国、国际货币基金组织在内的多边机构背书，又越来越多地被债务国政府认可。此外，由于中国已成为部分发展中国家最大双边债权人，当前关于债转发展的讨论也关注其在中国债务处理中的应用前景。本章通过考察债转发展的历史演变、交易模式、适用环境和最新进展，讨论债转发展应用于中国债务处理和国际发展合作中的可能方案。

一、债转发展的概念和模式

（一）债转发展：以公共事业资金投入，换优惠性债务重组

当前对债转发展尚无固定定义，其基础模式是，经相关方协商，债权人给予优惠性债务重组，债务人将所节省资金以本国货币形式投入双方协商同意的发展领域，以期达到减轻债务压力和支持公共事务发展的双重效果。在此基础上，根据处理债务类型和交易条件的不同，还延伸出其他交易模式。

债转发展的核心逻辑是：财政资源和外汇储备是有限的，债务国需要在不同用途之间进行取舍。在偿还债务和流动性紧缩压力下，债务国政府为避免信用破产、降低再融资能力，会倾向将有限的财政资源用于还本付息，而非投入经济效益不明显、成

---

① 本章撰稿人：孙天舒，商务部国际贸易经济合作研究院国际发展合作研究所助理研究员。

② 根据支持合作项目的不同，债转发展有时也被称作债转自然（Debt-for-Nature Swap）、债转卫生（Debt-for-Health Swap）等。这些交易的核心概念是一致的，在此统称为债转发展。

本回收率低的公共事业，例如社会福利、教育、卫生、环境保护等。债转发展一方面为债务国提供优惠性债务减记，另一方面允许债务国通过将本国货币存入本国发展账户偿还债务，能够在一定程度上减轻债务国外汇储备压力，对冲主要经济体加息带来的债务成本和利息支出飙升，引导债务人将资金投向长期发展效益显著的商业和民生领域。例如，厄瓜多尔前总统拉斐尔·科雷亚曾试图推动厄瓜多尔暂停偿债，同时推动投资银行拉扎德在二级市场上以低至面值 20% 的折扣回购厄瓜多尔 90% 的违约债券，仅花费 9 亿美元就消除了 32 亿美元的外债。这实际上是一种"折价回购"型债务转换。"废除第三世界债务"委员会发言人、曾在厄瓜多尔审计委员会任职的埃里克·杜桑认为，节省的还本付息总额达到 70 亿美元，"可用于社会支出项目，例如医疗保健、教育和基础设施发展"。

债转发展处理的是债务支出与公共事业支出在还本付息压力下出现的矛盾。债转发展兼具债务重组和发展筹资的双重性质——前者是在债务人和债权人之间达成有约束力的协定，以一定条件交换有优惠性的债务重组，包括减记部分本金、利息，或给予再融资；后者是为债务人公共事务调动新的资源，以平衡其在流动性危机下的资金短缺。

（二）债转发展 40 年模式演变

一般认为，美国生态环境学者托马斯·洛夫乔伊（Thomas E. Lovejoy）于 1984 年在《纽约时报》上刊发关于全球债务危机和生态危机的论述后，债转发展开始进入公众和政策视野。全面回顾债转发展 40 年历程和模式的演变，有助于理解债权人，尤其是双边债权人采纳债转发展的场景、动机和使用条件，厘清其作为一种具体的债务处理方式与全球债务处理宏观场景之间的关系。

20 世纪 80 年代，拉丁美洲债务危机中出现了对债务与发展关系的反思及对债务重组方案的探索，奠定了债转发展的理论基础和市场条件。理论基础即对发展中国家以原材料出口换取外汇行为的反思和围绕"环境问题必须被整合进债务磋商和重组工作中"形成共识，市场条件即债务二级市场的形成。在此背景下，环境领域国际组织开始在二级市场上购买商业银行债权。1987 年保护国际（Conservation International）出资 10 万美元购买玻利维亚 65 万美元债权，条件是玻利维亚在指定时间内在本国生物多样性保护方面增加 25 万美元财政资金，这是全球首个债转发展项目。

20 世纪 90 年代，双边债权人开始广泛使用债转发展处理主权债务，推动因素包括巴黎俱乐部债务转换条款的形成和推动减债的民间力量的兴起。瑞士于 1991 年宣布拨出 5 亿瑞士法郎财政资金用于减债计划，德国于 1992 年在联合国环境与发展大会上宣布启动 5000 万马克用于德国债务转换机制，法国也在这一时期推出债转发展机制"减债促发展合同（C2D）"。双边债权人主导的债转发展将议题从生态环境扩展至减贫、农业、基础设施、卫生健康等领域。

21世纪初，债权国减债倡议对债转发展形成规制。"重债穷国倡议""加强版重债穷国倡议"大幅减免双边债务，2006年前后债务国债务指标大幅回落。在此之后，很多双边债权人已无主权债可免，债转发展也就无从实施。减债后仍有未偿外债的国家，如意大利、西班牙、德国、法国等，在这个时期继续沿用或启动了本国的债转发展机制。

近年来，发展中国家债权人出现显著变化，塑造了债转发展的新形态。首先，资本市场成为发展中国家使用更多的融资渠道，商业债券持有人成为发展中国家的重要债权人。基于增信和资本市场融资的新型债转发展极大提升了债务重组规模。其次，发展中国家债权人迅速崛起，中国作为新兴双边债权人和发展合作资源提供方的身份突出，债务处理立场和措施备受关注。

（三）债转发展的交易模式①

债转发展是各国开发性金融和对外援助政策的延伸，其模式不一而足，债务类型、交易条件、国际规则等要素都有可能影响其设计和规模。本章将债转发展交易模式归纳为美国商业银行模式、德国模式、法国模式、瑞士模式、伯利兹模式五种：

（1）美国商业银行模式主要是商业债务转发展。这一模式见于20世纪80年代美国大型商业银行对拉丁美洲商业债务处理中。商业银行在二级市场上折价出售债权，国际组织购买债权成为债务国的新债权人，而后敦促债务国将等额的当地货币投入共同管理的发展合作账户，或捐赠给国际组织在该国的分支机构。

（2）德国模式和法国模式主要是援助债务转发展。德国债务转换模式是，德国核销部分援助债务，债务国则将等额的本币用于支持国内发展项目，或捐赠给某一发展领域的国际组织。法国债务转换模式是，债务国继续按合同履行偿债义务，法国在债务国偿债后为其提供新增的无偿援助资金，为债务国履约和偿债提供激励。

（3）瑞士模式是出口信贷债务转发展。瑞士以财政资金回购折价债务的方式处理了21.5亿瑞士法郎的出口信贷债务，即财政出资5亿瑞士法郎购买债务，瑞士出口信贷公司折价16.5亿瑞士法郎出售债务。瑞士政府成为债务国的新债权人后进一步给予减免，调动12个债务国建立了3.2亿瑞士法郎等值的当地货币资金账户，开展了760多个发展项目。

---

① 关于债转发展各模式在过去40年中的应用场景，详见孙天舒、刘娴：《债转发展：一种债务处理方式的历史演进与中国方案》，《国际经济合作》，2023年第3期，第78、90-94页；孙天舒、刘娴：《债转发展的运作模式和国际实践》，《海外投资与出口信贷》，2023年第3期，第7-12页。

（4）伯利兹模式是债券债务转发展。2021 年大自然保护协会和伯利兹开展海洋保护蓝色债券互换，双方共同发行新债券，并借助官方金融机构担保和增信，提高债券的信用评级，使伯利兹能够获得成本更低的融资。这一交易为伯利兹争取了 1.89 亿美元的债务减免和 3.64 亿美元的再融资，不仅帮助其克服了流动性危机，而且提升了其信用评级，使其恢复了融资能力。

（四）债转发展的效益与局限性

目前尚无对以债转发展模式处理的债务总金额的统计。OECD 于 2000 年开展的统计显示，全球共有约 42 亿美元的官方债务以当地货币形式偿还，其中 16 亿美元系通过债转发展的方式。① 本章梳理现存债转发展相关研究，获得 1987 年至今债转发展项目 58 个，共转换债务约 41.77 亿美元，单个项目金额多在 800 万~5000 万美元。债转发展对债务国的减债效果各异，如德国与印度尼西亚于 2004—2005 年达成总额为 7360 万欧元的债转发展协议，仅占印度尼西亚 2004 年对德国金融合作债务的约 7%；而德国与约旦于 1992—2006 年达成 2.136 亿欧元的债转发展协议，占 2005 年约旦对德国金融合作债务的近 59%。②

可见，债转发展的效益与局限性并存，且不同国家在不同时期开展的交易差异明显。一般而言，债转发展的效果包括减少债务人以外币计价的债务、减轻外汇资源和汇率浮动压力、释放债务国财政资源并将其引导至和可持续发展相关的公共部门，为债务国发展事项调动发展资金。对债权人而言，债转发展常被认为是建立长期发展合作关系的象征，有利于加强双边外交纽带。债权人围绕某一发展议题推动债转发展，有利于提高新增资金的显示度，宣传其对发展议题的支持和领导力，提升国际形象。

对金融机构而言，对发展中国家不良贷款和风险资产的长期留存会影响机构的资本充足率，增加对贷款损失准备金的需求，妨碍金融机构开展新的贷款业务。通过债转发展处理高风险债务，可以在一定程度上降低风险敞口，释放信贷额度。

需要承认的是，债转发展不是债务处理和发展融资的"万灵药"。双边债权人主导的债转发展（如前文所述的德国、瑞士、法国模式）多涉及本金减记或援助资金增资，财政部门需要部分或全部补贴金融机构的本金或利息损失，以调动其参与债务处理的

① OECD, "Lessons Learnt From Experience With Debt-for-Environment Swaps in Economies in Transition", 2007, p. 7, https://www.oecd.org/env/outreach/39352290.pdf.
② Global Fire Monitoring Center, "Indonesia/Germany: Indonesia, Germany to Sign US $ 60m Debt Swap Deal", November 8, 2004, https://gfmc.online/media/2004/news_20041111_ind.html; Kathrin Berensmann, "Debt Swaps: An Appropriate Instrument for Development Policy? The Example of German Debt Swaps", 2007, p. 16, https://www.files.ethz.ch/isn/31107/2007-05e%20(same%20as%202007-03d).pdf.

积极性。上述财政资金的使用和银行贷款本金的减记需要经历复杂的协调和审批过程。由商业银行、开发性金融机构、国际组织主导并撬动的债转发展（如前文所述的美国商业银行模式、伯利兹模式）则对交易结构和网络的搭建有很高要求。① 总体而言，债转发展的局限性在于协调成本高而债务处理金额较小，存在"收效太少、落地太晚（too little too late）"之风险。

二、当前探讨债转发展的宏观背景和最新进展

（一）近20年公共债务激增，发展中国家债务压力持续增加

20世纪末21世纪初"重债穷国倡议""加强版重债穷国倡议""多边减债倡议"相继启动后，发展中国家双边债务比重显著降低，债转发展的使用规模也随之削减。然而，过去20年发展中国家的高速发展和融资支持了经济建设，也再一次推高了负债水平。2000年至今，全球GDP增长了两倍，但公共债务水平激增5倍，从17万亿美元增长至破纪录的92万亿美元。由于发展中国家本身市场规模和举债能力有限，其债务仅占其中30%，而发达国家可以以更低利率借贷高规模债务。但公共债务在发展中国家GDP和财政收入的比重反映出债务对其宏观经济的压力。

据统计，发展中国家公共债务占GDP比重从2010年的35%上升到2021年的60%②，外部公共债务占GDP比重从2010年的19%增长到2021年的29%。发展中国家利息支出在全部公共支出中的占比是发达国家的2~3倍。③ 半数发展中国家利息支出超过其GDP的1.5%，占政府收入的6.9%，较过去十年大幅增加。④ 发展中国家债务增长速度超过了其通过出口创造外汇的增长速度，外部公共债务金额占其出口额的比重从2010年的71%增加到2021年的112%，还本付息额占出口额的比重从3.9%上升至7.4%。

（二）债务支出挤出公共事务支出

如前所述，在债务到期和增长低迷的双重压力下，还本付息支出在公共支出中所

---

① 如伯利兹债转自然项目牵涉伯政府、债券持有人、瑞士信贷、国际组织（大自然保护协会）、资产管理公司、债券投资者、政治风险保险提供方（美国国际发展融资公司等）、指数保险提供方（慕尼黑再保险公司等）、律师事务所等交易参与方。该项目详情可参考大自然保护协会《案例研究：伯利兹债务—自然置换》报告。

② UN Global Crisis Response Group, 2023, A World of Debt, https://unctad.org/publication/world-of-debt

③ UNDP, 2023, The Human Cost of Inaction: Poverty, Social Protection and Debt Servicing, 2020 – 2023, https://www.undp.org/publications/dfs-human-cost-inaction-poverty-social-protection-and-debt-servicing-2020-2023.

④ UN Global Crisis Response Group, 2023, A World of Debt, https://unctad.org/publication/world-of-debt.

占份额越来越高，债务国在还本付息和公共开支之间面临取舍。

联合国"全球粮食、能源和金融危机应对"小组（GCRG）基于世界银行债务统计数据和国际货币基金组织 2023 年《世界经济展望》数据的分析显示，当前有 33 亿人生活在政府利息支出高于教育或医疗支出的国家；至少有 19 个发展中国家利息支出超过教育支出，45 个国家利息支出超过医疗支出。以大洲为单位的统计数据显示，非洲整体利息支出高于其教育支出和医疗卫生支出；亚洲和大洋洲发展中国家（不包括中国）整体利息支出高于医疗卫生支出。

一些学者和发展援助机构也关注到发展中国家面临的双重脆弱性（或"气候—金融陷阱"[1]），即气候脆弱性和宏观金融脆弱性并存、形成恶性循环的现象。在高昂的利息成本和债务集中到期引发的外汇储备和流动性压力下，气候脆弱国家难以为国内气候韧性建设投入足够的财政资金，更容易在遭遇气候灾害时，陷入还本付息和出资赈灾的两难局面。

（三）债权人异质化增加协调难度

过去 20 余年中，发展中国家债权人结构发生很大变化，与 20 世纪末相比呈现很高的异质性，提高了债务协同处理的难度。

在 1996 年的"重债穷国倡议"中，37 个重债穷国 90% 以上的公共债务系对官方债权人债务。到了 2020 年，私营部门债权人成为上述国家重要贷款来源之一，占发展中国家总公共债务的四分之一。[2] 包括中国在内的新兴发展中国家债权人的出现和贷款的快速增长再度提高了"重债穷国倡议"结束后一度下降的官方双边债权比重。2020 年，在 54 个债务脆弱性最高的国家中，双边官方债权人、多边官方债权人、私营部门债券持有人和商业银行债权分别占总债权的 30%、24%、41% 和 5%。[3]

可见，仅在一种债权人内部达成重组共识已无法对发展中国家债务整体产生显著效果；同时，不同债权人群体之间由于担心产生道德风险和搭便车行为，一般不会率先承诺优惠性债务处理。债务谈判中博弈参与方增多、异质性增强，也暴露了包括巴黎俱乐部、二十国集团在内的主流债务处理磋商平台的局限性。

综上，当前发展中国家债务处理复杂性与 20 世纪 90 年代迥异，各方经济利益和政

① Bastien Bedossa, 2023, Climate-Financial Trap: An Empirical Approach to Detecting Situations of Double Vulnerability, https://www.afd.fr/en/ressources/climate-financial-trap-empirical-approach-detecting-situations-double-vulnerability.

② UNDP, 2022, Avoiding "Too Little Too Late" on International Debt Relief, p. 9, https://www.undp.org/sites/g/files/zskgke326/files/2022-11/UNDP-DFS-Avoiding-Too-Little-Too-Late-on-International-Debt-Relief-V4.pdf.

③ Ibid.

治诉求不同，债务处理进程容易陷入僵局。与此同时，还本付息之下的发展中国家社区和民生关切难以进入多边金融治理议程核心。在这种情况下，需要开辟低政治化、低敏感度、高共识度的空间，创新债务处理工具，使合作不至于陷入进退两难的僵局，为债务磋商和合作营造友好的环境。

（四）资本市场和开发性金融机构增信提高债转发展重组规模

如前所述，当前资本市场成为发展中国家更多使用的融资渠道，债券持有人成为发展中国家的重要债权人。基于债券增信和资本市场融资的新型债转发展极大提升了债转发展的重组规模。

2021 年，国际环境保护组织大自然保护协会和伯利兹进行了海洋保护蓝色债券互换。通过此次交易，伯利兹获得 1.89 亿美元的债务减免和 3.64 亿美元的再融资，同时避免了主权信用评级受损。2022 年，大自然保护协会、中美洲开发银行和巴巴多斯联合完成了 1.5 亿美元的债转海洋保护，为巴巴多斯节约了 5000 万美元用于海洋保护和应对气候变化。① 2023 年，厄瓜多尔和加蓬相继达成 16 亿美元和 5 亿美元的债转自然交易，前者是迄今全球规模最大的债转自然交易，后者是非洲大陆第一笔债转自然交易。

包括美国国际发展金融公司、美洲开发银行在内的双边、多边开发性金融机构为上述交易提供了政治风险担保和增信服务，帮助债务人以较高信用评级和较低成本发行债券、进行融资。2023 年举办的第 28 届联合国气候变化大会（COP28）上，欧洲投资银行、美洲开发银行等多家双边、多边开发机构宣布计划成立特别工作组，扩大"债务换自然"机制的规模。

（五）部分双边债权人开展额度有限的"减债换发展"

开展债转发展的双边债权人在"重债穷国倡议"之后显著减少，但当前意大利、西班牙、德国等国还在一定法律框架和资金限额内继续开展债转发展。

例如，德国从 1992 年开始开展债转发展。1993—2010 年，德国共与 21 个国家达成债转发展协议，处理债务金额总计 13 亿欧元。② 2008 年德国联邦预算法做出规定，"联邦政府在获得联邦议院预算委员会批准后，可以在个案审查的前提下豁免总额不超过 1.5 亿欧元的金融合作债务，条件是债务国在与联邦政府达成协议后……将放弃的资金用于发展项目，或将资金捐赠给国际组织"。在此上位法约束下，德国既开展了包

① The Nature Conservancy, "The Nature Conservancy Announces Its Third Global Debt Conversion in Barbados", September 21, 2021, https://www.nature.org/en-us/newsroom/tnc-announces-barbados-blue-bonds-debt-conversion.
② Jürgen Kaiser, 2012, Deutschland：Forderungen an Entwicklungs-und Schwellenländer Anfang 2012, p.4.

括"德国—印尼—全球抗击艾滋病、结核病和疟疾基金"债转公共卫生在内的多边合作，也开展了与秘鲁、埃及等国的双边合作。2023年6月，德国与埃及国际合作部、埃及电力和可再生能源部、埃及中央银行签署了5400万欧元债转发展协议，埃及承诺将等值本币用于为两个风电场配备电网设施，达成本国可再生能源发电目标。

另一个双边援助国债转发展的案例是2015年塞舌尔与包括意大利、英国、加拿大在内的巴黎俱乐部国家达成的2160万美元债转海洋保护协议。上述国家同意给予塞舌尔6.5%的折扣，使其可以用2020万美元回购上述双边债务。

值得注意的是，由于上述国家采取的是部分核销援助债务的方法开展债转发展（即上文所述"德国模式"），其债务处理的金额和所支持的项目对内受到国内财政部门和立法机构的审核和约束，对外需要与巴黎俱乐部的"共同行动""协商共识"等原则协调一致。在多重约束条件之下，减债转发展能够处理的金额往往较为有限，其效果更多体现在建立伙伴关系、调动更多发展融资方面。

2023年10月，中国国家国际发展合作署与埃及国际合作部签署了债转发展谅解备忘录，中国成为又一个开展债转发展的双边债权人，这也是中国首次开展此类合作。[①] 当前具体合作模式和支持项目仍在探讨中。

三、探索适合中国实际的债转发展方案

（一）中国对发展中国家贷款及参与债务处理情况

中国对发展中国家提供贷款及参与债务处理的历程较短，但金额在过去20年中快速增长，支持发展中国家经济和社会民生基础设施建设。中国的海外债务可分为援助债务和商业债务。援助债务包括无息贷款和优惠贷款。其中无息贷款本金由财政提供，优惠贷款本金从市场募集，由财政提供补贴降低利息。其余的债务，包括进出口银行提供的优惠出口买方信贷、国有银行的商业贷款等都属于商业债务，本金从资本市场上融资获得，也没有财政提供的贴息。

2000年以后，中国陆续宣布了一系列对存在还款困难的最不发达国家的债务免除，其范畴仅限于援助债务中的无息贷款。例如，2021年中国宣布免除15个非洲国家2020年底到期的无息贷款债务，[②] 之后又在中非合作论坛第八届部长级会议成果落实协调人

---

① 国家国际发展合作署，2023年10月19日，罗照辉署长会见埃及总理玛德布利，http://www.cidca.gov.cn/2023-10/19/c_1212291298.htm.

② 国务院新闻办公室：《新时代的中非合作》，2021年11月，http://www.scio.gov.cn/ztk/dtzt/44689/47462/index.htm.

会议上宣布免除非洲 17 国截至 2021 年底的 23 笔对华到期无息贷款债务。① 2020 年 4 月二十国集团财长和央行行长会议通过"暂缓最贫困国家债务偿付倡议"并经过两次延长期限实施到 2021 年底，中国参与并积极落实缓债 21 亿美元，是对缓债倡议贡献最多的国家。中国同二十国集团有关成员一道落实 2020 年 11 月启动的"缓债倡议后续债务处理共同框架"，对于新冠疫情特别重、债务压力特别大的国家通过个案处理方式提供支持。中国与法国在"共同框架"下共同担任赞比亚官方债权人委员会主席。2023 年 6 月有关各方就赞比亚主权债务重组达成协议。

（二）中国债务处理工具箱亟须丰富

当前多边债务处理机制面临责任分担不均、处理进程缓慢等问题，债务谈判和债务重组面临高度政治化的国际环境。与此同时，中国在债务谈判中的手段和空间非常有限，甚至处于被动。目前看来，多边框架下的缓债倡议和共同框架进展缓慢，而双边框架下推动免债、减债、个案重组又都有各自的问题，需要找到具有创新性、突破性的债务处理方法。

当前学术界对债务处理具体方式和实践路线的研究大致达成以下共识：一是认为中国在参与债务处理的过程中应发挥与自身对外债权水平相称的影响力，呼吁尽快制定战略，积极参与全球债务处理和主权债务集体行动，尽快制定具有中国特色的债务风险管理和防范战略。② 二是强调坚持主权债务违约处置多边化，敦促国际多边金融机构发挥更有建设性的作用。③ 三是注重多种债务处理方式相结合，灵活使用减债缓债等传统方式和债务置换债券等债务处理新思路。④ 四是坚持提高外债管理有效性，加强债务管理机制和工具之间的有效协调，慎重使用直接减免债务，降低债务重组损失，将债务处理与中国供应链调整和产业结构升级相结合。⑤ 在当前发展中国家债务压力和违约风险持续上升背景下，中国既需要保障自身海外资产安全，也需要释放海外信贷增量空间，以便与发展中国家合作伙伴探讨新的、能够带来现金流和促进其经济复苏的项目，促进合作共赢。

---

① 《弘扬中非友好 加强团结合作 打造中非共同发展的新时代——王毅国务委员在中非合作论坛第八届部长级会议成果落实协调人会议上的致辞》，2022 年 8 月 19 日，外交部网站，https://www.fmprc.gov.cn/wjbzhd/202208/t20220819_10745611.shtml.
② 参见周诚君、洪灿辉、汪浩：《构建主权债务重组的"上海模式"》，第 87-98 页；赵雅婧、李瑞民：《巴黎俱乐部：源起、规则与作用——兼论对中国的启示》，《国际金融》，2017 年第 1 期，第 59-66 页；李讯、侯娉、孙玉茗：《发展中国家债务危机处理机制的国际经验及现实研究》，《金融发展研究》，2020 年第 12 期，第 52-58 页。
③ 叶玉：《金融全球化演变背景下的 G20 主权债务综合治理》，《国际展望》，2021 年第 4 期，第 73-89 页。
④ 徐奇渊、孙靓莹、熊婉婷：《发展中国家主权债务问题：一个系统、全面、有效的综合解决框架》，《拉丁美洲研究》，2023 年第 2 期，第 17 页。
⑤ 周玉渊：《发展中国家债务问题政治化的影响与反思》，《国际展望》，2020 年第 1 期，第 85-107 页。

（三）探索中国方式的债转发展

债转发展虽然"具体而微"，但具备凝聚各方共识、破局债务处理困境的潜力，且符合中国"将发展置于全球宏观政策框架的突出位置"的发展合作理念。

与巴黎俱乐部成员国相比，中国海外债务的特点是主权债务占比高。考虑到市场交易条件差异，中国债转发展应优先在双边政府渠道下进行，选择对中国援助债务和官方出口信贷债务较多的国家，评估对方合作意愿，论证其投入本币支持国内发展的能力，再由双方共同探讨符合债务国发展优先事项和中国国际发展合作理念的具体合作领域。宜先试点以债转发展替代传统直接免债，再探索财政资金参与金融机构折价购买债权、处理政策性银行贷款，并逐步拓宽各类债务转发展的空间。

基于无息贷款免除的债转发展：可参考德国模式，即中方宣布免除部分无息贷款债务，债务国宣布对发展领域增资。也可采用法国模式，即债务国宣布对发展领域增资，中方提供新的双边援助资金核销未偿还的无息贷款，形成配套资金。这一模式可与中国已设立的全球发展和南南合作基金、昆明生物多样性保护基金、中国对多边组织的信托基金等创新资金结合，扩充中国牵头的国际发展资金机制。

减息债务转发展：中国对外优惠贷款本金由中国进出口银行通过市场筹集，财政提供利息补贴。可考虑通过增加财政补贴进一步降低优惠贷款利率，相当于对优惠贷款债务做减息或免息处理。债务国应将与被减免利息等值的本国货币存入与中方共同管理的资金账户，用于双方商定的发展合作项目。

"两优"债务转发展：对于优惠贷款和优惠出口买方信贷这两种政策性强的债务可考虑采用瑞士模式，即财政部门和金融机构债权人约定分摊比例，财政部门提供部分资金折价购买金融机构债权，金融机构自行承担部分损失，盘活信贷空间。

引导社会资本参与商业债务转发展。虽然商业债务的处理需要符合商业机构监管要求和盈利诉求，但政府可以发挥引导和撬动作用，引导有意愿的国内商业机构和社会资本参与债转发展，为企业、非政府组织"走出去"开展合作项目创造契机。

结合其他双边债权国的实践经验和中国国际发展合作实际，有理由认为债转发展可为中国带来多重效益。一是提升双边伙伴关系，债转发展项目需要中方与债务国就债务安排、发展项目孵化等开展密集磋商对话，双方互动、互信、互惠合作更加密切，有利于将双方债务关系升级为平等互利的发展合作关系。二是充实发展合作资金，以更充沛的资源推进全球发展倡议、支持联合国2030年可持续发展目标，更深入参与全球治理，提升国际形象和影响力。三是帮助金融机构及时处理坏账，盘活僵死资金，降低不良贷款率，防范系统性金融风险，释放信贷空间。中国在积极参与全球治理，为推进全球发展提供国际公共产品的过程中，应论证和试点新的合作模式，提升在复杂环境下与发展中伙伴国家共同面对全球挑战方案的多样性、灵活性和有效性。因此，应客观和全面地学习吸收债转发展的有益经验，形成与中国国际发展合作理念和体制机制兼容的路径，在交流合作中持续阐释中国理念和路径。

第五章
加强国际发展合作　共创儿童更好未来[①]

儿童是一个国家的未来，也是世界的未来。儿童在年龄、体形、地位和心智等方面处于弱势，在自然灾害、冲突、战争等环境下，容易陷于创伤、虐待、拐卖、雇佣、分离等丧失基本权利的脆弱处境。儿童承载着阻断代际贫困、积累人力资本等方面的期望，加强国际儿童发展合作，实现与儿童相关的联合国可持续发展目标，是世界各国的共同任务。

一、儿童国际发展合作的概念和范畴

儿童国际发展援助始于"二战"末。战争使儿童遭受严重创伤，联合国划拨专项资金、成立应急机构，基于联合国宪章、以人道主义为出发点，对战后的亚洲和欧洲儿童施以援助，提供食物、衣物和医疗方面的支持。

1989年，联合国大会通过的《儿童权利公约》，成为第一部保障儿童权利且具有法律约束力的国际性约定。根据公约，儿童是指18岁以下的任何人。基于儿童全生命周期的发展需求，儿童国际发展合作范畴具有明显的广泛性和交叉性，当前主要涉及母婴健康、营养、教育、保护、水和卫生、气候变化、基础设施等领域。由于5岁以下儿童更具有脆弱性，国际社会更多关注儿童的早期发展投入效果，新生儿死亡率、5岁以下儿童死亡率、5岁以下儿童营养指标（发育不良率、消瘦率、超重率）等成为各国评估儿童发展情况的关键性指标。

儿童议题与国际发展合作、联合国可持续发展目标息息相关。在17个可持续发展目标中，儿童发展议题至少涉及减贫、消除饥饿、确保体面工作等10个以上目标。[②] 从发展角度看，儿童发展是积累人力资本、提高劳动生产率、阻断贫困代际传递

[①] 本章撰稿人：陈小宁，商务部国际贸易经济合作研究院国际发展合作研究所副研究员；张晨希，商务部国际贸易经济合作研究院国际发展合作研究所研究实习员。

[②] 例如，目标1消除贫困；目标2消除饥饿；目标3保证生命体健康；目标4优质教育；目标5保证性别平等；目标8体面工作和经济增长；目标10减少国家内部和国家间的不平等；目标11建设可持续城市和社区；目标12负责任的消费和生产；目标16促进社会和平；目标17促进伙伴关系。

的关键途径。儿童发展投入越早，其成本越低，回报越高。全球多个干预项目跟踪研究显示，儿童早期发展阶段每投入 1 美元，将获得 4.1~9.2 美元的回报。在当前全球致力于实现可持续发展目标的关键时期，忽视对贫困地区儿童的干预，即是错过对未来人力资本的投资和开发。当被忽视的儿童数以万计时，对国家发展和全球减贫事业将造成不可挽回的损失。

二、国际儿童发展的形势分析

当前各类危机交织，儿童的健康和福祉面临严重危机。仅新冠肺炎疫情期间，贫困儿童人数就增加了 1.5 亿人，2 亿儿童流离失所，社会不平等现象日益加深。妇幼母婴健康、儿童营养、基础教育、社会保护、清洁用水等广泛领域存在发展需求迫切和发展供应不足的矛盾，其中健康、营养和教育方面的发展赤字凸显。

（一）儿童健康水平不平衡，全球儿童死亡率居高不下

近三十年，全球健康卫生干预有效性得到很大提升，儿童健康与营养发展取得长足进步。全球新生儿死亡率较 30 年前下降 60%，5 岁以下儿童死亡率较 30 年前降幅达50% 以上。但值得注意是，全球儿童健康发展仍存在区域性不平衡问题，撒哈拉沙漠以南非洲和南亚等地区儿童死亡率面临居高不下的困境。受医疗落后、粮食不足、传染病高发等影响，2021 年非洲地区 5 岁以下儿童死亡人数占到全球的 56%，南亚占 26%。全球将近一半的婴儿死亡率发生在撒哈拉以南非洲，风险是欧洲和北美的7 倍。①

（二）营养不良三重负担问题凸显，改善营养需求急迫

时至今日，全球 1/3 的 5 岁以下儿童仍无法获得成长所需营养。首先，生长迟缓和消瘦是儿童发育不良的明显信号，威胁儿童生存、发育与成长，它既是一个国家贫困的症状，也是未来致贫的指征。在全球 5 岁以下儿童中，仍有 1.5 亿人出现生长迟缓、近 5000 万儿童处于消瘦状态，尤其是南亚和西非国家②。其次，3.4 亿儿童面临维生素及矿物质缺乏，即处于"隐性饥饿"状态。隐性饥饿危害妇幼健康，例如，缺铁降低儿童学习能力，缺铁性贫血增加产妇分娩期或产后死亡风险。最后，超重问题正在快速发展，目前，全球 5.7% 儿童面临肥胖问题，主要分布在中东和北非、北美、东欧等

---

① 联合国报告：《2021 年每 4.4 秒就有一名儿童或青年死亡》，https://news.un.org/zh/story/2023/01/1113957.
② UNICEF DATA WAREHOUSE, https://data.unicef.org/topic/nutrition/child-nutrition/.

区域国家，引发儿童早发Ⅱ型糖尿病、心理健康等问题。

（三）教育发展鸿沟拉大，贫困代际传递风险递增

即使在新冠疫情之前，儿童教育也面临着不平衡困境，贫困地区、农村地区的教育率远低于经济发达区域。2021年，全球贫困地区的小学教育率仅61%，其中非洲中西部国家的贫困区域教育率低至29%。同年，全球贫困地区的中学教育率仅为42%，其中，非洲国家贫困区域的中学教育率低至13%~14%。疫情加剧儿童教育困境，儿童和年轻人受到学校关闭的影响，生活在贫困或农村地区的儿童、女孩、难民、残疾人士和被迫流离失所者的教育机会被大大降低。随着投入卫生领域的资金增加，各国政府公共财政压力加剧，教育资金一定程度上受到挤压，弱势群体错失教育情况加剧，致贫风险增大。

三、国际儿童发展合作最新动向

（一）全球儿童发展处境艰难，贫困加剧

新冠疫情、冲突、气候变化和经济冲击的影响使全球范围内的贫困和不平等加剧，儿童的处境更加艰难。2021年底，联合国儿童基金会发起了一项创纪录的94亿美元紧急救助基金，旨在惠及全球受人道主义危机和新冠疫情大流行影响的1.77亿儿童，这是联合国儿童基金会有史以来规模最大的一次紧急救助。2022年底，联合国儿童基金会呼吁筹集103亿美元的应急资金，用于在2023年支持155个国家和地区的关键项目，为超过1.1亿名受到人道主义危机、持续的新冠疫情以及气候变化影响的儿童提供援助。[1] 2023年9月，联合国儿童基金会和世界银行发布《根据国际贫困线的全球儿童货币贫困趋势》分析报告，指出全球儿童总数的1/6，即约有3.33亿儿童仍然生活在极端贫困中，每天生活费不足2.15美元。尽管近十年来每天的生活费低于2.15美元的儿童人数已从3.83亿降至3.33亿，但新冠疫情导致减贫进程的迟滞，使得儿童脱贫人数比在没有疫情造成中断情况下的预期少了3000万。[2]

---

[1]《儿基会发起103亿美元募捐呼吁，应对儿童人道主义需求》，https://news.un.org/zh/story/2022/12/1113037.

[2]《联合国儿童基金会和世界银行报告称全球减少极端贫困进程停滞儿童首当其冲》，https://www.shihang.org/zh/news/press-release/2023/09/12/children-bearing-brunt-of-stalled-progress-on-extreme-poverty-reduction-worldwide-unicef-world-bank.

（二）儿童发展合作共识度高，主流化趋势增强

各国政府对投资于儿童的重要性达成越来越多的共识，儿童发展并非政治敏感话题。儿童发展的重要性得到了国际社会的高度认可，并与全球发展目标保持一致。可持续发展目标旨在不让任何人掉队，并将儿童和其他弱势群体置于推进全球发展的中心。国际儿童发展合作促进了可持续发展目标的实现，改善了人民生活，与受援国的发展优先事项目标相一致。美国是唯一专门针对儿童发展援助进行立法的国家。2005年，美国颁布《援助发展中国家孤儿和其他弱势儿童法》，自2006年起每年向议会提交报告，就美国开展儿童援助情况内容及成效进行汇报。儿童议题是日本推进全球健康、人道与发展、防灾减灾和妇女赋权等发展政策的重要切入点。日本将无偿援助和技术合作相结合，在教育、公共卫生、人口等领域提供援助，改善妇幼健康、提升儿童福祉和基础教育水平，从而凸显日本维护全球人类安全发挥的重要作用。

（三）儿童投资的溢出效应较强

儿童发展具有跨领域性、交叉性，涵盖了健康、营养、水、环境卫生和个人卫生、儿童保护和社会政策等多个领域。研究表明，跨领域发展也有助于反贫困、促增长。例如，投资儿童教育的同时，营养、水安全、保护等方面也能得到相应发展。这些溢出效应突出了国际发展合作对儿童的积极深远影响。美国将儿童议题作为高度"跨领域"议题，与许多发展问题建立联系，巧妙地嵌入数十个部门之中，以问题为导向形成儿童的卫生健康、营养、教育、性别平等、保护等交叉领域。不同于美国，日本、德国和英国等国并未针对儿童问题单独设置议题，但儿童议题又无处不在，分散在如卫生、教育、营养、社会保障、农业与乡村建设、供水、性别平等、数字化等领域。

（四）针对儿童发展合作的顶层设计逐渐增多

经过几十年的发展，儿童议题愈加得到国际社会的重视。各国进行了政策框架和战略上的顶层设计，促进整合性、跨领域的儿童发展。美国、德国、英国、日本等已专门就国际儿童发展合作进行了顶层设计，包括儿童健康、基础教育、女童发展、儿童营养等专项的发展政策。美国政府于2019年6月推出《推进对逆境中儿童的保护和关怀：美国国际援助战略（2019—2023年）》，并于2020年发布《儿童援助战略实施计划》，概述了美国政府对全球脆弱儿童及其家庭的发展、保护、尊严维护和安全保障等方面进行投资的政府承诺和实施路径，并成立由美国国务院、国际开发署、卫生部、劳工部和和平队组成的部际工作组共同落实该战略。英国通过制定国际发展合作白皮

书发布对外援助战略，在其 7 份国际发展合作白皮书中多次提及儿童关键词，最多的一份达近百次。

（五）儿童发展合作重点多样化

总体看，儿童发展合作的重点包括母婴健康、水和卫生、基础教育、基础设施供给、民主治理等主题。但由于国情和发展优势不同，各国儿童发展合作的重点和战略并不相同。英国由于整体对外援助战略的"再定位"和资源收缩，其将更多的资源投向有比较优势、更符合英国经济利益、外交目标的领域，如女童教育。在最新发布的《发展战略2022》中，女童教育被视作英国当前乃至今后一个阶段最核心的发展目标之一。日本则将教育援助作为促进人类安全的重要领域，推出"教育 X 创新"品牌倡议，发布《促进和平与增长的学习战略——通过相互学习实现优质教育》战略，确立了以基础教育为核心的儿童教育援助。

（六）儿童发展合作伙伴多元化

大部分国家通过多边和双边相结合的方式开展儿童合作，其中，联合国发展机构和国际金融机构是儿童多边合作的主体。例如，德国积极同多边机构开展伙伴关系，并成为联合国儿童基金会 2020 年的第二大捐赠国。美国的儿童发展援助高度依赖多边伙伴，与包括联合国儿童基金会、世界粮食计划署、联合国难民署、国际移民组织、联合国开发计划署等机构开展合作。以联合国儿童基金会为例，美国对其的捐资多年保持较高水平，2010—2020 年，美国支持资金总量长期位列其对联合国机构捐资的前四。日本则积极利用日本海外合作志愿者资源，与非政府组织、社区合作，强调"参与式"的儿童援助项目。日本通过"非政府组织补贴框架"向长时间在医疗保健、教育领域从事基层活动的日本非政府组织提供财政援助，使非政府组织有机会直接影响受援国基层政府及民众，并引导他们改善当地的妇幼保健、教育和福利制度。在多边合作层面，日本与其他传统援助国一样，通过向联合国等多边机构提供一般性捐款和指定用途捐资开展国际发展合作。日本从 1952 年开始向联合国儿童基金会捐资。2021 年，日本提供资金总额为 3.28 亿美元，位列全球第五。

四、中国儿童发展合作的进展与实践

中国倡导人类共同发展理念，致力于通过国际发展合作普惠发展成果，促进全球减贫、增进儿童福祉。在过去 70 年的对外援助历程中，中国恪守《联合国宪章》《世界人权宣言》《儿童权利公约》等国际公约，秉持国际主义和人道主义精神，向广大发展中国家的妇女儿童提供力所能及的帮助。

（一）援外举措增多，引导儿童发展投资

中国儿童发展合作经历了从"受援国"至"南南合作者"的发展。近20年来，中国积极参与国际儿童发展合作议题讨论和参与相关规则制定，有针对性地就儿童发展援助提出呼吁和举措，逐步向其他发展中国家和多边合作机制贡献新的资金和方案，强调"妇幼儿童"保护的重要性。

2010—2020年，中国通过中非合作论坛、世界妇女大会、全球妇女峰会等，宣布了超过12项针对妇女儿童发展的重要援外举措，包括100个妇幼健康工程、100个快乐校园工程、200个幸福生活工程等。在全球发展倡议的八大重点领域中，减贫、粮食安全、发展筹资、抗疫和疫苗等领域与儿童发展息息相关，高度契合儿童发展的优先关切。在2023年"一带一路"高峰论坛上，中方宣布将实施1000个小型民生援助项目，鉴于儿童利益是家庭、社会、国家的核心关切，预计中国将推动形成更多接地气、聚民心、惠儿童的项目。

（二）"软硬兼施"，推动儿童减贫和发展

从国内发展角度看，中国儿童事业着力点在于反贫困，落脚点是儿童生存、发展、受保护和参与权利，努力重点是降低儿童死亡率、改善儿童营养健康、优化基础教育、促进儿童保护等方面的综合发展。从国际合作角度看，中国国际儿童合作以消除贫困、改善民生为落脚点，聚焦妇幼健康、教育、营养、人道主义等领域，提供医院、学校、紧急粮食援助、传染病应对、防灾减灾、能力建设等受援国急需的社会福利项目。

具体来看，一是发挥中国基础设施技术和人力优势，为受援国提供急需的社会福利项目，受益直接、见效快。在"受援国提出、受援国同意、受援国主导"的对外援助原则下，学校、医院、供水等基础设施项目成为受援国提出的最迫切、最优先的援助需求。仅2013—2018年，中国就对外援建了86所学校，80个医院，缓解了受援地区对教育、医疗等方面的基础设施的需求。二是近年中国愈加重视儿童生存环境的能力建设。依托援建医院和援外医疗队，中国帮助当地开展妇幼临床学科建设、妇幼创新型项目、公共卫生干预、人力资源开发等项目，在实践中广受欢迎，体现了软硬结合、以减贫促发展的合作路径。

（三）发挥多方力量，丰富儿童发展合作渠道

在儿童参与主体上，中国由传统的双边政府合作，逐步发展为"政府为主导，多边机构、民间组织、企业等多方力量共同参与"的新型模式。

一是多边合作方面，联合国发展机构在儿童的专业知识和技能、产品采购、与当地的伙伴关系等方面具有比较优势。近年，中国与联合国发展机构合作，在亚非国家开展了粮食捐赠、孕产妇和新生儿保健服务、疫情预防与控制知识、营养不良筛查和防治、防灾减灾、预防水疾病传播等援助，对传统的双边援助进行了有益补充，提升中国参与儿童发展合作的有效性和国际影响力。二是民间层面，中国的研究机构、社会民间组织、企业以及具有发展援助性质的基金会也逐步参与到儿童营养合作中。民间组织在发展合作方面具有灵活性、亲民性，涌现出一批"爱心包裹""微笑儿童""国际免费午餐"等国际儿童项目，相关企业供应的儿童疫苗、超级谷物、营养包等产品对完善全球儿童健康产品供应链发挥了重要作用。

五、思考与展望

（一）国际儿童发展合作未来展望

2023—2024 年两年间，甚至更久的一段时间内，作为最脆弱的群体，儿童的发展与合作面临着三大挑战。一是新冠疫情影响还在持续，发展中国家正处于后疫情的恢复期，许多国家的儿童仍然面临着常规疫苗不足、教育机会中断、心理创伤等一系列挑战。二是乌克兰危机、巴以战争导致一系列人道危机，战争中儿童伤亡人数持续增加，儿童难民、流离失所者规模加剧。战争引发粮食和能源危机，发展中国家在养育儿童、保障儿童健康方面困难重重。冲突地区还将面临艰巨的战后恢复重建工作。三是全球南北割裂、大国博弈激化并陷入僵局，国际体系的对抗性加剧发展共识的协调难度，必然影响各国在发展筹资、公共卫生、气候变化、互联互通等儿童利益相关的领域间合作，儿童发展局面更为被动。

（二）中国参与儿童发展合作的建议

中国是维护世界和平与发展的中流砥柱，始终坚持"以人为本"，走和平发展道路。中国过去在南南合作框架下向妇女儿童提供了大量援助，随着国内儿童事业稳步发展，中国有能力持续为国际儿童发展贡献智慧和方案。

1. 提出儿童发展政策主张，促进儿童议题主流化

当前，儿童项目立项的依据大部分来源于领导人的各项民生援助举措，尚未形成有专项性的、识别度高的"儿童援助品牌效应"。鉴于儿童议题的重要性，有必要总结儿童发展经验，提出针对儿童的发展政策主张。一方面，在顶层设计方面赋予儿童

"主流化"角色，通过政策引导带动更有针对性的儿童投资。另一方面，在项目设计和管理层面引入对妇女儿童等社会因素的考量。例如，在基建领域，注重妇幼、母婴和儿童的友好型服务。

2. 增加多双边交流沟通，促进儿童发展战略对接

战略对接要求伙伴之间加强沟通与协调，从宏观上寻求合作的最大公约数，找准共同行动的方向，实现儿童利益最大化发展。首先，应加强与受援国的双边沟通。一方面，充分了解受援国民生发展规划体系、理解地区/国家儿童发展诉求，主动加强引导，形成儿童发展需求对接方案。另一方面，中国儿童发展规划经过多年发展已形成了自身特色，中国除了儿童发展纲要，还专门制定针对贫困地区的儿童发展方案，促进儿童反贫困的"精准性"。科学的规划方法以及落实规划的具体经验，都可以为发展中国家提供借鉴。其次，除了传统的双边沟通，还需加强与国际组织、区域组织的对接，重点考虑与联合国机构的儿童保护、妇幼健康发展等战略规划对接，重视联合国对投资儿童的资金呼吁。最后，加强与美、日等发达国家，以及巴西、印度等发展中国家在儿童方面的双边对话与合作，汲取有益经验，增进儿童发展共识。

3. 重视联合国发展机构优势，与中国对外援助相互借力

在国际儿童发展合作体系中，一方面，联合国发展机构一直是举足轻重的行为主体，在儿童发展领域具有独到的发展视角和强大的专业能力，可以有效弥补双边援助在"最后一公里"、儿童软性援助等方面的短板。另一方面，中国在转型发展、减贫过程中积累了丰富鲜活的经验，联合国机构欢迎中国为不同类型国家解决减贫和发展问题提供参考借鉴。今后，中国与联合国等多边机构应相向而行，在儿童领域进一步开展深化发展合作，携手应对风险挑战，共同促进实现2030年可持续发展目标。

4. 加大儿童发展融资力度，凝聚各方资金力量

与儿童相关的可持续发展目标的实现仍存在巨大资金缺口，增加融资力度迫在眉睫。第一，现有的援助政策和资金应更多向儿童发展倾斜，在减贫、公共卫生、气候变化、粮食安全等投入中，需优先保障妇女儿童的权益。第二，发挥援助的杠杆作用，调动更广泛的发展资源，包括国际金融机构、中外工商企业、非盈利基金会、与其他援助国开展三方合作等，以实现"聚沙成塔、汇滴成海"效果。第三，进一步加强政府在顶层的整体规划和引导作用，使各界资源投入有方向、有重点、有合力。

5. 进一步加强"软硬结合度"，提高援助综合效益

在"受援国提出、受援国同意、受援国主导"的对外援助原则下，学校、医院、供水等基础设施项目是近年中国投资儿童发展的重点。未来，应提升已建成的医院、学校等设施的利用率，特别是重视能力建设、人文交流等软援助的需求。可探讨以项

目为切入点，开展单个项目的一揽子发展计划，嵌入能力输出、理念输出等软性援助，提升援助整体效益。以教育领域为例，可结合现有援建学校，加大提供教育规划咨询、教师进修和培训、教育信息化建设、校园营养改善等软援助。医疗领域，可在现有援建医院基础上，加大临床医疗、药学、妇幼保健、传染病等防控能力的培训，提高当地医疗救助能力。"软硬结合"既有助于输出知识技能和理念，也有助于将援助引向最具有可持续性的能力建设和制度建设，逐渐增强受援国对援建项目的"责任感"和"所有感"，达到"选好、建好、用好"的援建目的。在这过程中，可调动多方力量，包括前方驻地人员、工商企业、国际机构人员、民间组织等，共同进行需求调研、协调资源配置。

6. 发挥比较优势，推动成熟技术产品"走出去"

中国儿童发展与中国整体的脱贫攻坚相向而行。在反贫困过程中，中国儿童发展事业已衍生出了一批对内可供给、对外可输出的经验和产品，特别是在妇幼健康、环境卫生设施、儿童营养、学前教育、饮用水安全等领域的相关技术产品具备比较优势。例如，中国已有900多万贫困地区儿童受益于儿童营养改善项目，校餐、营养包成本低、效果好。但重要的是，我们还需要打造一套完备的供给系统，使优势产品能惠及真正的受益人群，这包括产品评估、需求对接、市场可行性调研、面向养育人和社区的宣传及能力建设等方面。

第六章
新形势下的中国紧急人道主义援助①

紧急人道主义援助以拯救生命、维护生存尊严为目标，已逐步成为国际发展合作的重要内容。中国作为发展中大国，始终积极参与国际紧急人道主义援助，履行国际义务，全面回应不同时期的国际人道主义需求，在第一时间帮助有需要的国家应对自然灾害、疫情传播、粮食危机等各类灾难。中国参与紧急人道主义援助不仅能够彰显大国形象、体现大国担当，更能切实推动国际发展合作事业高质量发展。

一、全球人道主义援助形势空前严峻

受经济、粮食及环境危机影响，全球人道主义援助需求不断上升。联合国数据显示，2023 年将有 3.39 亿人需要人道主义援助，筹资目标为 515 亿美元，以帮助 68 个国家中急需援助的 2.3 亿人。截至 2023 年 9 月底，全球因战争、迫害和暴力而流离失所的人数或已超过 1.14 亿。② 需求上升的同时，人道主义援助方式以及资金支持并未同步提升，因而人道主义援助成效并不显著，资金缺口也愈加难以弥合。

（一）人道主义资金缺口持续扩大、供应不稳

尽管 2022 年联合国募集的人道主义资金总额已创历史新高，但是仍难以跟上快速上升的援助需求，资金缺口持续扩大。2014 年后，非联合国主导的人道主义援助募资金额逐步减少。2022 年末，联合国将计划援助范围扩大到 2.16 亿人，呼吁募资额达517 亿美元，然而实际筹资额仅有 259 亿美元，仅达成 50% 的援助需求，资金缺口首次超 250 亿美元。

同时，联合国人道主义募资主要基于自愿捐款，且易受全球经济和政治形势影响，具有极大不确定性。尤其面对突发的重大自然灾害、粮食危机、武装冲突、难移民潮

① 本章撰稿人：徐佳敏，商务部国际贸易经济合作研究院国际发展合作研究所研究实习员；姚帅，商务部国际贸易经济合作研究院国际发展合作研究所副研究员。

② Over 114 million displaced by war, violence worldwide, 25 October 2023, https://news.un.org/en/story/2023/10/1142827.

等紧急人道主义援助需求时，通过联合国发起的人道主义响应计划不仅大多完不成筹资目标，而且各国承诺出资份额的实际拨付情况也不明确，导致人道主义机构只能用内部资金应对危机。一项针对若干人道危机应对措施的研究发现，仅有 41% 的认捐资金于灾后 6 个月内进行了支付。总之，人道体系无法依靠发达国家的有限自愿援助，对人道危机进行快速响应。因此，未来如何优化人道主义援助资金供应，及时响应人道危机也是人道主义援助工作的挑战之一。

（二）人道主义援助准入问题严峻

人道主义需求上升的同时，部分受援国对国际人道主义援助的准入限制并未放松，且需求长期未能得到满足。以冲突地区等援助风险较高的区域为例，人道主义援助的准入问题对联合国各机构来说是一大挑战。联合国机构作为政府间组织，其中立性、公正性易受质疑，并不能在冲突地区获得当地政府、反对派、宗教势力等各相关方的信任，从而制约了联合国机构在该地区的援助准入和实际行动。缅甸、乌克兰、也门、阿富汗、乍得、哥伦比亚、刚果（金）、叙利亚等国对于国际人道主义援助的准入都有很高的限制条件。针对援助人员的袭击事件也呈上升趋势，2021 年此类事件共发生 268 起，造成 141 名援助人员死亡，2020 年也有 117 人死亡，且 98% 都来自国际组织（见图 6-1）。

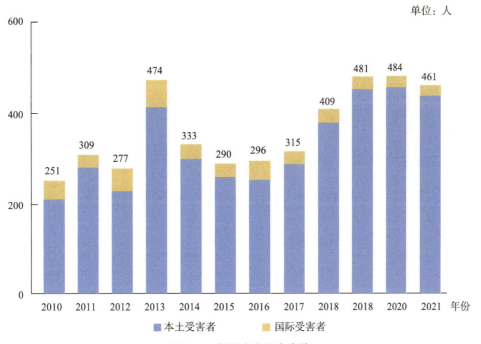

单位：人

图 6-1　援助人员安全事件

资料来源：援助人员安全数据库。

此外，大国角力也会造成人道援助准入问题升级，阻碍紧急救援物资进入人道危机区域。2023 年 10 月以来，以色列和巴勒斯坦冲突不断升级，形势十分危急严峻。由于联合国安全理事会 15 个理事国对于美国和俄罗斯提出的案文措辞分歧严重，有关巴以冲突的决议草案延宕 10 天，安理会始终无法就呼吁"人道主义停火"的草案达成一致，严重阻碍了人道主义行动进程。① 同时，联合国人道主义救援物资并不能在加沙地带的拉法口岸自由通行，物资类别和数量均由军方严控，远远无法满足动乱地区民众的生存需求。

（三）发展、和平、气候等危机外溢，人道主义援助有待拓展

新冠疫情后世界动荡变化，各国面临发展、和平、气候等危机交织的困境。过去二十年来，脆弱国家和受冲突影响国家（FCS）逐步成为国际人道主义援助的重点关注对象，② 仅依靠单一领域应对危机的方案已经不足以应对当前世界面对的人道主义危机。以气候变化危机应对为例，仅从气候变化适应及减缓的角度出发，难以应对气候难民的生计问题和重大气候灾害的救援问题等外溢挑战。政府间气候变化专门委员会（IPCC）第六次评估报告③中明确提出，气候变化已经造成了严重的人道主义危机，人道主义组织应持续提升易受灾地区的适应气候变化能力。

二、中国紧急人道主义援助发展实践

新中国成立伊始，中国即开始向有关国家提供人道主义援助。2013 年以来，在人类命运共同体、共建"一带一路"、全球发展倡议和全球安全倡议等新思想新倡议的引领下，中国紧急人道主义援助呈现出新发展和新变化，援助机制、政策制度和援助领域渐趋完善。2018 年至 2022 年，中国共提供了 822 项对外紧急人道主义援助。④

（一）援助机制逐步健全，援助效力稳步提升

中国政府于 2004 年 9 月正式建立人道主义紧急救灾援助应急机制。同年 12 月，印

---

① 巴以冲突：安理会再次举行紧急会议，2023 年 10 月 30 日，联合国网站，https://news.un.org/zh/story/2023/10/1123487.

② Sarah Cliffe et al., "Aid Strategies in 'Politically Estranged' Settings", April 3, 2023, https://doi.org/10.55317/9781784135485.

③ Stefanie Langsdorf et al., "Climate Change 2022: Impacts, Adaptation and Vulnerability Working Group II Contribution to the Sixth Assessment Report of the Intergovernmental Panel on Climate Change", IPCC, 2022, https://doi.org/10.1017/9781009325844.

④ 国家国际发展合作署：《国际发展合作的中国实践——紧急人道主义援助篇》，2023 年 4 月，http://www.cidca.gov.cn/download/gjhzrd.pdf.

度洋爆发特大海啸，中国随即开展了对外援助历史上规模最大的紧急救援行动，向受灾国提供了各种援助共计 7 亿多元。此次紧急援助的受灾国多且需求复杂，紧急救灾援助应急机制积累了丰富的经验。2015 年尼泊尔地震后，中国人道主义援助进入第二阶段，进一步升级了人道主义援助方式，范围逐步突破物资范畴，囊括现汇援助、能力建设和灾后恢复与重建等，形成了具有中国特色的综合性援助模式。针对尼泊尔地震，中国成立了专门工作组，向尼泊尔提供一揽子的 5 年灾后重建计划，涉及 28 个灾后援建项目。同年，南南合作援助基金设立，中国初步建立起了开展人道主义多边合作的政策体系。

2018 年，国家国际发展合作署成立后，中国人道主义援助进入第三阶段，以更综合、协调和有效的方式对外提供援助。同期，国务院组建应急管理部，统筹应急管理、消防管理、救灾、地质灾害防治、水旱灾害防治、草原防火、森林防火等职责，目标是建立应对突发事件的应急管理体制。此次职能部门的重新整合突出了国家对应急救灾和对外援助工作的重视，也为中国紧急人道主义援助机制奠定了管理基础。

为提升人道主义援助响应速度，2021 年，国家国际发展合作署牵头组建 25 家单位构成援外部际协调机制，并在抗疫援助、自然灾害救援、粮食援助等紧急人道主义援助工作中发挥了积极作用。按照优化协同高效要求，加强对各领域、各部门人道主义援助工作的统筹协调和统一管理。① 在国产新冠疫苗附条件上市后，国家国际发展合作署立即着手启动相关对外援助。通过对外紧急人道主义援助部际协调机制，国家国际发展合作署会同外交部、商务部、工信部、卫生健康委、交通运输部、财政部、海关总署、药监局、民航局等部门和实施单位，开展抗疫援助工作。②

（二）援助制度渐趋完善，形成自上而下的政策指引

中国政府高度重视人道主义援助工作。虽然中国目前没有专门针对人道主义援助的政策，但是在重要国家战略和政策规划层面都纳入了人道主义援助的有关表述，体现了政策层面对人道主义援助的重视，形成了对人道主义援助实践的自上而下、从宏观到微观的政策指引。

党的二十大报告指出，中国"高举和平、发展、合作、共赢旗帜，在坚定维护世界和平与发展中谋求自身发展，又以自身发展更好维护世界和平与发展"。国家"十四五"规划明确提出，中国将继续加强医疗卫生、科技教育、绿色发展、减贫、人力资

---

① 《国家国际发展合作署举行中国抗疫援助及国际发展合作新闻发布会（全文稿）》，国家国际发展合作署网站，2021 年 10 月 26 日，http://www.cidca.gov.cn/2021-10/26/c_1211420845.htm.
② 《国际发展合作署就中国开展新冠疫苗对外援助答问》，国家国际发展合作署网站，2021 年 3 月 19 日，http://www.gov.cn/xinwen/2021-03/19/content_5594044.htm.

源开发、紧急人道主义等领域的对外合作和援助。2023 年《中华人民共和国对外关系法》明确了人道主义援助对于发展对外关系的重要作用，并在目标任务中强调"开展国际人道主义合作和援助，加强防灾减灾救灾国际合作，协助有关国家应对人道主义紧急状况"。

2021 年，《新时代的中国国际发展合作》白皮书首次将人道主义援助单独成章，系统阐述了中国应对全球人道主义挑战的实践举措。2021 年 10 月 1 日起开始施行的《对外援助管理办法》（以下简称《办法》）为中国对外人道主义援助确立了规范和法律依据。《办法》中多个条款提到人道主义援助，明确了紧急人道主义援助项目的定义，即在有关国家遭受人道主义灾难的情况下，通过提供紧急救援物资、现汇或者派出救援人员等实施救助。《办法》进一步明确，在人道主义援助等紧急或者特殊情况下，中国可以向受援国提供无偿援助和现汇援助，发达国家或者与中华人民共和国无外交关系的发展中国家也可以作为受援方。①

（三）援助领域全面，囊括各项紧急人道主义危机

中国紧急人道主义援助覆盖了广泛的人道主义受援需求，既包括传统的自然灾害紧急救援、公共卫生突发事件响应、粮食援助等，也包括缓解移民和难民危机等。

自然灾害救援方面，得益于机制建设和丰富的救灾经验，中国救援队伍反应迅速，往往能够在第一时间到达受灾地区。2022—2023 年 7 月，针对自然灾害，中方累计向缅甸、瓦努阿图、叙利亚、土耳其、印度尼西亚、巴基斯坦、马达加斯加、阿富汗、汤加等国提供紧急救灾援助超 2.5 亿元人民币。2023 年 2 月，土耳其和叙利亚地震后，中国政府宣布向土提供紧急援助共计 4000 万元人民币，向叙提供紧急援助共 3000 万元人民币。中国救援队是最早到达灾区的国际救援队之一，并在受灾最严重的哈塔伊省执行搜救任务。

粮食援助方面，面对不断恶化的全球粮食危机，中国积极开展多双边粮食援助。2022 年 9 月，习主席出席上海合作组织成员国元首理事会第二十二次会议时表示，中方将向有需要的发展中国家提供价值 15 亿元人民币的粮食等紧急人道主义援助。同时中国也是联合国粮农组织南南合作框架下，援助资金最多、派出专家最多、开展项目最多的发展中国家。② 2009—2022 年中国累计向粮农组织捐赠 1.3 亿美元，实施了 25 个南南合作项目。

---

① 《国家国际发展合作署 外交部 商务部 令（2021 年第 1 号）〈对外援助管理办法〉》，国家国际发展合作署网站，2021 年 8 月 31 日，http://www.cidca.gov.cn/2021-08/31/c_1211351312.htm.
② 国合平：《中国为保障世界粮食安全作出积极贡献》，人民网，2022 年 6 月 3 日，http://world.people.com.cn/n1/2022/0603/c1002-32437657.html.

公共卫生危机援助方面，中国坚持响应各国需求，遏制重大传染病和疫情蔓延。新冠疫情暴发后，中国开展了新中国成立以来持续时间最长、规模最大的人道主义援助。疫情期间，中国向国际社会及时通报疫情信息，积极推动新冠疫苗研发知识产权豁免，并将疫苗作为全球公共产品第一时间推出，展现大国担当。据国家卫生健康委统计，截至 2022 年 12 月，中国已向 153 个国家和 15 个国际组织提供上千亿件物资，并已向 120 多个国家和国际组织供应超过 22 亿剂新冠疫苗。中国同 180 多个国家和地区以及国际组织就疫情防控开展技术交流，开展研讨活动 300 余场，向 34 个国家派出 37 支抗疫医疗专家组。同时，中国向 150 多个国家和地区提供中医药诊疗方案，并向部分有需求的国家和地区提供中医药产品。[1]

缓解移民和难民危机方面，中国高度重视难民问题国际合作，主张通过对话协商和政治手段和平解决争端，从根源上解决难民问题。中国参与缓解移民和难民危机的方式主要包括提供物资援助、开展扫雷援助、提供能力建设培训等。2022—2023 年，中国还通过多双边渠道向阿富汗、摩尔多瓦、南苏丹、伊拉克、乌克兰、巴勒斯坦、叙利亚等国提供人道主义重建援助。2022 年 3 月，中国红十字会向乌克兰红十字会援助了 1000 个赈济家庭包，主要包括毛毯、防潮垫、毛巾、餐具、水桶、手电等物资，帮助乌克兰红十字会救助受危机影响的流离失所者。

三、中国紧急人道主义援助新特点

在国际人道主义援助需求不断上升的背景下，中国人道援助实践不断转型升级，并逐步形成具有中国特色的人道主义援助模式。[2] 新时代以来，在各项政策指引下，中国紧急人道主义援助实践范围持续拓展、形式不断更新、队伍愈加专业多元。

（一）坚持发展与安全并重的人道主义援助理念

中国作为发展中国家的一员，始终认为发展是人类社会永恒的主题，没有发展就没有人权。为保障基本人权，实现发展中国家的互帮互助，中国始终坚持对话协商方式，尊重受援国的需求。不同于国际上普遍存在的两者割裂问题，中国始终将人道主义援助与发展援助紧密结合，形成了发展与人道"双轮驱动"、安全与人道"齐头并进"的中国援助优势。[3] 发展是安全的基础，安全是发展的条件。习近平主席 2023 年

---

① 《让中国抗疫叙事牢牢屹立并镌刻于人类集体记忆》，新华网，2023 年 2 月 14 日，http://www.news.cn/world/2023-02/14/c_1211728615.htm.

② 王毅：《落实全球安全倡议，守护世界和平安宁》，《人民日报》，2022 年 4 月 24 日，第 6 版。

③ 姚帅：《中国援助彰显大国担当》，《光明日报》，2023 年 2 月 19 日，第 8 版。

10月18日在第三届"一带一路"国际合作高峰论坛开幕式上强调,"共建'一带一路'站在了历史正确一边……本着对历史、对人民、对世界负责的态度,携手应对各种全球性风险和挑战,为子孙后代创造和平、发展、合作、共赢的美好未来"。[①]

全球发展倡议和全球安全倡议的提出,将统筹发展和安全从国家治理层面拓展到全球治理层面,为应对全球性挑战贡献了中国智慧和中国方案。在提供人道主义援助时,中国注重"授人以渔",不仅重视短期紧急响应,更强调受援国争端问题的解决,支持受援国防灾减灾及灾后重建,帮助其提升长期发展韧性。

(二) 援助范围全链条,满足受灾国综合需求

中国人道主义援助早已突破应急救灾范围,逐步建立起了全链条的紧急人道主义援助体系。紧急救助行动后,根据受灾国实际需求,中国政府、社会组织和企业深度参与受灾国家的灾后恢复重建,包括建设应急管理中心、物资仓库、知识中心、开展演练活动及其他能力建设培训项目等。同时,中国各专项基金、红十字会及地方政府携手加强与其他发展中国家防灾减灾救灾地区层面的细化沟通与交流,帮助其尽快恢复正常的生产生活秩序,从根本上走出灾难造成的创伤和阴霾,实现自主、可持续发展。[②]

(三) 援助方式与时俱进,推进落实全球发展倡议

中国始终坚持弘扬国际人道主义精神,并结合国际形势变化更新援助方式,为人道主义援助提供具有中国特色的全球公共产品。2022年,中国向联合国赠送了全球耕地、森林覆盖等6套全球可持续发展数据产品,为各国更好实现粮食安全、陆地生态保护等可持续发展目标提供数据支持。[③]

2022—2023年,中国对外人道主义援助合作机制进一步升级,通过举办和参与一系列国际合作交流活动,践行全球发展倡议,促进实现更高水平的全球可持续发展。2022年9月,首批全球发展倡议项目库清单公布,清单中有15个项目与人道主义援助相关(见表6-1)。2023年7月召开的全球共享发展行动论坛上发布的《全球发展项目库准则》和《全球发展项目库筹资准则》进一步明确了全球发展项目库的管理要求。

---

① 《习近平在第三届"一带一路"国际合作高峰论坛开幕式上的主旨演讲(全文)》,2023年10月18日,第三届"一带一路"国际合作高峰论坛官方网站,http://www.beltandroadforum.org/n101/2023/1018/c132-1174.html.

② 商务部国际贸易经济合作研究院:《国际发展合作之路——40年改革开放大潮下的中国对外援助》,中国商务出版社,2018年,第220页。

③ 《中国向联合国赠送6套全球可持续发展数据产品》,中国新闻网,2022年9月21日,http://www.chinanews.com.cn/gn/2022/09-21/9857780.shtml.

表 6-1　全球发展倡议项目库与人道主义援助相关的项目清单

序号	国家/地区	全球发展倡议项目库	人道主义援助相关的项目	参与部门或机构
1	柬埔寨	通过提供教育、生计、卫生健康物资促进柬埔寨脆弱人群新冠肺炎疫后恢复	减贫、抗疫和疫苗	中国国家国际发展合作署、商务部、联合国开发计划署
2	尼泊尔	为尼泊尔偏远地区学校和社区提供卫生、防疫、环保和基本生活物资，促进疫后韧性恢复	减贫、抗疫和疫苗	中国国家国际发展合作署、商务部、联合国开发计划署
3	莫桑比克	为德尔加多角省受新冠肺炎疫情影响的境内流离失所者提供援助	减贫、抗疫和疫苗	中国国家国际发展合作署、商务部、联合国开发计划署
4	巴基斯坦	助力俾路支省提升新冠肺炎疫情防控和公共服务能力，加速实现可持续发展目标	减贫、抗疫和疫苗	中国国家国际发展合作署、商务部、联合国开发计划署
5	巴基斯坦	助力俾路支省提升新冠肺炎疫情防控和公共服务能力，加速实现可持续发展目标（二期）	减贫、抗疫和疫苗	中国国家国际发展合作署、商务部、联合国开发计划署
6	伊朗	应对新冠肺炎疫情下残疾人和老年人健康需求	减贫	中国国家国际发展合作署、商务部、联合国人口基金会
7	尼加拉瓜	向尼加拉瓜提供抗疫物资	抗疫和疫苗	中国国家国际发展合作署、商务部
8	吉布提	紧急粮食援助项目	粮食安全	中国国家国际发展合作署、商务部
9	索马里	紧急粮食援助项目	粮食安全	中国国家国际发展合作署、商务部
10	津巴布韦	灾后重建打井	减贫	中国国家国际发展合作署、商务部
11	叙利亚	2022 年紧急粮食援助	粮食安全	中国国家国际发展合作署、商务部
12	马达加斯加	应对飓风紧急人道主义物资援助	减贫	中国国家国际发展合作署、商务部
13	秘鲁	抗疫物资项目	抗疫和疫苗	中国国家国际发展合作署、商务部
14	斐济	向斐济紧急提供硫酸铵化肥援助项目	粮食安全	中国国家国际发展合作署、商务部
15	厄立特里亚	紧急粮食援助	粮食安全	中国国家国际发展合作署、商务部
		紧急医疗设备援助	抗疫和疫苗	中国国家国际发展合作署、商务部

资料来源：国家国际发展合作署《全球发展倡议项目库首批项目清单》，2022 年 9 月 20 日。

（四）援助队伍专业化、多元化

中国援助队伍规模不断扩大、专业性不断提升，并用行动践行人类命运共同体理念，弘扬国际人道主义精神。中国现有两支国际救援队，是亚洲首个拥有两支获得联合国认证的国际重型救援队的国家，十余年来在莫桑比克、巴基斯坦、伊朗、尼泊尔、海地等众多国家成功开展了紧急救援行动。2023 年，土耳其和叙利亚强震发生之后，中国救援队共派出 82 人赴土耳其实施国际救援。

中国还拥有五支世卫组织认证的国际应急医疗队，包括中国国际应急医疗队（上海）、中国国际应急医疗队（广东）、中国国际应急医疗队（四川）、中国国际应急医疗队（天津）和中国国际应急医疗队（澳门）。其中 2018 年由华西医院牵头筹建的中国国际应急医疗队（四川），是全球第一支最高级别的非军方国际应急医疗队，也是中国第一支、全球第二支国际最高级别 Type3 的国际应急医疗队。"和平方舟号"医院船和"和平列车"医疗队是近年以军队为主体参与人道主义援助的实践，在菲律宾、老挝、斐济、瓦努阿图、巴布亚新几内亚、加蓬等多国开展了人道主义医疗服务。

四、新形势下的中国紧急人道主义援助展望

中国是全球和区域人道主义援助的积极参与者。加大人道主义援助力度是新时期践行人类命运共同体理念、服务大国外交和国内新发展格局、维护中国发展利益的重要手段。现阶段中国在人道主义领域的影响力与实际贡献仍存在差距。基于此，可从以下四个方面入手，提高人道主义援助领域的国际影响力和参与度。

（一）履行大国责任，完善"全政府"参与的制度框架

首先，制定部际协调机制的行动指南，明确成员单位的职能分工和权限责任，形成畅通的信息交换沟通渠道，充分发挥中国驻受灾国使馆的前方统筹作用，发挥中国驻联合国使团与各相关多边组织的协调作用。其次，广泛纳入前方救援的中国参与主体，对接后方国内的紧急救援协调机制。最后，建立包括国际组织在内的专门人道主义援助专家咨询库，覆盖搜救、医疗卫生和心理健康、疫情防控、气象、气候变化、地质灾害、水文水利、国土资源、农林业等涉及人道主义救援的专业领域。[①]

（二）发挥中国独特的政治优势，多层面参与国际协调机制

作为国际人道主义援助中的积极与稳定力量，未来针对全球人道主义援助供给不

---

① 王泺：《国际发展援助的中国方案》，五洲传播出版社，2019 年，第 228 页。

足的现状，中国可整合援助资源，尽力而为，量力而出，主动为应对全球人道主义挑战注入稳定剂。中国作为负责任的发展中大国，始终重视与受援国各方的协调与合作。尤其在联合国或其他多边机构难以进入的脆弱国家和冲突地区（如阿富汗），中国能够发挥独特的政治外交优势，通过点对点双边援助，保障民众切实受益。同时，中国践行真正的多边主义，可以在南南合作中持续发挥引领作用，积极推动国际人道主义合作机制建设，扩大以联合国为核心的国际人道主义合作网络，深入推进如国际粮食安全合作倡议等事关人道主义挑战具体议题的多边合作倡议。

（三）充分发挥中国制造业优势，加强国际人道主义供应链合作

中国制造和中国速度为国际组织和其他国家开展人道主义救援和物资转运发挥了至关重要的作用，有效助力了全球救援物资生产和经济复苏。在全球抗疫物资生产供应中，中国是红十字国际委员会全球第二大采购中心。为提升参与国际人道主义援助的效率，中国需要积极融入国际人道主义物资供应链。尽管在人道主义物资生产、人道主义物资储备库建设、应急物流体系建设方面，中国均已颇有成效，但目前在生产、仓储、物流环节尚未形成合力，难以在国际合作中发挥整体作用。

2022 年联合国机构全球采购的总金额达到 296 亿美元，中国制造产品占联合国采购总金额的 1/3，近 100 亿美元。但中国企业以自身名义直接投标联合国采购项目，中标后签署合同的金额仅有 5 亿美元，占 2022 年联合国采购总额的 1.7%。由此可见，国际采购市场潜力巨大，如果能结合现有的联合国仓库和枢纽，建成集供给、仓储、运输为一体的人道主义援助物资枢纽，将大大减少物资的运输时间和成本。[①]

（四）提升民间救援力量主体地位，快速开展救灾行动

中国人道主义援助人员从政府为主向政府、非政府相结合的渠道转换。民间力量具备灵活性高、创新性强、响应速度快、方式多样等优势，可以较好地弥补政府援助深入灾区项目人员不足等问题。一方面，中国民间社会组织应加强与受援国当地非政府组织的合作对接。另一方面，中国民间力量可充分利用联合国以及国际非政府组织的多边合作平台参与相关援助和经验技术交流，增强中国民间人道主义援助的能力。

为提升民间救援力量的主体地位，急需完善中国现行的应急救援法律体系，目前

---

① 《开拓贸易订单"新蓝海"省贸促会助企参与联合国采购》，中国国际贸易促进委员会浙江省委员会网站，2023 年 7 月 24 日，http://www.ccpitzj.gov.cn/art/2023/7/24/art_1229557690_40400.html。

民间救援行动的合法性暂时难以得到保障。不仅如此，由于缺乏协调机制、支持措施、操作规程、资金支持等相关规定，许多民间救援力量都面临资金短缺的问题。未来需要持续强调民间救援力量作为评价主体的重要性，从而反映中国救灾行动的全貌，调动全社会积极参与人道主义援助。①

---

① 王琦玮：《全国政协委员李萌娇：建议健全法律法规 保护社会救援力量》，人民政协网站，2020 年 5 月 26 日，http://www.rmzxb.com.cn/c/2020-05-26/2583448.shtml.

第七章
提高评估质量　助力2030年可持续发展议程[①]

2023 年是联合国 2030 年可持续发展议程的中期评估年。当前可持续发展目标完成度仅为 12%，约 140 个可评估的具体目标中，半数中度或严重偏离预期，30% 以上目标毫无进展甚至跌破 2015 年基线。总之，国际社会数十年来在发展领域取得的进展首次出现倒退。[②] 在此背景下，评估质量有效性的重要性愈发凸显。

一、国际发展合作中评估[③]的概念与范畴

（一）评估的概念

OECD 对评估概念的界定是，对正在进行或已完成的项目、计划或政策及其设计、实施和结果进行系统和客观的评估，以确定各项目标的相关性和实现情况、发展效率、效力、影响和可持续性。评估应提供可信和有用的信息，以便将吸取的经验教训纳入受援国和捐助方的决策过程。评估也指确定一项活动、政策或计划的价值或重要性的过程。[④]

（二）评估的目的

评估的主要目的是通过提供评估结果改进国际发展合作项目，并通过衡量此类项

---

① 本章撰稿人：张闰祎，商务部国际贸易经济合作研究院国际发展合作研究所研究实习员。

② 《可持续发展目标报告 2023：特别版》，https://unstats.un.org/sdgs/report/2023/The-Sustainable-Development-Goals-Report-2023_Chinese.pdf.

③ 对于 "evaluation" 一词，在当前中国公共财政支出和国际金融组织贷款项目绩效管理等领域通常译为 "评价"。

④ OECD, Quality Standards for Development Evaluation, 2010, https://doi.org/10.1787/97892640839 05-en.

目的成果来问责。[①] 第一，学习（Learning），通过总结经验教训，进一步完善今后的援助政策、计划和项目。利用评估的经验教训来决定是否继续实施国际发展合作项目，有效改进政策，并指导新项目的战略制定。第二，问责（Accountability），向政府和公众汇报和解释说明援助的投入、活动、产出、成效和影响。通过公开评估结果、过程和相关信息加强公众问责。在评价方面，问责制是指对国际发展合作项目的结果和影响负责。

（三）评估的分类

按方式分类，可分为内部评估（自评价）、外部评估与联合评估；按时间分类，可分为事前评价、中期评估、结项评价以及事后评价；按对象分类，可分为政策与战略评估、国家计划（Country Program）评估、行业（Sector）评估、专题（Thematic）评估、方式（Modality）评估以及项目（Project/Program）评估。

二、国际发展合作评估不断发展但面临挑战

（一）国际发展合作评估不断发展

评估主体多元。虽然 OECD DAC 国家仍然主导着国际发展合作格局，但全球发展援助主体已趋向多元化，新兴经济体、私营部门、非政府组织等行为体的作用日益凸出。发展援助主体增多导致评估主体数量增加。

评估视角扩大。国际发展合作的评估采取了多部门、多维度和多利益相关者的视角，不仅关注项目评估，也关注综合性评估。

评估手段丰富。数据收集和分析的新技术（例如机器学习）和大数据正在逐渐走入评估实践。2021 年 9 月 6 日，可持续发展大数据国际研究中心正式成立，成为全球首个致力于以大数据服务可持续发展目标的国际研究机构。地球大数据以其特有的宏观动态多尺度监测能力，为可持续发展目标指标评价和目标实现提供支持。

统计标准变革。"可持续发展的官方支持总额"是一套新的国际统计指标，用于统计所有的官方和官方调动的资源以及私人资金。较于 ODA 来说，"可持续发展的官方支持总额"范畴更广泛，包括了官方直接提供和官方撬动的、用以促进发展中国家可持续发展的所有资金。统计范围拓宽，包括传统援助国、南南合作国和所有多边发展机

---

① OECD/DAC EvalNet，采用更好的准则实现更优质的评估，第 5 页，评估准则的概念实证和应用原则（修订版），https://www.oecd.org/dac/evaluation/revised-evaluation-criteria-chinese-2020.pdf.

构，汇报部门涵盖公共部门和官方撬动投资的私有部门。汇报渠道有所调整，DAC 希望能通过联合国机构或区域开发银行的渠道收集数据，最后由 DAC 协调汇总。

（二）国际发展合作评估有效性仍面临挑战

国际发展合作面临的挑战主要是评估有效性的问题，在于难以获取数据、选取评价指标两个方面。

一是公开、准确、可比的数据仍难以获取。数据统计是评估的重要依据，也是建构援助软实力并影响援外实践的关键环节。一方面，数据的来源、供给和质量直接影响目标的评估结果。评估常常因为数据统计和供给的匮乏止步不前。另一方面，南南合作虽不断发展，但多数南南合作国没有公开其合作金额，导致数据缺失。此外，由于发展中国家需要兼顾生计与生态，难以选取可比的数据评估这一"平衡"。

二是评估指标难以确定。评价指标的选取与使用是影响评估发挥作用的主要因素。从目标视角来看，2020 年 3 月底，所有可持续发展目标的指标都有了成熟的、国际认可的标准，① 这确保了数据的可比性和可用性。概念清晰且国家覆盖率良好的指标所占比例已从 2016 年的 36% 大幅增至 2022 年的 66%。但从项目视角来看，健康、卫生、环境保护以及能力建设类发展项目难以量化成本和社会效益，如何选取适当的评价指标是一个挑战。从评估指标间关系来看，由于各类发展议题间存在着交叉关联甚至相互制约的问题，影响项目评估指标体系的搭建，进而影响评估有效性。

三、国际主要援助方的评估特点

国际发展合作评估的体系已经相对成熟。多数 DAC 成员国制定了援助评估政策，并据此建立了评估体系，成立了相对独立的评估管理机构，培养了相对专业的评估执行机构与专家，同时提供了充足的资金支持。总体上，国际主要援助方呈现了五大评估特点。

（一）评估制度体系完善

多数援助国建立了完善的监督评估制度体系，含法律规定、政策指南、指导手册和标准规则等一系列制度体系。美国是最早实现对外援助机制化和法制化的国家之一。美国对外援助机制主要由以《对外援助法》为主导的对外援助法律体系和以美国国际开发署为核心的对外援助执行体系构成。上述对外援助法律体系和机构设置确保了美

---

① 所有可持续发展目标具体目标和指标的全球及区域数据与评估信息网址：https://unstats.un.org/sdgs/.

国对外援助项目的稳定性和原则性。美国国际开发署的评估政策与 2016 年《对外援助透明度和问责法》及 2018 年《循证决策基础法》的规定保持一致。

（二）评估规则与标准明确

国际发展合作领域针对评估已具备一定共识，形成了基本原则及指标，具有普遍认同的定量和定性方法。例如，联合国系统的所有评估都以联合国评估小组（UNEG）制定的一套标准为指导，即"联合国可持续发展合作框架评价准则"。[①] 这套准则包括效用、可信、独立、公正、道德、人权与性别平等、国家能力评估、专业。此外，国际组织广泛使用绩效评估指标和回报率评价指标，从援助成果出发对受援国进行考核，从社会、经济等领域测算援助项目回报率。

（三）保证评估独立性的客观性

多数援助国建立了内外结合的多元立体监督评估体系。内部评估、外部评估与联合评估相辅相成，分散评估职能，确保评估质量。DAC 成员国大多建立了独立于援助管理部门和执行部门的评估机构，聘请外部的咨询专家和指导小组保证评估的质量。以日本国际协力组织（JICA）为例，JICA 根据项目规模确定具体的项目评估模式。规模在 10 亿日元以上的项目由第三方评估人员进行外部评估。规模从 2 亿日元到 10 亿日元不等的项目通过海外办公室工作人员进行内部评估。JICA 利用第三方监测内部评估结果的质量，以确保评估结果的客观和公正。

（四）打造"评估—改进政策"的闭环

多数援助国与国际发展机构制定了评估的反馈机制，形成了政策闭环。具体表现为，确定各层级战略目标，将战略目标转为绩效目标，对绩效目标开展绩效评估以确定战略目标实现情况，通过评估结果改进政策制定、战略规划、项目设计与资源分配。

例如，日本对援助项目进行全程跟踪，全面开展事前和事后评估工作，不同开发模式采用相同的评估方法和标准，注重利用评估结果改善在手项目，并努力在其发展政策中反映评估结果。其项目评估采用"PDCA 循环"模式，即分为计划（Plan）、实施（Do）、核查（Check）与处理（Act）四个阶段进行评估，及时总结经验并加以改进，以确保项目效果最大化，又兼具可持续性。再如，美国国际开发署的评估结果被纳入项目周期的所有阶段，包括总体国家发展合作战略（CDCS）的战略规划以及具体

---

① UNEG, Guidelines for the Evaluation of the United Nations Sustainable Development Cooperation Framework, http://www.uneval.org/document/detail/2972.

项目的规划和设计，并定期审查评估结果利用率。

（五）评估高度公开透明

多数援助国与国际发展机构均定期公布评估成果，向国际社会以及本国公众说明援助的投入、活动、产出、成效和影响，加强公众问责。美国国际开发署、JICA、DAC等机构均定期、及时、适当地在其网站上公布评估结果，确保公开性和透明度。[①]

以DAC同行评议为例，DAC每年对部分成员国的发展合作制度和政策开展系统进行同行评议，并在网站上发布同行评议报告，DAC成员国平均每5~6年接受一次同行评议。同行评议小组由DAC秘书处、评议员和观察员组成，流程包括讨论评议重点、实地调查、研究和磋商、访问成员国相关政府部门，以及访问伙伴国家，最终形成同行评议报告。

四、中国援外评估朝着高质量方向发展

评估是构建对外援助大监督格局的重要抓手和国际发展合作交流对话的重要平台。完善评估体系、提升评估能力是提高援助质量的重要环节。近年来，随着新时代中国对外援助向国际发展合作转型升级，援外评估也不断提质增效。

中国援外评估大致经历了三个发展阶段：

第一阶段：21世纪初，部分援外项目开展了评估探索实践。中国援外评估最早以项目评估为主，起步阶段主要学习工程建设领域评估，因此存在几个特点。一是侧重于财政绩效评价。二是重视过程性指标，援助目标合理性和实现程度的评估指标较少。三是指标以定性为主。四是可持续性指标更注重项目本身使用运营的可持续性，而非项目产生影响的可持续性。

第二阶段：2012年至2018年，逐步丰富完善评估体系。2015年，中国出台《对外援助项目评估管理规定》，规范了评估内容与指标等内容。评估内容和指标包括立项适当性、组织实施合规性、援助效果和效率、综合影响力实现和可持续性发展五方面，并结合不同援助类型制定了评估指标。

第三阶段：2018年以来，对外援助评估进入快速发展阶段。2018年，中国成立国家国际发展合作署，专设监督评估司，承担援外项目的监督与综合评估关注，持续推动构建中国特色对外援助和国际发展合作监督评估体系。2021年，国家国际发展合作署正式启用对外援助统计数据直报平台，首次实现了对民间援助数据的定期收集和梳

---

① JICA评估页面，https://www2.jica.go.jp/en/evaluation/index.php.

理汇总。2022 年，中国《对外援助项目评估指标体系》的制定标志着建立了评估目标及评估指标体系，同年发布的《对外援助项目评估手册》进一步提升了评估流程和方法的科学性。此外，中国不断加强就援外评估的国际交流。2023 年 1 月，中欧就国际发展合作监督评估举行司长对话，2 月，参加第十八届日本官方发展援助评估研讨会等。

总的来说，中国建立了与援外管理体制相协调的评估制度，修订相关管理规定，编制援外项目评估指标体系，加强国际交流合作。同时，中国不断丰富多维度复合式评估类型，以个案项目作为起点，逐步拓展至领域和政策评估，基本形成了"日常评估—专项评估—五年综合评估"的多层次评估体系。

五、思考与展望

在联合国 2030 年可持续发展议程过半之际，中国对于国际发展合作的目标设定不仅要思考与 SDG 的关系，更要着眼于"后 2030"的议题设置。在发展合作评估领域，则需不断搭建、完善评估指标体系建设，努力提高我国在评估领域的国际话语权。

对接国际议程，建立与 SDG 评估体系间的关联路径。全球发展倡议是落实 SDG 的中国方案，也是落实 2030 年可持续发展议程的"加速器"。两年来，全球发展倡议的合作路径与机制日臻完善，取得多项早期收获，但仍缺失评估指标体系。因此，需要探索对接 SDG 的指标体系、计算方法和基础数据，为全球发展倡议搭建一套科学的评估指标体系。同时，持续跟踪国际发展援助的通用性指标，把握前沿方向，在搭建、完善评估框架和指标体系时纳入对接国际评估指标体系与各行业标准等考量。

贡献中国经验，积极参与国际评估规则制定和决策，共享知识。评估没有"最优解"，中国南南合作框架下的发展合作评估体系具有独特的价值。因此，可通过已搭建的评估指标体系展示成果，总结提炼出中国国际发展合作的内涵和原则，建构自主的知识体系。积极参与国际发展合作评估事务和重大事项决策，主动参与国际规则制定，为"后 2030"议程贡献中国方案，提升我国国际话语权和影响力。但要处理好中外话语体系、评判标准的差异，避免让认知偏差限制我国发挥影响力。

夯实基础工作，完善数据收集与统计。数据是开展国际发展合作的关键之一。援外评估在数据收集上需要稳定的责任方提供渠道与完整信息。数据对接要关注量化基准和总体状态，提供比较基础，设置标准，提供判定依据并确定统计口径。因此，未来援外评估应注重使用信息化技术，探索云计算等地理空间数据技术的创新应用。

加强评估队伍的能力建设。援外评估需要专业化、复合化的队伍。以往评估关注机构资质，但机构人员可能缺乏评估所需的专业知识。未来可打破机构制约，建立按领域分类的对外援助评估专家库，确保每次评估由最合适的专业人员参与。为此，应增加评估工作的资金投入，将各领域专家纳入评估专家库，组建独立评估专家队伍，以提高评估结果的准确性和科学性。同时，培育现有评估咨询机构的比较优势，促进评估队伍的良性竞争与发展，提高整体能力。

评估体系应突出结果导向，注重定性和定量指标相结合。一方面，结果导向有助于引导项目在立项阶段就注重"目的"设置，使立项意图始终贯穿项目实施过程，带动形成立项和评估相互促进的闭环管理。另一方面，定性指标和定量指标相结合，能够科学、客观、全面反映项目产出与效果，也利于对目标实现程度以及同类型项目进行量化比较。

注重评估成果的运用和转化。评估重在发现和解决普遍共性问题，用好评估成果是提升援助实效的关键。这需要建立正向、系统、通畅的反馈机制，统合分析各机构的评估结果和建议，总结成公共知识产品，及时对外发布数据采集分析和评估结果，改进对外援助工作，并提高我国对外援助话语权和主动权。

国别地区篇

第八章
亚洲地区国际发展合作①

亚洲地区拥有超 47 亿人口，占全球总人口数的六成以上，经济总量占世界经济的一半以上，其发展状况深刻影响着当今全球发展格局。在亚洲 47 个国家中，有 4 个低收入国家、19 个中低收入国家、12 个中高收入国家和 11 个高收入国家。② 其中低收入及中低收入国家占多数，且更多集中在东南亚、南亚及西亚。亚洲一直是接受国际社会援助的重点地区之一，但是面临着日益增加且不断多元化的发展问题，如饥饿与贫困、冲突造成的流离失所、不完善的基础设施、新冠疫情的后续影响以及气候变化带来的多重问题等，该地区接受援助的需求不断加大，援助供需鸿沟仍在加深。且由于亚洲复杂的地缘政治环境及各大国在该地区的战略投射，亚洲地区发展合作领域也显露出一定的大国博弈色彩。

一、亚洲地区政治社会形势复杂，经济复苏韧性中蕴藏挑战

当前，亚洲地区不但面临着深刻的传统安全挑战，也面临着层出不穷的非传统安全挑战。传统安全方面，亚洲各地区的政治及军事冲突隐患及可能带来的人道主义灾难对该地区和平与发展构成挑战。在南亚地区，多国政府面临政局动荡及边境冲突压力，克什米尔危机深化，印巴关系陷入焦灼。巴基斯坦国内政坛经历全国性抗议。孟加拉国反对党于 2022 年底发起大规模反政府抗议活动。斯里兰卡自经济危机后尚未能组建有力政府。阿富汗在塔利班临时政府执政后，国内仍面临冲突动乱，经济重建困难重重，当地人民生活受到极大影响。在东南亚地区，缅甸政局风险不断，北部果敢地区战事升级。柬埔寨与越南面临边境矛盾激化风险。泰国选举一波三折。对西亚地区而言，2023 年该地区多个国家政治经济及社会形势复杂，面临严峻的内外安全挑战，

---

① 本章撰稿人：杨冬婉，商务部国际贸易经济合作研究院国际发展合作研究所研究实习员。
② 数据来源：https://datahelpdesk.worldbank.org/knowledgebase/articles/906519。根据世界银行标准，低收入经济体为 2022 年人均 GNI 在 1135 美元或以下的经济体；中低收入经济体为人均 GNI 在 1136~4465 美元的经济体；中等偏上收入经济体为人均 GNI 在 4466~13845 美元的经济体；高收入经济体为人均 GNI 达到或超过 13846 美元的经济体。世界银行数据未包含巴勒斯坦地区。

长期的冲突和战乱导致居民流离失所，特别是 2023 年 10 月升级的本轮巴以冲突已造成上万人死亡，巴勒斯坦方面出现大量平民伤亡，加沙地带出现灾难性的人道主义危机，约有 160 万人流离失所，占该地区人口的六成以上。同时，恐怖主义组织如"基地"组织和"伊斯兰国"等常年活跃于该地区，对居民的安全和正常生活构成严重威胁。在朝鲜半岛问题上，美日韩提出"核共享"概念，加剧半岛紧张局势，2023 年，朝鲜加速发射弹道导弹及核试验进程，朝鲜半岛核危机持续深化。在中亚地区，吉尔吉斯斯坦和塔吉克斯坦的边境问题悬而未决，大国在该地区已开始新一轮地缘政治对抗，中亚各国内部也面临着宗教冲突、恐怖袭击等社会安全问题。

域外大国对亚洲的干预也加剧了该地区的矛盾冲突。2023 年，美国在大国竞争的战略基调下，持续向亚太地区投射资源，强化"美日印澳"等多个同盟体系。2022 年底，日本政府借助与澳大利亚防卫合作契机明确提出日本将发展可对敌方导弹基地发起直接攻击的"反击能力"，并将大幅提升防卫预算。以美国为首的北约也在逐步拓展与所谓"亚太伙伴"的合作关系，借机扩大在亚洲的影响力。未来，日本在该地区防卫力量的强化及北约多国势力的介入或将给亚太地区安全格局带来负面影响，加剧地缘政治的紧张态势。

在非传统安全方面，多重问题制约着亚洲的长期发展。在环境问题上，快速的经济增长和过高的人口负荷导致亚洲自然资源的使用急剧增加，环境破坏严重，亚洲成为全球温室气体排放的主要地区之一。据亚太经社会估计，包括极端天气及生物多样性损失等气候变化相关的连锁影响给亚洲造成的损失或将达到区域内 GDP 的 4.4%，其中对巴基斯坦、印度和菲律宾三国造成的损失超过其 GDP 的 7%。在自然灾害方面，仅 2023 年，亚洲就经历了阿富汗地震、土耳其和叙利亚地震、巴基斯坦持续数月的洪水、缅甸超级气旋风暴"穆查"、尼泊尔地震等多场特大自然灾害，给当地造成重大人员财产损失，甚至进一步酿成人道主义危机及深刻的社会发展矛盾。在卫生方面，亚洲特别是东南亚、南亚地区人口密度大，传染性疾病多发，包括艾滋病、疟疾、脊髓灰质炎和跨国界的人畜共患病等，而亚洲尚不完善的医疗基础设施及社会管理体制对该地区的传染病控制持续构成挑战。此外，恐怖主义、战争及自然灾害等造成的流离失所人群以及基于性别的剥削等，都是亚洲发展所需面对的痼疾。

尽管面临着复杂深刻的发展矛盾和困境，亚洲地区总体仍然具有较好的发展前景和机遇。从经济方面来看，国际货币基金组织数据显示，2022 年亚洲新兴和发展中经济体的平均经济增速约为 4.5%，2023 年这一数值有望上升至 5.3%，然后在 2024 年放缓至 5.0%。随着全球金融环境有所缓解、新冠疫情下供应链扰动的消退和服务业回归繁荣，亚洲经济体正大步向前迈进，预计仅中国和印度两国就将贡献 2023 年全球经济增长的一半以上，此外，亚洲其他地区对全球经济增长的贡献度也将达到四分之一。柬埔寨、印度尼西亚、马来西亚、菲律宾、泰国和越南都恢复了疫情前的强劲增长。受益于强劲的出口、更温和的通胀和较为稳健的经常账户，亚洲货币也比发达市场货币更为坚挺。亚洲经济成为目前全球经济放缓背景下的一大亮点（见图8-1）。

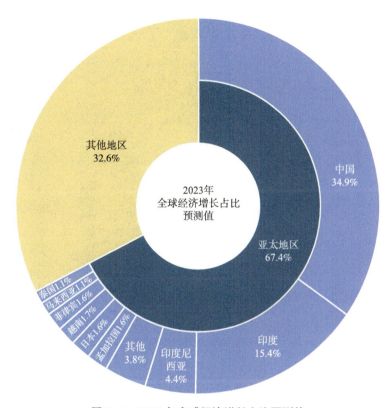

图 8-1 2023 年全球经济增长占比预测值

资料来源：IMF2023 年 4 月《世界经济展望》。

虽然亚洲经济的短期前景良好，但重要的长期挑战依然存在。首先，虽然当前亚洲通胀走势处于正轨，但核心通胀目前仍高于目标水平，各国央行仍需警惕未来的通胀风险。其次，许多亚洲国家的金融脆弱性有所上升，疫情期间的财政赤字和过去一年长期利率的上升加剧了公共部门的债务负担，不少亚洲国家都面临着债务困境，表明当局需要在控制通货膨胀和维护金融稳定之间进行微妙的政策权衡取舍。最后，面临着欧美消费者削减开支导致全球贸易放缓、地缘政治对资本流动和供应链的影响，以及环境趋于正常和政策支持的减少，亚洲 2024 年的经济增速可能面临回落。

二、亚洲发展援助需求巨大，各国在该地区援助博弈激烈

（一）亚洲为国际社会援助重点，受援金额稳中有升

亚洲是接受国际社会发展援助的重点区域，OECD 统计数据显示，2021 年亚洲地区接受对外援助总金额为 533.97 亿美元，占全球发展中国家受援金额的 26.19%。2013—2021 年，亚洲地区受援金额略有波动，总体呈上升趋势（见图 8-2）。

单位：亿美元

图 8-2　2013—2021 年亚洲地区接受对外援助总金额

资料来源：作者根据 OECD 数据自制。

然而根据《2019 年亚洲及太平洋经济社会概览》，在亚洲地区实现可持续发展目标所需的投资巨大。据估计，亚洲及太平洋发展中国家平均每年需要约 1.5 万亿美元的额外投资，相当于其 GDP 的 5%。其中，每年 6980 亿美元的最大份额将用于消除极端贫困和营养不良、为所有人提供基本医疗保健和优质教育等社会目标。第二大份额是每年 5900 亿美元，用于实现环境目标，如提高能源效率和可再生能源的使用，以及保护自然生态系统和生物多样性。考虑到该区域易受到极端气候和战乱冲突的影响，仍需额外资金应对相关问题。总之，虽然亚洲地区接受援助额占全球发展援助总额的三成左右，但亚洲发展的资金缺口仍然很大，对援助的需求也相应拉大。

从亚洲接受援助的地理分布来看，2013—2021 年，亚洲各区域累计接受援助金额如图 8-3 所示，西亚地区为亚洲接受援助最多的区域，占亚洲地区接受援助总额的

67%；其次为南亚，占亚洲地区接受援助总额的 19%；中亚及东南亚也是接受援助的重要区域，分别占比 7% 和 6%。

单位：亿美元

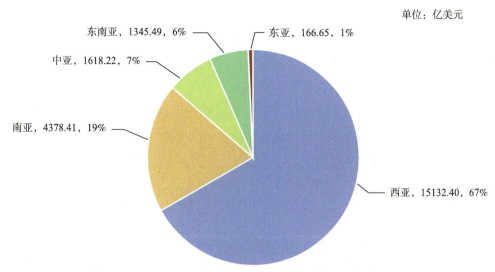

图 8-3　2013—2021 年亚洲各区域累计接受援助金额分布情况

资料来源：作者根据 OECD 数据自制。

值得注意的是，DAC 成员国的援助与全球所有官方援助在亚洲各区域的资金流向上存在一定差异，这说明非 DAC 国家与 DAC 国家在亚洲援助重点区域稍有不同，DAC 国家对于西亚及东南亚的援助相对更多（见图 8-4）。

单位：百万美元

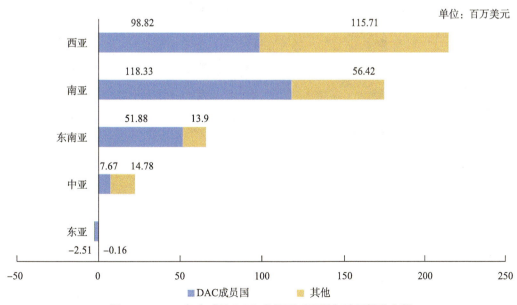

图 8-4　2021 年全球及 DAC 成员国对亚洲各地区援助金额

资料来源：作者根据 OECD 数据自制。

从受援国家角度看，2013—2021 年亚洲接受援助的前十大受援国分别为叙利亚、阿富汗、孟加拉国、也门、印度、约旦、巴基斯坦、越南、伊拉克、缅甸。其中 5 个为西亚国家，3 个为南亚国家，2 个为东南亚国家。部分国家接受援助的形势在近年发生了变化。在 2021 年塔利班接管阿富汗后，美国等西方主要捐助方大面积停止了对阿富汗的发展援助，未来塔利班治下的阿富汗获得国际援助的前景依旧难料。同样在 2021 年，随着缅甸军方与西方关系在制裁风波中逐渐恶化，缅甸接受国际援助金额也呈现出较大幅度的缩减。而印度在近年提出了更具雄心的发展援助政策并扩大与 OECD 的合作，获得的援助金额有了一定增长。越南在近两年接受援助金额有所下降，加之偿债规模扩大，使得净接受援助额进一步缩减（见表 8-1）。

表 8-1　2013—2021 年亚洲前十大受援国接受援助金额

单位：百万美元

序号	国家/地区	2013 年	2014 年	2015 年	2016 年	2017 年	2018 年	2019 年	2020 年	2021 年	总计
1	叙利亚	3637.93	4174.30	4920.50	8899.73	10427.86	9997.05	10129.23	10038.92	9690.22	71915.74
2	阿富汗	5152.56	4943.00	4274.24	4069.43	3811.73	3792.49	4137.04	4208.48	4656.35	39045.32
3	孟加拉国	2633.60	2422.67	2592.91	2532.80	3781.76	3044.78	4381.60	5373.85	5041.02	31804.99
4	也门	1039.64	1163.46	1778.43	2301.13	3234.01	7985.37	3758.94	2547.57	3868.00	27676.55
5	印度	2456.34	2991.83	3174.32	2679.04	3198.13	2461.98	2550.32	1794.22	3118.69	24424.86
6	约旦	1400.35	2697.16	2141.07	2727.96	2979.67	2526.12	2689.83	3114.05	3444.83	23721.04
7	巴基斯坦	2194.50	3615.80	3764.04	2961.12	2364.30	1387.02	2009.74	2591.25	2698.28	23586.05
8	越南	4085.62	4215.62	3167.39	2906.08	2407.46	1644.86	1087.99	1170.77	516.04	21201.83
9	伊拉克	1541.55	1369.27	1482.92	2287.88	2907.54	2300.60	2090.94	2359.46	1809.35	18149.51
10	缅甸	3936.11	1384.47	1168.50	1536.65	1542.34	1711.85	2043.69	2869.65	1490.84	17684.10

资料来源：OECD 数据库。

从援助方角度看，DAC 主要援助方对亚洲的援助金额走势如图 8-5 所示。2013—2021 年，美国始终保持对亚洲第一大援助国地位，平均每年对亚洲援助支出 70.35 亿美元。德国、日本和欧盟对亚洲援助也呈增长趋势，年均对亚洲援助支出分别为 49.87 亿美元、40.43 亿美元和 36.01 亿美元。英国和法国历年对亚洲投入较为稳定，平均支出分别为 28.76 亿美元和 13.05 亿美元。

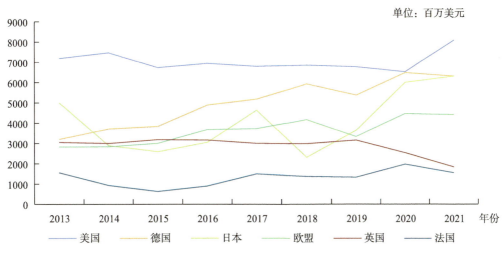

单位：百万美元

图 8-5　2013—2021 年 DAC 主要援助方对亚洲援助情况

资料来源：作者根据 OECD 数据自制。

（二）亚洲发展问题复杂多元，各区域受援重点不同

根据 2023 年《亚洲及太平洋地区可持续发展目标进展报告》，亚洲及太平洋地区实现可持续发展目标进展堪忧，到 2022 年，17 个可持续发展目标均未达到目标进度（见图 8-6）。特别是自 2015 年以来，目标 13 气候行动进程严重倒退，目标 6、目标 8、

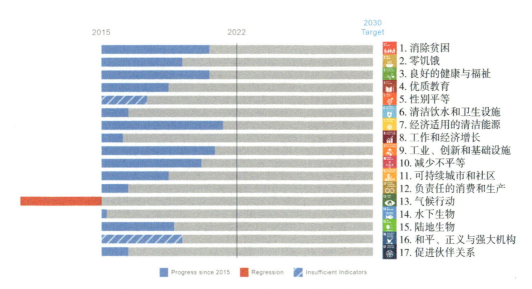

图 8-6　2022 年亚洲及太平洋地区可持续发展目标进展情况

资料来源：https://data.unescap.org/data-analysis/sdg-progress-report-2023.

目标 12、目标 14 及目标 17 进展甚微。① 现有援助规模及行动不足以达成既定目标，要在 2030 年达成可持续发展目标，必须在该地区开展更彻底和具有雄心的发展合作。

从亚洲接受援助的领域分布来看，根据 OECD 统计数据，亚洲接受援助的重点领域为经济基础设施和服务（包含能源、交通等），占各领域接受援助总额的 24%；其他社会基础设施和服务（包含供水等）占比 23%；人道主义援助占比 18%；教育占比 9%；健康和人口占比 9%；生产（包含工业、农林牧渔业及贸易等）占比 4%。结合亚洲可持续发展目标进展情况，社会基础设施和服务、健康和人口以及工农业生产等领域的供需差距较大（见图 8-7）。

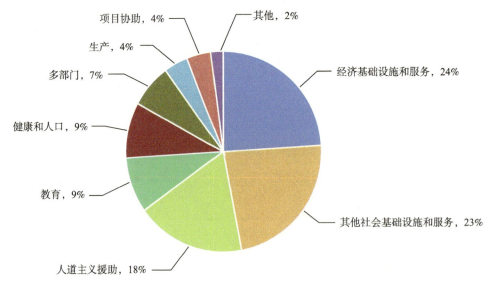

图 8-7　2020—2021 年亚洲接受援助领域分布

资料来源：作者根据 OECD 数据自制。

虽然亚洲面临共同的深刻发展挑战，但各区域最核心的发展问题及接受援助的重点却并不相同，各区域接受援助的需求与援助国提供的具体援助内容也并不完全契合。

从亚洲各具体区域接受援助及可持续发展目标实现情况来看，东南亚地区接受援助领域分布较为广泛，在社会基础设施与服务中的教育领域、经济基础设施中的交通与通信领域以及产品部门的农林牧渔领域接受了最多援助。该区域在消除贫困（目标1）、工业、创新和基础设施（目标 9）和陆地生物（目标 15）方面进展较大。缺乏进展的领域包括优质教育（目标 4）、体面工作和经济增长（目标 8）以及促进伙伴关系

---

① ASIA AND THE PACIFIC SDG PROGRESS REPORT 2023, https://data.unescap.org/data-analysis/sdg-progress-report-2023.

（目标17）。清洁饮水和卫生设施（目标6）、可持续城市和社区（目标11）、负责任的消费和生产（目标12）、气候行动（目标13）和水下生物（目标14）的情况也令人担忧。

南亚地区接受援助的主要领域包括社会基础设施和服务、经济基础设施尤其是交通与通信设施以及人道主义援助。对西亚地区的援助主要集中在人道主义援助以及社会基础设施和服务两个领域。南亚和西亚虽然在一些目标上已经取得了进展，但速度却很缓慢。陆地生物（目标15）、消除贫困（目标1）和良好的健康与福祉（目标3）方面取得了最快的进展。与此同时，该区域在可持续城市和社区（目标11）、负责任的消费和生产（目标12）和气候行动（目标13）方面出现了倒退。

中亚各国接受援助规模相对较小，多集中在社会基础设施及服务领域。该区域在良好的健康与福祉（目标3）、工业、创新和基础设施（目标9）以及和平、正义与强大机构（目标16）目标上取得了进展。但负责任的消费和生产（12目标）、气候行动（目标13）和水下生物（目标14）的进程在过去五年中持续倒退。

东亚地区接受援助总体较少，暂不作具体讨论。

总而言之，亚洲历来面临着动荡的社会政治环境以及沉重的发展压力，不同区域之间的发展援助需求多元，从目前的情况来看，亚洲各区域、各领域之间得到的发展援助仍存在不充分、不均衡的问题，接受国际援助的手段和侧重点仍需进一步多元化和有针对性。

（三）各国在亚洲博弈激烈，对外援助成为重要竞争领域

随着美国挑起对华战略博弈，亚太地区成为大国博弈前沿，使得各国对亚洲的援助政策也充满竞争色彩。在美国国务院与国际开发署出台的2023年《东亚及太平洋联合区域战略》中，明确将"塑造中国周边的战略安全环境"作为其在该地区开展援助的目标之一。[①] 在拜登政府2023年上半年公布的2024财年联邦预算提案中，关于对外援助的预算约为705亿美元，较去年增加了11%。提案称，中国作为美"唯一竞争对手"已带来"前所未有的挑战"，美应寻求新的竞争方式在各领域实现"竞赢"。预算提案重点支持对华竞争、基础设施、气候变化、全球卫生、人道主义与多边等领域，并拟用60亿美元加强美国在印太地区的作用。

除加大对亚洲地区的援助投入外，以美国为首的西方国家重视盟友之间的配合，通过一系列多边协议和小规模团体围绕遏制中国达成共识。2016年以来，日本、法国、

---

① https://www.state.gov/wp-content/uploads/2023/01/JRS_EAP_Asia_Public-1.pdf.

美国、德国、欧盟等相继出台"印太战略",将亚洲作为其开展国际发展合作的重点区域。美国及其盟友在亚洲地区通过"重建更美好世界倡议"、"全球基础设施与投资伙伴关系"计划(PGII)、印太经济框架、美日印澳四方安全对话(Quad)、美英澳三边安全伙伴关系(AUKUS)、美国—东盟峰会以及"蓝点网络"计划等机制,深化在亚洲的参与,在关键领域撬动更多资金,试图构建排除中国的亚太供应链,在援助领域"竞赢"中国。

美国在亚洲的主要盟伴也积极在自身发展援助政策上响应美国的对华竞争战略。美国在近几年试图把印度培养为亚洲发展的一大领导者以及美国南方盟友的成功范例。2023年9月8日,新德里二十国集团峰会期间,美印再次发表"美印联合声明",强调两国合作关系,在建立弹性战略技术价值链、连接国防工业生态系统、可再生能源和核能、气候融资和癌症研究方面开展合作。9月10日,美国、印度、沙特阿拉伯、欧盟宣布建设"印度—中东—欧洲经济走廊"(IMEC),旨在通过基础设施建设增强亚洲、波斯湾和欧洲之间的经济联结,对中国"一带一路"倡议形成战略对冲,进一步凸显了印度作为连接发达国家和"全球南方"国家的重要全球参与者的战略雄心。2023年6月1日,日本修订了《基础设施系统海外发展战略》,加速扩大对"全球南方"国家的基础设施投入,特别是在东南亚、太平洋岛国和南亚地区,以对冲中国在这些地区的基础设施建设成就。韩国总统尹锡悦上任以来力求将韩国打造成"全球枢纽国家",从全球的视野规划和调整其外交战略,扩大援助投入。2023年3月韩国以印太地区民主国家代表的身份联合主持美国发起的所谓第二届"民主峰会",扩大与亚洲、非洲发展中国家及国际组织的接触。2023年8月18日,美国、日本和韩国三国首脑参加三国峰会,并就海上防务、经济和全球卫生援助达成进一步合作。

(四)多边机制及新兴援助国加速援助进程,成为推动区域发展重要力量

OECD统计数据显示,2013—2021年,通过多边渠道向亚洲提供的援助金额从77.82亿美元上升至152.11亿美元,呈现出较为明显的增长趋势,体现出多边机构在亚洲发展援助领域参与度的提升。除与全球性多边组织展开广泛合作之外,亚洲地区"一带一路"倡议下的区域合作、东盟、亚太经合组织、上合组织、欧亚经济联盟、中日韩合作等多边合作机制也在稳步发展。全球和区域性的多边机制进一步发挥推动亚洲区域发展议题设置、促进各国联手应对发展挑战的作用(见图8-8)。

单位：亿美元

图 8-8　2013—2021 年通过多边渠道向亚洲提供的援助总额

资料来源：作者根据 OECD 数据自制。

　　随着亚洲国家的建设与发展，一些亚洲国家已经从接受援助的国家转变为援助提供国，或兼具受援国和援助国的双重身份，也使得亚洲地区的南南合作构成对南北合作的有益补充。例如，印度将发展合作视野从"邻国优先"扩展到印太乃至全球范围，力图塑造在"全球南方"国家的领导地位，在气候变化及医疗卫生等援助领域树立领先地位。沙特阿拉伯等海湾国家在石油收入大幅提升后也积极对阿拉伯世界及周边地区开展援助，援助规模增长显著，并主要关注区域人道主义援助及债务处理等议题。印度尼西亚借助 2022 年二十国集团主席国契机，提升自身国际影响力，凝聚发展共识，增加对区域内各国的援助行动。亚洲地区新兴援助国对区域内及全球发展合作的参与，使国际发展合作事业进一步突破传统的南北二元结构，发展中国家的自主性和合作的双向互动性逐步加强，丰富了发展援助的原则和形式，促进了亚洲各国共同发展。

三、中国重视与亚洲国家发展合作，推动共享发展成果

　　亚洲一直是中国援助的重点区域。根据 2021 年《新时代的中国国际发展合作》白皮书，中国对亚洲地区的援助占援助总额的 36.82%。中国历来秉持以平等互利、不附带条件为核心的对外援助八项原则，以及亲诚惠容的周边外交理念，始终将周边置于中国外交全局的首要位置，同亚洲各国一道，坚定不移走长期睦邻友好、共同发展繁

荣的正确道路，与亚洲国家开展密切的发展合作。在中国于 2022 年公布的首批全球发展倡议项目库 50 个项目清单中，有 25 个项目的受益国为亚洲国家或包含亚洲国家，援助领域涵盖减贫与粮食安全、抗疫与疫苗、气候变化和绿色发展、工业化以及数字时代互联互通等各领域。

近年来，随着"一带一路"倡议的稳步推进，一大批标志性项目在亚洲落地开花：东盟地区第一条高铁雅万高铁开始运行、柬埔寨第一条高速公路金港高速通车、巴基斯坦卡洛特水电站投入运营、泰中罗勇工业园发展态势良好……随着倡议的持续推进，亚洲地区互联互通布局不断完善，贸易畅通程度不断提升，基础设施"硬联通"和规则标准"软联通"不断深化。2023 年 10 月，第三届"一带一路"国际合作高峰论坛在北京胜利召开，习近平主席在开幕式上宣布了中国支持高质量共建"一带一路"的八项行动，包括亚洲国家在内的各方表示，期待继续加强合作，推动共建"一带一路"进入高质量发展的新阶段，为促进国际合作、推动全球经济增长、加速落实联合国2030 年可持续发展议程作出更大贡献。

2023 年 10 月 24 日，纪念亲诚惠容周边外交理念提出 10 周年国际研讨会在京举行。王毅在致辞中表示，要深化同周边国家友好合作和利益融合，在亚洲共同打造"一带一路"示范区，打造全球发展倡议先行区、全球安全倡议实验区以及全球文明倡议实验区。尽管面临一系列挑战，但亚洲地区发展前景可期、振兴当时。未来中国将继续与亚洲各国深入开展国际发展合作，共同构建和平安宁、繁荣美丽、友好共生的亚洲家园，为构建亚洲命运共同体和人类命运共同体贡献更多智慧和力量。

第九章
非洲地区国际发展合作[①]

非洲，尤其是撒哈拉以南非洲一直以来是接受国际社会援助最多的地区。近年来，受全球经济疲软、新冠疫情、乌克兰危机等多重因素影响，非洲面临政治、经济和社会发展方面的诸多新挑战，可持续发展目标进展受阻。近年来国际社会对非援助总体稳中有升，但仍不能弥补非洲发展所需的巨额资金缺口。中国是非洲重要的发展合作伙伴国，为支持非洲抗击疫情和经济复苏发展作出了积极贡献。

一、非洲发展面临诸多挑战

安全形势恶化给非洲发展带来新挑战。2020 年，新冠疫情暴发前，非洲局势总体趋稳，政权更替较为平稳，新冠疫情暴发后，非洲深层的经济和社会问题凸显，各类矛盾集中爆发，近两年叠加乌克兰危机、全球经济增长迟滞等多重外部因素影响，非洲政治安全形势趋于复杂多变，军事政变和内部冲突增多。2020 年以来，马里、几内亚、苏丹、尼日尔、马达加斯加、乍得、布基纳法索、几内亚比绍、圣多美和普林西比、冈比亚等国发生政变或未遂政变，引发了国际社会对非洲政局稳定性的担忧，这些国家的发展也面临更多的不确定性因素。与此同时，埃塞俄比亚、南非、尼日利亚、安哥拉、阿尔及利亚、刚果（金）等地区大国相继爆发内部冲突或多次大规模骚乱，引发地区整体形势动荡，也造成大量人员伤亡，给所在国经济社会发展带来严重负面影响。此外，非洲面临的恐怖主义威胁不断上升。2020 年 2 月，非盟发布的非洲和平与安全形势报告认为，恐怖主义已成为非洲的首要威胁。经济与和平研究所（Institute for Economics and Peace）公布的《2023 年全球恐怖主义指数》显示，2022 年，在全球范围内只有撒哈拉以南非洲各国的恐怖主义指数呈上升趋势。萨赫勒地区、非洲之角、莫桑比克北部等恐怖主义活动高发地区的形势依然严峻，进一步加剧了非洲的贫困问题和人道主义危机。

---

① 本章撰稿人：毛小菁，商务部国际贸易经济合作研究院西亚与非洲研究所所长、研究员；阮思诺，商务部国际贸易经济合作研究院西亚与非洲研究所研究实习员。

　　经济复苏缓慢，发展资金缺口巨大。非洲经济高度依赖外部环境。新冠疫情暴发后，世界经济遭受严重冲击，由于外部需求减少、大宗商品价格下跌、航空旅游业停滞，非洲经济也受到重创。随着疫情缓解，非洲经济发展逐步恢复，然而在全球经济复苏艰难、美国不断加息、乌克兰危机导致化肥及食品价格高涨等因素的影响下，非洲国家借贷成本增加，货币持续贬值，通货膨胀高企，加上不少国家面临严重的债务负担，其经济增长受阻，面临低增长、高负债的风险。国际货币基金组织于 2023 年 10 月发布的《世界经济展望》预测，2023 年撒哈拉以南非洲经济增长将从 2022 年的 4% 降至 3.3%，2024 年恢复至 4%，经济复苏较为缓慢。非洲的发展资金主要来源于政府财政收入、外国投资等外来资金流入、海外汇款及官方发展援助。受新冠疫情影响，非洲资金来源在 2020 年大幅减少，尤其是外来资金流入迅速减少，2021 年虽有所增加，但 2022 年又有所下降。非洲用于支持可持续发展的资金缺口在 2020 年达到 2720 亿美元，为 2015 年以来最高，虽然 2021 年情况有所改善，但 2022 年资金缺口继续扩大（见图 9-1）。[①]

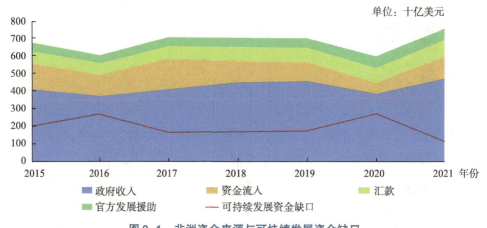

图 9-1　非洲资金来源与可持续发展资金缺口

资料来源：Africa Union & OECD, Africa's Development Dynamics 2023: Investing in Sustainable Development。

　　可持续发展目标进展陷入停滞。新冠疫情前，非洲在减贫、妇幼保健、电力供应和性别平等方面取得了一些进展，但总体而言，其可持续发展目标的实现率比较低[②]。2020 年以来，内外交困的多重因素冲击使非洲国家在可持续目标进展方面陷入停滞甚至倒退的局面。2022 年，非洲大陆约有 4.6 亿人生活在每天 1.90 美元的极端贫困线以下，其中，尼日利亚和刚果（金）分别占全球极端贫困人口的 12% 和 11% 左右。预计

　　① Africa Union & OECD, Africa's Development Dynamics 2023: Investing in Sustainable Development.

　　② Independent Group of Scientists appointed by the Secretary-General, Global Sustainable Development Report 2023, (United Nationals, New York, 2023).

撒哈拉以南非洲的极端贫困率将持续上升，直至 2030 年。随着国际形势恶化，全球粮食价格攀升，加上气候变化导致极端天气的影响，非洲粮食安全危机进一步凸显，2021 年该区域约 20% 的人口面临饥饿，较 2015 年上升了 4.4%。此外，非洲约 22% 的人口缺乏基本饮用水服务，54% 的人口缺乏基本卫生服务，城市和农村地区、财富和性别之间的不平等进一步加剧。[①] 总体来看，在 17 个可持续发展目标中，非洲国家除了在负责任的消费和生产（目标 12）、气候行动（目标 13）方面取得了较大进展，要实现其他的可持续发展目标均面临较大挑战（见图 9-2）。

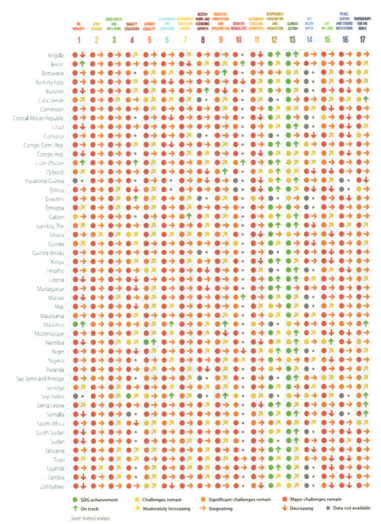

图 9-2 撒哈拉以南非洲各国可持续发展目标进展情况

资料来源：The SDG Index and Dashboards，https://dashboards.sdgindex.org/chapters/part-2-the-sdg-index-and-dashboards。

---

① Independent Group of Scientists appointed by the Secretary-General, Global Sustainable Development Report 2023, (United Nationals, New York, 2023).

二、国际社会对非援助稳中有升

非洲是接受国际援助最多的地区，受援额占比在30%~40%之间。近年来，国际社会对非援助总体较为稳定，2020年和2021年，由于抗疫援助的增加，对非援助出现较快增长。非洲援助方主要包括经合组织发展援助委员会（DAC）成员国、非DAC成员国[①]和国际组织。2013年，非洲接受了567.92亿美元的国际援助，到2021年，非洲受援金额达到756.38亿美元，较2013年增长了33.19%。其中，DAC成员国是非洲援助的主要来源，占比超过50%，2017年占比达到55.31%，援助额从2013年的300.55亿美元增长至2021年的380.07亿美元。多边机构对非援助占比约40%，援助额从2013年的209.03亿美元增长至2020年的近期历史峰值375.09亿美元，当年占比达到51%，2021年援助额降至315.82亿美元。而非DAC国家对非援助额波动较大，占比不超过10%，2021年对非援助额为60.49亿美元，占比8%（见图9-3）。

图9-3 2013—2021年非洲接受的官方援助情况

资料来源：OECD QWIDS数据系统。

从次区域分布来看，东部非洲和西部非洲接受援助的比例最高[②]。其中，东部非洲

---

① 仅包括DAC统计援助数据的非DAC国家。
② OECD QWIDS系统区域划分：北非——阿尔及利亚、埃及、突尼斯、利比亚、摩洛哥；东部非洲——布隆迪、科摩罗、吉布提、厄立特里亚、埃塞俄比亚、肯尼亚、马达加斯加、马拉维、毛里求斯、马约特岛、莫桑比克、卢旺达、塞舌尔、索马里、南苏丹、苏丹、坦桑尼亚、乌干达、赞比亚、津巴布韦；西部非洲——贝宁、布基纳法索、佛得角、科特迪瓦、冈比亚、加纳、几内亚、几内亚比绍、利比里亚、马里、毛塔、尼日尔、尼日利亚、圣赫勒拿、塞内加尔、塞拉利昂、多哥；中部非洲——安哥拉、喀麦隆、中非、乍得、刚果金、刚果布、赤几、加蓬、圣普；南部非洲——博茨瓦纳、斯威士兰、莱索托、纳米比亚、南非。

接受援助的金额在非洲地区总受援金额中占比为 40%~45%；西部非洲占比 25%左右。2021 年，东部非洲受援金额为 303.97 亿美元，占整个非洲地区受援金额的 40.19%；西部非洲受援 173.42 亿美元，占比 22.93%。而北非接受援助额达到 109.94 亿美元，占比达 14.53%，较上年的 52.72 亿美元增长了 108.58%，主要源于对埃及的援助从上年的 15.62 亿美元大幅增加至 79.41 亿美元，使其一跃成为当年非洲最大受援国。从具体国别来看，2021 年接受国际援助最多的五大非洲国家分别为埃及（79.41 亿美元）、埃塞俄比亚（40.71 亿美元）、苏丹（38.22 亿美元）、刚果（金）（36.1 亿美元）和尼日利亚（35.28 亿美元）（见图 9-4）。

单位：亿美元

年份	2013	2014	2015	2016	2017	2018	2019	2020	2021
北非	88.01	73.26	50.72	57.52	40.48	45.85	40.13	52.72	109.94
东部非洲	243.31	217.93	208.37	211.98	238.67	236.01	249.11	324.28	303.97
中部非洲	45.80	47.54	49.81	43.79	51.54	56.96	58.70	72.21	69.17
南部非洲	21.02	15.97	18.07	17.01	16.01	14.41	13.96	17.91	16.73
西部非洲	125.87	127.83	127.83	119.17	133.82	140.38	149.10	196.96	173.42
区域性	43.90	58.30	46.19	54.12	57.76	63.80	65.68	72.16	83.15

图 9-4 2013—2021 年非洲地区按区域受援情况

资料来源：OECD QWIDS 数据系统。

从领域分布来看，DAC 国家对非洲地区援助的主要领域包括社会基础设施、经济基础设施、人道主义援助、生产领域等。社会基础设施是 DAC 援助的最重要领域，近十年来在受援总额中的占比基本保持在 45%左右，其中卫生、政府治理和教育是主要的三个细分领域。近年来，DAC 国家对非洲人道主义援助额快速攀升，从 2013 年的 40.49 亿美元增长至 2021 年的 81 亿美元，占比从 12.25%增长至 19.5%。此外，DAC 国家对非洲经济基础设施的援助占比保持在 15%上下，能源基础设施在其中约占一半，其次为交通基础设施（见图 9-5）。

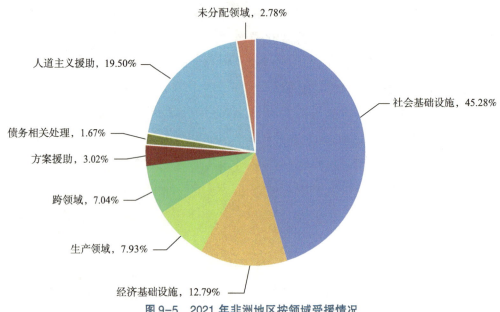

图 9-5　2021 年非洲地区按领域受援情况

资料来源：OECD Stats 数据系统。

三、发达国家对非援助目标多元化

　　美国、德国、法国、英国与日本一直以来都是对非主要的双边援助大国，在其双边受援额中的占比超过 70%。2021 年，这五个国家对非双边援助交付额为 277.43 亿美元，占 DAC 对非双边援助总交付额的 72.99%。多年来，美国一直是非洲最大的双边援助国，其一国对非援助额就占非洲接受双边援助总额的 35% 左右。2021 年，美国对非援助 138.85 亿美元，占非洲接受双边援助总额的 36.53%。随着德国近年来援助规模的扩大，德国对非援助额也不断增加，自 2018 年超越法国和英国，成为对非第二大双边援助国，2021 年其对非双边援助额为 59.39 亿美元，占比 15.63%。而英国对非援助额呈现逐年下降趋势，在 2020 年被法国超越，退居非洲第四大双边援助国。欧盟是对非援助最重要的多边机构之一，对非援助额总体较为平稳，2020 年由于抗疫援助的增加，援助规模大幅增至 91.76 亿美元，2021 年则有所回落，援助额为 77.89 亿美元，占非洲接受多边援助总额的 24.66%（见表 9-1）。

表 9-1　主要发达国家和机构对非援助额（2013—2021 年）

单位：亿美元

国家/组织	2013 年	2014 年	2015 年	2016 年	2017 年	2018 年	2019 年	2020 年	2021 年
美国	96.67	93.38	93.20	98.40	111.90	106.94	95.72	114.18	138.85

续表

国家/组织	2013 年	2014 年	2015 年	2016 年	2017 年	2018 年	2019 年	2020 年	2021 年
德国	23.97	30.16	30.36	34.99	36.91	43.22	45.49	58.44	59.39
法国	31.68	27.17	21.31	22.17	23.62	27.73	29.50	42.67	35.54
英国	39.09	43.41	42.03	38.57	38.55	38.16	38.09	33.47	23.84
日本	20.92	15.58	17.84	14.95	16.74	13.86	15.73	12.49	19.81
欧盟	59.32	67.37	51.76	63.28	63.26	66.73	68.31	91.76	77.89

资料来源：OECD QWIDS 数据系统。

近年来，出于地缘政治的考虑，发达国家和欧盟纷纷加大了与非洲的合作力度。2020 年英国召开英非投资峰会，2021 年法国召开法国—非洲峰会，2022 年欧盟、日本、美国相继召开与非峰会，在峰会上各国和欧盟均推出了一系列对非合作举措和资金承诺，美国和德国还出台了新的对非合作战略。以美国为例，2022 年 8 月，美国发布了《美国对撒哈拉以南非洲战略》，提出 4 个主要目标：培育开放社会，输送民主和安全红利，增进疫情后恢复和经济发展机会，支持环境保护、气候适应和能源转型。2022 年 12 月举行的美非峰会持续三天，议题涵盖了贸易投资、粮食安全、公共卫生、气候变化、和平安全等非洲国家关切的发展问题，美国承诺在未来 3 年向非洲投入 550 亿美元，以推进非洲的优先事项及非盟 2063 年愿景规划。2023 年以来，美国副总统、国务卿、财政部长、国防部长、第一夫人等纷纷访问非洲，围绕和平安全、债务、粮食安全、能源等问题进行会谈。以上一系列行动充分显示了拜登政府重新重视对非合作，除了传统的援助，贸易投资合作也日益受到重视，而援助与国家安全、外交和经济利益的捆绑意图也日益明显。这一特征和趋势在其他主要大国对非合作中也有所体现。

四、中国对非援助促进共同发展

非洲是接受中国援助最多的地区。2021 年《新时代的中国国际发展合作》白皮书显示，2013—2018 年，在中国的对外援助中，对非援助占比 44.65%。一直以来，中国对非发展合作始终秉持"真、实、亲、诚"理念，坚持相互尊重，促进共同发展。新冠疫情暴发后，中国一方面加大了向非洲国家提供新冠疫苗和抗疫相关物资的援助，助力非洲抗击疫情；另一方面继续通过提供无偿援助、无息贷款和优惠贷款，支持非洲农业、卫生、教育、基础设施、社会公共设施等各领域的发展，帮助其减轻疫情带来的冲击，尽快恢复经济社会发展。

（一）提升粮食安全

非洲的农业可持续发展和粮食安全问题备受关注。中国积极与非洲进行农业合作，开展农业培训，援建农业设施并提供相关物资和技术支持，通过发展农业提高非洲粮食安全和经济社会可持续发展。农业示范中心是中国对非农业援助的重要模式。中国援建尼日利亚农业技术示范中心项目于 2021 年 3 月开工建设，2022 年 12 月正式移交，未来将承担农业技术研发、农业技术培训、农机展示以及农产品加工技术示范等职能，促进尼日利亚由传统农业向现代农业的转型。中国积极支持非洲国家农业加工能力的提升。2022 年 6 月，由中国政府援建的赞比亚玉米粉加工厂项目正式交付。项目在首都卢萨卡、南方省蒙泽地区和穆钦加省姆皮卡地区共建设 3 座工厂，日加工玉米共计 520 吨，对赞比亚的粮食安全和民生福祉具有重要意义。

（二）推动卫生发展

医疗卫生是中非发展合作的传统重点领域，中国对非洲的医疗援助对改善非洲人民的健康安全、促进非洲公共卫生事业的发展发挥了积极的作用。中国积极助力非洲医疗卫生基础设施建设，其中最具代表性的项目是中国援建的非洲疾控中心总部（一期项目）。该项目于 2020 年 12 月开工，承建方克服新冠疫情影响，积极推进项目施工，2023 年上半年竣工验收。项目的建成将为非洲地区卫生事业的发展作出积极贡献。针对非洲国家面临的重大疾病威胁，中国提供了有针对性的技术支持解决方案。自2017 年起，中国专家组根据圣多美和普林西比疟疾发病流行情况，借鉴中国消除疟疾经验，与圣普工作团队一起，有序推进以特定区域"全民服药"为主要措施的"中国抗疟方案"，取得了显著成效。2021 年 10 月，中国援建的圣普消除疟疾参比实验室改造完成，弥补了圣普在疟疾检测方面的空白，进一步助力圣普提高疟疾检测能力。派遣医疗队是中国对非医疗卫生援助的重要方式之一，疫情期间，中国坚持派遣援非医疗队，积极支持非洲国家抗疫。

（三）促进教育进步

增强非洲教育事业发展是促进非洲实现自主发展和持久和平发展的长远之策，对其实现可持续发展具有重要意义。中国致力于帮助非洲国家改善教育基础设施。随着人口增长，小学"入学难"的问题一直困扰着博茨瓦纳政府和居民。中国在博茨瓦纳已经援建了三所小学，正在援建第四所小学，能够解决当地数百名学生的上学问题。2022 年 12 月，中国援马里巴马科大学卡巴拉校区二期项目竣工，这是中国在西非地区援建的最大教育基础设施项目。中国积极推动非洲职业教育发展，促进其将人口资源转化为人口红利。2019 年 3 月非洲首家"鲁班工坊"落地吉布提，迄今中国已在吉布提、南非、肯尼亚等 14 个非洲国家设立 16 所"鲁班工坊"，为非洲国家培养产业发展所需的技术人才。中国还通过技术援助，助力非洲加强教育能力建设。援南苏丹教育技术合作项目是中国首个综合性教育援外项目。2018 年，援南苏丹教育技术合作一期项目成功实施，上百万册中小学生数学、科学、英语教材漂洋过海运抵朱巴，200 余名南苏丹教师来华接受培训，受到南政府和广大师生的高度赞誉。二期项目于 2021 年 12 月正式启动，围绕南苏丹教材体系建设、教育人员培训、双方文化交流等方面展开。

（四）改善基础设施

为促进非洲经济社会发展，中国积极帮助非洲国家建设经济基础设施和社会公共设施，帮助其改善生产生活条件，推进现代化进程。交通基础设施一直以来是中国重点援助领域之一。2021 年 11 月底，中国援莫桑比克赛赛机场项目移交启用。该机场将加快莫区域一体化进程，并带动资源开发、旅游发展、加工制造和贸易投资等行业发展。2021 年 10 月，中国援冈比亚上河区公路桥梁项目举行通车仪式。桥梁的落成打通了冈比亚全国高速公路网的"最后一公里"，将促进冈国内人员、物资、服务的自由流动。中国积极帮助非洲建设清洁能源项目，弥补其电力供应缺口，助力当地低碳绿色发展。2022 年 6 月，中国援建中非共和国首座光伏电站——萨卡伊光伏电站实现并网发电。该电站装机容量为 15 兆瓦，能够满足首都班吉约 30% 的用电需求，极大缓解了班吉的用电难问题。2022 年 6 月，中国援布隆迪胡济巴济水电站项目竣工，将对布隆迪的经济发展起到重要促进作用。中国关注非洲的民生建设，为缓解当地喝水难的问题，中国在赞比亚、加纳、喀麦隆、莫桑比克、津巴布韦、卢旺达等非洲国家建设了一批打井供水项目。根据非洲发展需求，中国努力帮助其提升文体设施条件和办公硬件设施条件。2026 年，第四届青奥会将在塞内加尔首都达喀尔举行，这也是非洲大陆第一次举办世界性体育盛会。为助力塞政府的筹备工作，中国援助塞内加尔的四座体育场维修改造项目于 2022 年 6 月正式启动，将极大助力塞举办青奥会。2022 年 6 月，中国援津巴布韦议会大厦项目竣工验收，这是中国在南部非洲最大的援建工程，大大改善了津内阁和参众两院的办公条件。

（五）助力应对人道主义挑战

新冠疫情暴发后，中国及时向非洲提供了紧急抗疫援助。疫情初期，中方向非洲提供数百批紧急抗疫物资，包括检测试剂、医用口罩、医用防护服、额温枪、医用隔离眼罩等，并向 15 个国家派出抗疫医疗专家组，协助当地抗疫工作。新冠疫苗研发后，中国迅速向非洲提供疫苗援助，中国疫苗是许多非洲国家获得的首批疫苗。截至目前，中国已向非洲 27 国提供疫苗 23935 万剂，占中国对外援助疫苗总数的 46.21%[①]；在非洲本地化合作生产年产能达到约 4 亿剂，为支持非洲抗疫努力作出了积极而重要的贡献。与此同时，中国持续向遭受自然灾害和人道主义灾难的非洲国家提供紧急人道主义援助。2021—2022 年，在全球发展和南南合作基金（原"南南合作援助基金"）框架下，中国通过世界粮食计划署向几内亚比绍、喀麦隆、塞拉利昂、乌干达、贝宁、布基纳法索等多个非洲国家提供粮食援助，帮助其应对新冠肺炎疫情、缓解粮食短缺问题。为帮助马达加斯加应对数次飓风袭击造成的人员和财产的重大损失，2022 年 4 月，中国向马达加斯加提供人道主义救灾物资，包括帐篷、毛毯、被子及彩钢板等，用于灾害应对和支持受灾地区的灾后重建工作。

---

① http://www.cidca.gov.cn/download/gjhzyq.pdf.

第十章
南太平洋岛国国际发展合作[①]

受新冠疫情、地区冲突和气候危机等多重因素影响，南太平洋岛国（澳大利亚和新西兰除外，以下简称南太岛国）经济增长内生动力不足，并且各国发展进程存在差异，部分国家极度依赖援助款项和发展项目。随着太平洋地区战略地位的提升，南太岛国受援规模有望持续上升，但难以对其发展形成可持续的影响。为实现南太岛国的自主发展，亟须实现国内经济和援助资金的"解绑"，积极推动向国际发展合作的转型。

一、南太岛国发展不平衡，政治影响力或能破局

南太岛国共有 14 个主权国家，[②] 总人口为 750 多万，以微型国家为主，经济体量及资源有限且发展动力不足，并且极易受外部因素和气候变化影响。同时，南太岛国尽管人口数量很少，部分环礁地区的人口密度却非常高，例如，马绍尔群岛、基里巴斯和图瓦卢。OECD 数据显示，除库克群岛为发达国家，斐济、汤加和纽埃为中高收入国家外，南太岛国均为中低和低收入国家，所罗门、图瓦卢和基里巴斯为最不发达国家。

（一）受制于地域和资源限制，南太岛国自身发展动力不足

受地域和资源限制，南太岛国食品、能源严重依赖进口，新冠疫情后运输及采购成本的持续上升大大增加了国内居民的负担。国际货币基金组织数据显示，2019 年至2025 年，南太岛国公共债务将翻一番。[③] 根据世界银行数据，南太地区的大部分外债来自多边机构。斐济、萨摩亚、所罗门群岛、汤加和瓦努阿图等国的主要债权人是亚

---

① 本章撰稿人：徐佳敏，商务部国际贸易经济合作研究院国际发展合作研究所研究实习员。
② 14 个南太岛国包括斐济、巴新、所罗门、瓦努阿图、基里巴斯、密克罗尼西亚联邦、库克群岛、纽埃、萨摩亚、汤加、马绍尔群岛、瑙鲁、帕劳、图瓦卢。
③ International Monetary Fund, "World economic outlook: counting the cost-of-living crisis", October 2022, World economic outlook database.

洲开发银行，持有上述岛国外债总额的38%。

按境外汇款占GDP比例计算，亚太地区前十大汇款接收国中有6个在南太地区。[①] 2022年汤加位居榜首，汇款流入占GDP的近50%。2020年约有46万南太移民居住在OECD成员国中，其中大部分在以下3个国家：澳大利亚（38%）、新西兰（34%）和美国（27%）。外汇收入除了支持宏观经济稳定，还直接支持了南太居民生计。在汤加，汇款平均占家庭消费的30%，在萨摩亚占8%。萨摩亚GDP连续三个财政年度（2019/2020、2020/2021和2021/2022）出现负增长，但萨摩亚的汇款仍然强劲，2020年和2021年的年增长率分别为5.6%和6.7%。由于过度依赖国际贸易和汇款来满足国内需求，南太岛国对外贸易中进口远远大于出口。因此南太岛国极易受国际形势变化影响，对邻近大国和援助大国的依存度较高。

新冠疫情后，南太岛国旅游业、零售业和农业等国内生产支柱行业恢复缓慢，进一步阻碍了疫后经济复苏。预计2023年南太地区（不包括巴布亚新几内亚，以下简称巴新）的GDP平均增长率为3.9%，高于2022年的2.0%，但2024年预计将放缓至3.3%。[②] 尽管南太岛国于2022年8月重新开放边境，但重启旅游业后，游客人数并没有完全回升到疫情前的数量。纽埃旅游业萎缩明显，2022年，该国仅接待了670名游客，但疫情前平均每年会接待10500名游客。汤加2022年旅游业也仅恢复到疫情前水平的3%~9%。所罗门2022年表示，打算推迟脱离最不发达国家地位。

南太岛国极易受气候变化影响，不仅需要应对火山爆发、地震、海啸等极端气候灾害，还要应对海平面上升带来的巨大风险。联合国亚洲及太平洋经济社会理事会（ESCAP）2023年报告中表示，南太岛国需要大幅增加灾害预警相关装置的投资，目前亚太地区因自然灾害经济受损最严重的前四个国家是瓦努阿图、汤加、帕劳和密克罗尼西亚联邦。[③] 以2023年3月初瓦努阿图的龙卷风灾害为例，造成的损失约占其GDP的60%。

（二）南太岛国"抱团"政治影响力提升，但合作机制不稳

面积小、地处偏远、经济发展滞后、气候灾害频发等多重限制使大多数南太岛国很难，甚至不可能走上传统的经济发展道路。尽管经济体量有限，但是"一国一票"的国际外交地位为南太岛国在国际谈判平台上争得了一席之地。通过太平洋岛国论坛、

① World Bank, "Resilience-COVID-19 crisis through a migration lens", Migration and Development Brief 334, May 2021.

② World Bank, "Pacific Economic Update: Recovering in the Midst of Uncertainty-Special Focus: Harnessing the Benefits of Pacific Migration".

③ ESCAP, "The Asia-Pacific Disaster Report 2023", 2018.

南太平洋大学、太平洋岛国发展论坛、太平洋小岛屿发展中国家集团等机制，南太岛国集体发声能带来的政治影响力不可小觑。以联合国可持续发展目标的制定为例，太平洋小岛屿发展中国家集团以联盟的形式推进"发展外交"，并成功将气候变化和海洋治理作为可持续发展目标之一。[①]

受地缘政治博弈影响，上述合作机制的运行并不稳定，但最终基于受援需求，南太岛国离不开集体发声的地区合作机制。2021年，密克罗尼西亚群岛国家（帕劳、密克罗尼西亚联邦、基里巴斯、马绍尔群岛、瑙鲁5国）宣布退出太平洋岛国论坛，启动为期1年的过渡期，因为按照论坛不成文的共识，2021年，应由密克罗尼西亚群岛的国家领导人担任论坛秘书长，但最终由库克群岛总理亨利普纳胜选。尽管2023年太平洋岛国论坛的18个成员国维持不变，密克罗尼西亚群岛的问题仍可能是未来分裂的导火索。

二、南太岛国获国际援助青睐

南太岛国曾长期处于世界政治经济舞台边缘，为大国所忽视。随着"太平洋世纪"的到来，尤其是2022年9月美国的《太平洋伙伴关系战略》提出后，南太岛国因其特殊地缘价值获得了更多关注，不仅澳大利亚、新西兰、日本等传统援助国加大了援助力度，俄罗斯、韩国等新兴国家也加入援助队伍。

（一）总体受援规模波动上浮，需求仍难以满足

南太岛国普遍依附地区大国，国际援助在支撑南太岛国经济方面发挥了重要作用，并且影响力呈持续上升趋势。2021年，南太岛国ODA总额占GDP比重（不包括库克群岛）升至6%，但除斐济、巴新外，图瓦卢、马绍尔群岛、密克罗尼西亚联邦、基里巴斯的ODA总额占本国GDP比重均超过30%，尤其是纽埃接受的国际援助总额占GDP比例高达119.11%。

2021年，主要援助国均加大了对南太岛国的援助力度，ODA总额明显上升，达近十年最高值，26.04亿美元。同时，国际货币基金组织表示为南太岛国追加特别提款权（SDR）拨款，以缓解南太岛国的财政压力。2021年，受援总额排名前五的岛国分别为巴新、斐济、所罗门、瓦努阿图和密克罗尼西亚联邦。其中巴新接收的ODA总额上升幅度最大、数额最高，达9.77亿美元（见图10-1、图10-2）。

---

① 陈晓晨：《南太平洋地区主义的新发展：地区机制与影响评估》，《国际关系研究》，2019年第3期，第157-158页。

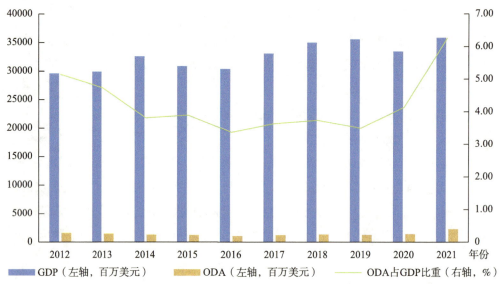

图 10-1　南太岛国 2012—2021 年 GDP 和 ODA 总额与 ODA 占 GDP 比重

资料来源：OECD Statistics；① 世界银行数据库。

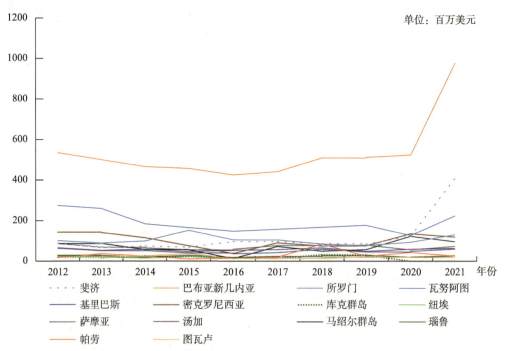

图 10-2　2012—2021 年南太岛国接受国际援助总额

资料来源：OECD Statistics②，2023 年 7 月 13 日更新。

---

① 包括对南太岛国的所有官方援助（国家、多边、私营机构等），https://stats.oecd.org/Index.aspx?DataSet-Code=TABLE2A#.

② 包括对南太岛国的所有官方援助（国家、多边、私营机构等），https://stats.oecd.org/Index.aspx?DataSet-Code=TABLE2A#.

从受援重点领域看，南太岛国受援领域以社会基础设施建设及服务和方案援助①为主。2021 年南太岛国社会基础设施建设及服务领域援助资金共有 9.35 亿美元，约占南太岛国受援总额的 33%；方案援助领域援助资金 8.25 亿美元，占比 29%；经济基础设施及服务领域援助资金 2.67 亿美元，占比 9%（见图 10-3）。南太岛国基础设施建设及服务和方案援助的高受援额表明，DAC 国家对于南太岛国的援助集中在制度结构的调整、基础设施的建设及配套服务、全面社会改革的推行上。此类援助具有规模大、时间长、复杂度高、风险大等特征，因此南太岛国的受援项目也极易受外部政治环境变化影响。

单位：百万美元

图 10-3 2021 年南太岛国受援资金（承诺额），按领域划分

资料来源：OECD Statistics②，2023 年 7 月 13 日更新。

（二）多边总体下行，澳日援助提振

南太岛国的主要双边援助国为澳大利亚、日本、新西兰、美国等，主要多边援助方包括联合国国际开发协会、亚洲开发银行、欧盟、联合国、全球气候基金等。南太

---

① 方案援助指援助国政府或多边机构根据一定的计划，而不是按照某个具体的工程项目向受援国提供的援助。方案援助一般用于进口拨款、预算补贴、国际收支津贴、偿还债务、区域发展和规划等方面。

② 包括对南太岛国的所有官方援助（国家、多边、私营机构等），https://stats.oecd.org/Index.aspx?DataSet-Code=TABLE2A#.

岛国接受的多边援助 2020 年后呈显著下降趋势，并且总额远小于双边援助。除世界银行管辖下的国际开发协会之外，其他多边援助方对南太岛国的援助额并未有明显提升。

表 10-1　2018—2021 年南太岛国主要多边援助方

单位：百万美元

序号	多边机构	2018 年	2019 年	2020 年	2021 年	四年平均值	占多边援助比重（%）
1	联合国国际开发协会	304	143	215	351	253	36
2	亚洲开发银行	45	49	242	46	95	14
3	欧盟	88	92	81	93	89	13
4	联合国	39	50	41	45	44	6
5	全球气候基金	19	76	44	33	43	6
6	其他多边援助方	70	61	507	71	177	25
	多边援助总额	565	472	1130	640	702	100

资料来源：OECD Statistics。

澳大利亚作为南太岛国的最大援助方，占 DAC 国家对南太岛国援助总额的 51.2%，同其他援助国拉开了较大的差距。作为南太地区大国，澳大利亚在南太岛国尤其是美拉尼西亚地区①的影响根深蒂固，并且是南太地区 14 个主权国家中 11 个国家最大的援助提供国。澳对南太岛国的主要援助领域为政府管理、健康和人道主义援助。从政府治理层面提升对南太岛国的控制度，是澳对南太援助的重要模式之一。

OECD 数据显示，2012—2020 年，澳对南太岛国 ODA 呈波动下降趋势。但 2021 年澳为响应美国"重返太平洋"战略，大幅增加对南太岛国援助，较 2020 年提升 76.2%，援助额高达 11.48 亿美元，创历史新高。其中对巴新的援助额为 5.9 亿美元，占对该地区援助总额的 51%。2023 年 8 月，澳大利亚新的国际发展政策更是以印太地区发展为重点，并将着重应对南太岛国的债务问题。②

日本从 20 世纪 60 年代开始对南太岛国地区进行援助，长期经营使其在该地区的影响广泛而深入，是 DAC 国家中对南太岛国的第二大援助国。OECD 数据显示，2021 年日本对南太岛国援助总额较 2020 年增长了约 20%，达 5.7 亿美元。其中巴新是日本对南太岛国援助的最大接收国，2021 年受援额达 3.46 亿美元，约占日本对南太地区援助总额的 60%。作为南太岛国的传统援助国，日本近年来在美国战略重心加快转向亚太

① 美拉尼西亚地区为太平洋三大岛群之一，其中南太岛国有巴布亚新几内亚、所罗门、瓦努阿图和斐济，太平洋其余两大岛群为密克罗尼西亚和波利尼西亚。

② Australia Department of Foreign Affairs and Trade, "Australia's International Development Policy：For A Peaceful, Stable And Prosperous Indo-Pacific"，August 2023.

地区的背景下，愈加成为南太地区事务的重要参与者。2023 年 8 月，日本核污染废水排海后，南太岛国反对声浪巨大，因为南太岛国生态环境脆弱，并且经济高度依赖旅游业和渔业，而排入海洋的放射性物质存在污染风险，未来南太居民对于日本援助项目的认可度或将降低（见图 10-4）。

图 10-4　2012—2021 年澳大利亚、日本、美国、新西兰对南太岛国的 ODA 总额，及其在本国 ODA 占比

资料来源：OECD Statistics。

（三）美国强调南太地区战略安全作用，控制力加强

从 2012—2021 年数据看，美国对南太岛国的援助力度并没有显著提升，2021 年援助总额为 2.25 亿美元。但根据美国对外援助数据库数据，2021 年美国对南太岛国的安全援助额达 363 万美元，创下历史新高。美国参与太平洋岛屿地区多边安全合作的机制主要是美、澳、日、印组成的"四方安全对话"（Quadrilateral Security Dialogue）和"澳英美联盟"（AUKUS）。[①] 澳大利亚、日本、新西兰作为美国的重要盟友，帮助其稳定了在南太地区的话语权，所以过去美国对南太岛国的援助额度低且波动大，并且集中在美国的三个"自由联系国"——密克罗尼西亚联邦、帕劳以及马绍尔群岛。[②] 2021

[①] 田肖红、李传伟：《2021 年拜登政府对太平洋岛国政策评析》，载赵少峰、王作成：《太平洋岛国蓝皮书：太平洋岛国发展报告（2022）》，社会科学文献出版社，2023 年，第 184-203 页。

[②] "自由联系国"包括密克罗尼西亚联邦、帕劳共和国以及马绍尔群岛共和国。美国与这些国家签署了《自由联合条约》（COFA），协议授予美国在这些国家领土上的战略军事准入和特殊军事权利，以换取美国的经济援助，有效期为 20 年。马绍尔群岛和密克罗尼西亚联邦的 COFA 协议的经济条款将于 2023 年到期，帕劳将于 2024 年到期。

年美国对密克罗尼西亚援助额达 1.1 亿美元，居首位；对马绍尔群岛援助额达 0.88 亿美元，巴新达 0.14 亿美元，位列第二、第三。2021 年，美国对南太岛国 ODA 支付额约为 2.66 亿美元，其中"自由联系国"占比 76%。

2022 年以来，美国对南太岛国的投入明显增加，接连发布新版的《印太战略》和《美国太平洋岛国伙伴关系战略》，正式将南太岛国纳入印太战略总体布局。在新战略指导下，南太岛国不再"边缘"，并在美国新海洋战略中占据了重要地位。2023 年 9 月，拜登在华盛顿主持了第二次美国—太平洋岛国峰会，峰会上拜登宣布为南太岛国增加超 2 亿美元的资金，[1] 并以应对气候变化为重点，加强同南太岛国外交和经济上的绑定。

三、中国同南太地区发展合作稳步提升

中国同南太岛国的合作公开透明，充分尊重各国的主权和意愿，不附加任何政治条件，不针对第三方，也得到了太平洋岛国政府和民众的欢迎和认可。自 1976 年中国开始向萨摩亚提供援助，中国同南太岛国的经济技术合作正式拉开序幕。2018 年 11 月，习近平主席对巴新进行国事访问并再次同建交岛国[2]领导人集体会晤，将双方关系提升为相互尊重、共同发展的全面战略伙伴关系。自此之后，中国同南太岛国高层和各级别官员交往密切。2019 年中国同所罗门群岛建交后，当年 9 月基里巴斯宣布同中国建交。洛伊研究所（Lowy Institute）数据显示，2021 年中国对南太岛国的认捐额为 2.79 亿美元，实际支出 1.1 亿美元，用于支持 77 个发展援助项目。前五大受援国分别为所罗门群岛（0.41 亿美元）、密克罗尼西亚联邦（0.25 亿美元）、瓦努阿图（0.16 亿美元）、基里巴斯（0.12 亿美元）和巴新（716 万美元）。[3]

（一）合作基于南太岛国需求

中国同南太岛国建交以来，合作平台不断完善，合作力度不断加强。基于同南太岛国的伙伴关系，中国持续推进政治和经济层面的深度合作，就新冠肺炎疫情和气候灾害等人道主义危机给予支持。新冠肺炎疫情应对方面，2021 年 12 月，中国—太平洋岛国应急物资储备库在广州正式启用，这一储备库在汤加救灾物资的紧急筹集中发挥

---

① "FACT SHEET: Enhancing the U. S. -Pacific Islands Partnership", September 25, 2023, https://www.white-house.gov/briefing-room/statements-releases/2023/09/25/fact-sheet-enhancing-the-u-s-pacific-islands-partnership/.

② 截至 2023 年 9 月，南太岛国中，斐济、巴新、萨摩亚、汤加、瓦努阿图、密克罗尼西亚联邦、库克群岛、纽埃、所罗门群岛和基里巴斯共 10 个国家与中国建交。

③ https://pacificaidmap.lowyinstitute.org/dashboard.

了重要作用。中国同建交岛国举行了 10 余场双、多边卫生专家视频会，分享疫情防控和诊疗经验。中国积极向岛国提供疫苗、抗疫物资以及现汇援助，帮助岛国修建隔离病房等设施。截至 2022 年 5 月，中国已累计向南太岛国提供 59 万剂疫苗，各类物资超过 100 吨。[①]

气候灾害应对方面，中国作为自然灾害频发国，有丰富的防灾减灾救灾经验能够和南太岛国进行沟通分享。中国积极推动建立中国—太平洋岛国灾害管理合作机制，并于 2023 年 2 月在广东正式启用中国—太平洋岛国防灾减灾合作中心。该中心的建立能够有效推动中国参与南太岛国气候灾害防治、提升海洋防灾减灾能力、发展可持续蓝色经济。

（二）长期合作务实有效

2022 年，第二次中国—太平洋岛国外长会议期间，中国和南太岛国签署了 52 项双边合作协议，并承诺持续打造应急物资、减贫、气变、防灾、农业、菌草中心 6 个新合作平台。目前 6 个合作平台均已建立，有效促进了中国同南太岛国的民间友好往来和务实合作。截至 2022 年，中国与南太岛国已结成 22 对友好省（州）市关系。汤加驻华大使拉图公开表示，"多年来，中国真诚帮助南太岛国提高自主发展能力，推动南太经济民生发展"。[②] 斐济作为同中国建交最早的南太岛国之一，也公开赞赏并支持全球发展倡议，并积极推动双方在经贸、农业、渔业、旅游等领域的发展合作。

（三）未来合作着眼双方需求及优势

为进一步拓展同南太岛国的发展合作，一是可以依托重点合作伙伴国家，发挥中国基础设施建设等领域优势，提升发展援助效力。中国对南太岛国以基础设施建设援助为主，着重应对南太岛国交通基础设施建设落后、经贸合作通路少的痛难点。中国援建的萨摩亚国际机场和巴新的机场道路，都有效推进了南太岛国的地区间合作与发展。未来合作可基于基础设施建设，配套一系列整修、培训等能力建设支持，并同步提升基础设施应对气候变化韧性。

二是可以持续推进气候变化治理国际合作。从建立全球气候治理格局层面来看，通过加强同南太岛国及周边国家、国际组织、民间机构的合作，中国能够在气候治理相关议题上拥有更多主动权。应对气候变化议题作为全球共同挑战，是弥合各国立场

---

① 《中国—太平洋岛国合作事实清单》，中国外交部网站，2022 年 5 月 24 日，https://www.fmprc.gov.cn/web/zyxw/202205/t20220524_10691894.shtml.

② 《中国真诚帮助太平洋岛国提高自主发展能力》，长江日报，2023 年 7 月 17 日，https://baijiahao.baidu.com/s?id=1771641759992484421&wfr=spider&for=pc.

差异，推动和澳大利亚、新西兰等区域大国合作的切入点，同区域大国的合作能够有效形成对南太岛国援助的优势互补。

三是在区域合作层面，中国可以通过加强同南太地区组织的合作，提升区域协同发展合作力度。目前中国仅同太平洋岛国论坛合作较多，未来可以考虑增强与太平洋共同体、太平洋岛国发展论坛、太平洋小岛屿发展中国家集团等其他南太地区机制的合作。充分发挥应急物资、减贫、气候变化、防灾、农业、菌草六大中国—太平洋合作平台优势，与南太岛国在六大领域打造发展合作示范项目，提升区域合作的综合效应。

第十一章
拉美和加勒比地区国际发展合作①

受新冠疫情、乌克兰危机、债务风险上升等多重因素叠加影响，拉美和加勒比地区政治、经济和社会形势不稳定、不确定因素加大，国际援助需求急剧上升。但传统援助国"内顾"倾向明显，且拉美和加勒比地区并非传统援助国重点援助地区，加上地区大国的援助意愿和能力有所下降，导致援助需求和供给之间的差距明显加大，亟须加大国际发展合作。

一、拉美地区政治风险上升，经济增长乏力

全球来看，拉美和加勒比地区并非经济社会发展最落后的地区，相反具有较好基础。但由于政局动荡、贫富分化等长期发展难题未得到有效解决，拉美和加勒比地区的主要发展指标并不乐观。一方面，相比其他发展中国家，拉美和加勒比地区的发展处于中等及以上水平。拉美和加勒比地区共有 33 个国家，其中中高收入国家 19 个、高收入国家 9 个、中低收入国家 5 个，没有低收入国家。从人均 GDP 来看，2023 年南美国家人均 GDP 为 9310 美元，中美洲国家为 7360 美元，加勒比国家为 6450 美元，与之形成对照，非洲国家为 2140 美元，撒哈拉以南非洲国家仅为 1820 美元。② 另一方面，2020 年以来新冠疫情、乌克兰危机、美联储加息等多重因素叠加，导致拉美和加勒比国家府院矛盾进一步加剧，抗议活动、示威游行等突发性事件频发，政治风险显著上升。截至 2023 年 3 月 10 日，拉美和加勒比地区新冠疫情死亡病例总数约为 176.2 万人，在全球受新冠疫情影响最严重的 20 个国家中，秘鲁、墨西哥、巴西、智利分别高居第一位、第二位、第五位和第九位，死亡率分别为 4.9%、4.5%、1.9%、1.2%。③ 在有数据的 15 个拉美和加勒比国家中，2021 年极端贫困率均值为 6.3%，其中哥斯达黎加（15%）、玻利维亚（9.9%）、巴西（8.3%）、厄瓜多尔（7.6%）、巴拉

---

① 本章撰稿人：郭语，商务部国际贸易经济合作研究院《国际经济合作》主编、副研究员。

② IMF，https://www.imf.org/external/datamapper/NGDPDPC@WEO/OEMDC/ADVEC/WEOWORLD.

③ 笔者根据约翰·霍普金斯大学数据库整理计算。Johns Hopkins Coronavirus Resource Center，https://coronavirus.jhu.edu.

圭（6%）等国家极端贫困率较高；贫困率均值为 15.8%，其中哥伦比亚（35.4%）、玻利维亚（29%）、萨尔瓦多（28.5%）、阿根廷（27.9%）、巴西（24.3%）等国家贫困率较高。[①]

政治方面，根据爱德曼公司（Edelman）发布的《2023 年全球信任度晴雨表》，在全球 28 个国别案例中包括墨西哥、巴西、阿根廷、哥伦比亚 4 个拉美国家，其中墨西哥的信任指数为 61%，从 2022 年的"中性"区间（50%~59%）上升至"信任"区间（60%~100%），巴西、哥伦比亚信任指数分别为 53%、51%，位于"中性"区间，阿根廷信任指数为 42%，位于"不信任"区间（1%~49%）。具体到政府信任度，上述四国均位于"不信任"区间，其中阿根廷政府信任指数位于样本国家末位，仅为 20%，比 2022 年下降 2 个百分点。[②]

外交方面，随着左翼领导人在巴西、哥伦比亚等国家总统选举中获胜，巴西、墨西哥、哥伦比亚、智利、尼加拉瓜、委内瑞拉、古巴等均由左翼或中左翼政党执政。上述国家政府对内主张发展经济、减少贫富差距、对外强调独立性，在国际关系趋于紧张的背景下持更加多元平衡的世界观和大国关系观，主张独立、灵活开展多元平衡外交，积极发出拉美声音、提出拉美主张，力争在大国竞争中实现本国利益，但美国对该地区对外关系仍具有较大影响力。

经济方面，联合国拉美经委会数据显示，拉美和加勒比地区 2022 年 GDP 增速为 3.8%，其中哥伦比亚（7.4%）、阿根廷（5.2%）、墨西哥（3.0%）、巴西（2.9%）、智利（2.4%）等主要经济体增速较 2021 年均大幅回落。[③] 国际货币基金组织预测 2023 年地区经济增速降至 1.7%，巴西、墨西哥、阿根廷、哥伦比亚、智利增速分别降至 1%、1.1%、2%、2.1%和-0.9%。[④]

整体而言，上述情况使拉美和加勒比地区的援助需求急剧增加，同时巴西、墨西哥、智利等地区主要国家发展合作的意愿和能力下降，导致援助需求与供给之间的鸿沟进一步加大，发展和减贫仍是地区国家政府施政重点。

二、拉美地区援助需求急剧增加，供需鸿沟不断加大

拉美和加勒比国家在国际发展合作领域的一个显著特征是主要地区国家兼具援助

① ECLAC, Social Panorama of Latin America and the Caribbean 2022, United Nations, 2023, P.85.
② Edelman, "2023 Edelman Trust Barometer", pp. 40, 43, https://www.edelman.com/sites/g/files/aatuss191/files/2023-01/2023%20Edelman%20Trust%20Barometer%20Global%20Report.pdf.
③ ECLAC, "Rate of Growth of Total Annual Gross Domestic Product (GDP) at Constant Prices", https://statistics.cepal.org/portal/cepalstat/dashboard.html?theme=2&lang=en.
④ IMF, "Economic Outlook Database: April 2023", https://www.imf.org/en/Publications/WEO/weo-database/2023/April.

国和受援国的双重属性，在接受国际援助的同时，墨西哥、巴西、智利等地区主要国家也对外提供援助。

（一）接受的国际援助总体有所增加，但仍供不应求

从受援国角度看，2012—2021年，DAC国家在拉美和加勒比地区前十大受援国依次为哥伦比亚、巴西、墨西哥、海地、秘鲁、危地马拉、玻利维亚、洪都拉斯、厄瓜多尔、萨尔瓦多。其中，哥伦比亚接受的援助最多，2012—2021年总计为134.56亿美元，2021年为20.38亿美元；其次为巴西，2012—2021年总计为90.88亿美元，2021年为12.17亿美元（见图11-1）。

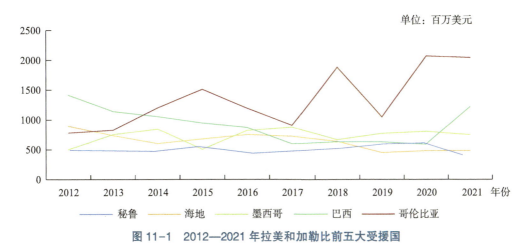

图 11-1　2012—2021年拉美和加勒比前五大受援国

资料来源：作者根据OECD CRS数据库整理绘制。金额为净支出额，2021年美元不变价。

值得注意的是，如果算上非DAC国家，该地区接受所有国家官方发展援助的前十大受援国分别为哥伦比亚、巴西、海地、墨西哥、玻利维亚、洪都拉斯、秘鲁、尼加拉瓜、危地马拉和厄瓜多尔。这说明非DAC国家与DAC国家在援助资金流向上存在一定差异，洪都拉斯、秘鲁、海地、危地马拉、巴西等国家接受来自所有国家援助与接受DAC国家援助相差较多，意味着上述国家接受非DAC国家援助较多；巴西、哥伦比亚、玻利维亚、海地、洪都拉斯、墨西哥等国家接受来自所有国家援助与美国的援助之间的差距较大（见图11-2）。

从援助方角度看，2012—2021年，DAC国家向所有发展中国家提供ODA共计1.25万亿美元，向拉美和加勒比国家提供855.92亿美元，占比6.8%。美国、德国、法国、欧盟、加拿大、日本是拉美和加勒比地区的主要双边援助国，该时间段内分别向拉美和加勒比国家提供230.72亿美元、176.29亿美元、135.85亿美元、122.90亿美元、54.52亿美元、46.21亿美元，在DAC国家向该地区提供的ODA中的占比分别

单位：百万美元

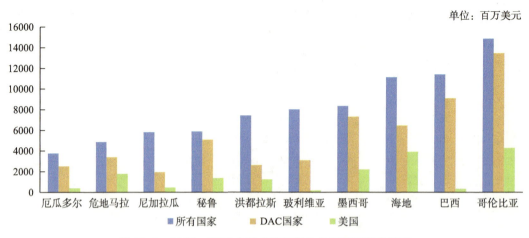

图 11-2　2012—2021 年拉美和加勒比地区接受援助情况

资料来源：作者根据 OECD CRS 数据库整理绘制。金额为净支出额，2021 年美元不变价。

为 26.96%、20.60%、15.87%、14.36%、6.37%、5.40%（见图 11-3）。

单位：百万美元

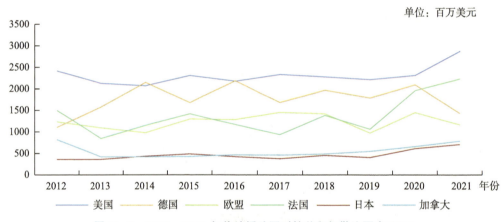

图 11-3　2012—2021 年传统援助国对拉美和加勒比国家 ODA

资料来源：作者根据 OECD CRS 数据库整理绘制。金额为净支出额，2021 年美元不变价。

2020—2021 财年，美国、法国、德国、欧盟、美洲开发银行是拉美和加勒比国家的主要援助提供方，提供的 ODA 分别为 25.38 亿美元、20.41 亿美元、16.91 亿美元、13.34 亿美元和 10.05 亿美元（见图 11-4）。

美国是拉美和加勒比地区最大的援助国。根据美国对外援助数据库数据，1946—2019 财年，美国共向该地区提供援助 938 亿美元（按 2019 年不变价格计算为 1945 亿美元）。① 根据 OECD 的数据，2012—2021 年，美国向拉美和加勒比国家提供 ODA 为

---

① Peter J. Meyer, "U. S. Foreign Assistance to Latin America and the Caribbean：FY2023 Appropriations", Congressional Research Service, January 6, 2023, p. 2.

单位：亿美元

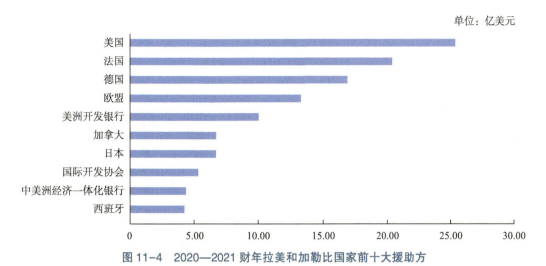

图 11-4 2020—2021 财年拉美和加勒比国家前十大援助方

资料来源：https://www.oecd.org/dac/financing-sustainable-development/development-finance-data/aid-at-a-glance.htm。

230.73 亿美元，在该地区接受 ODA 总额占比 27%。虽然拉美和加勒比地区并非美国重点受援国，但由于"后院"地位和美国在该地区的特殊利益，美国对该地区援助总体保持增长态势，2019—2023 财年分别为 26.67 亿美元、25.16 亿美元、28.92 亿美元、22.23 亿美元、28.75 亿美元。[①] 如图 11-5 所示，从绝对金额来看，2012—2021 年，美国在该地区前五大受援国依次为哥伦比亚（43 亿美元）、海地（39 亿美元）、墨西哥（22 亿美元）、危地马拉（18 亿美元）和秘鲁（13 亿美元）。自 2000 财年启动"哥伦比亚计划"（Plan Colombia）这一禁毒项目以来，哥伦比亚一直是美国在全球范围内援助的首要对象之一。从美国援助额在该国接受援助总额的占比来看，2012—2021 年，占比最高的前五大受援国依次为海地（61%）、危地马拉（52%）、萨尔瓦多（52%）、洪都拉斯（47%）和哥伦比亚（32%）。海地因大量的人道主义援助需求获得了较多援助资源，危地马拉、萨尔瓦多、洪都拉斯三个"北三角"国家一方面因为难移民问题接受美国较多援助；另一方面由于中国台湾地区，美国利用拉美国家尤其是"北三角"等中美洲国家打"台湾牌"，试图牵制中国发展空间，故投入了较多援助资源。

拜登政府强调加大对拉美外交力度，但尚处于"政策摸底"阶段，侧重于移民、疫情等问题的应急性安排以及排斥对华合作的外交宣传。[②] 非法移民是美国与拉美国家尤其是墨西哥和中美洲国家的核心议题，拜登政府承诺向"北三角"国家提供 40 亿美

[①] 2023 年为申请金额，其余年份为净支出额，https://www.foreignassistance.gov/.

[②] 周志伟：《2021—2022 年拉丁美洲和加勒比地区形势：困局与变局叠加，大国对拉政策各有侧重》，载柴瑜、刘维广、周志伟：《拉丁美洲和加勒比发展报告（2021—2022）》，社会科学文献出版社，2022 年，第 17 页。

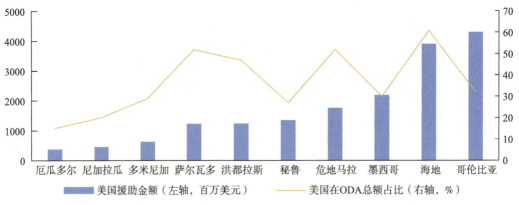

图 11-5　2012—2021 年美国在拉美和加勒比地区前十大受援国情况

资料来源：OECD CRS 数据库。

元援助资金。截至 2023 年 5 月 17 日，美国向拉美和加勒比地区捐赠新冠疫苗共计 7430 万剂，其中墨西哥 1694 万剂、危地马拉 850 万剂、洪都拉斯 710 万剂、哥伦比亚 700 万剂、巴西 519 万剂。[①] 2023 财年，拜登政府为拉美和加勒比国家申请援助预算超过 24 亿美元，其中国务院和国际开发署申请援助预算为哥伦比亚（4.63 亿美元）、海地（2.75 亿美元）、危地马拉（1.63 亿美元）、墨西哥（1.42 亿美元）、洪都拉斯（1.33 亿美元），其中对哥伦比亚援助预算主要用于支持禁毒工作、和平协议的实施以及农村安全和发展，对墨西哥援助预算主要用于加强墨西哥的法治。此外，还申请 6350 万美元用于加勒比海盆地安全倡议（Caribbean Basin Security Initiative，CBSI），5500 万美元用于委内瑞拉的民主、人权和卫生活动等。[②]

欧盟、俄罗斯等其他国家和地区也向拉美和加勒比地区提供援助。欧盟于 2021 年发布《美洲和加勒比多年度指标性方案（2021—2027 年)》，计划向该地区提供援助 12.8 亿欧元，重点援助领域包括绿色转型、数字化转型、可持续发展、民主治理等。2023 年 3 月 14 日，欧盟—拉丁美洲和加勒比数字联盟启动，该倡议得到欧洲国家共计 1.45 亿欧元的初始捐款，包括来自欧盟的 5000 万欧元，双方将在基础设施、监管环境、技能发展、技术、创业和创新、公共服务数字化以及地球观测数据和卫星导航应用与服务等关键数字领域开展合作。[③] 俄罗斯加大对拉美政策力度，除与古巴、委内瑞拉、尼加拉瓜保持密切联系外，与阿根廷等拉美国家的关系也有所升温。2022 年初，阿根廷总统费尔南德斯访问俄罗斯，表示阿根廷希望摆脱对国际货币基金组织和美国

---

① KFF, "U. S. International COVID-19 Vaccine Donations Tracker", May 17, 2023, https://www.kff.org/coronavirus-covid-19/issue-brief/u-s-international-covid-19-vaccine-donations-tracker/#region.

② Peter J. Meyer, "U. S. Foreign Assistance to Latin America and the Caribbean: FY 2023 Appropriations".

③ European Commision, "Global Gateway: EU, Latin America and Caribbean Partners Launch in Colombia the EU-LAC Digital Alliance", March 14, 2023, https://ec.europa.eu/commission/presscorner/detail/en/ip_23_1598.

的依赖，强化与俄罗斯的合作，阿根廷可以成为俄罗斯通往拉美的大门，成为俄方发展与拉美关系的桥头堡。①

拉美和加勒比地区并非 DAC 成员的重点受援国，在 DAC 提供的 ODA 总额占比为 6.8%，次于非洲、亚洲、大洋洲、中东北非等地区，仅超过欧洲接受的援助。历史地看，拉美和加勒比地区接受的援助在援助总额中的占比有所下降，从 2010—2011 年的 9.4%降至 2020—2021 年的 8.4%，DAC 成员国对拉美和加勒比地区提供的援助也从 2010—2011 年的 9.3%降至 2020—2021 年的 8.2%。西班牙、法国、加拿大、瑞士、德国对拉美和加勒比提供的援助在本国 ODA 总额占比相对较高，2020—2021 年分别为 51%、20.7%、17.3%、13.5%、9.1%，2020—2021 年美国、英国、日本等其他主要传统援助国对该地区援助仅占本国 ODA 总额的 9.5%、6%、4.4%。值得关注的是，法国、韩国在该地区援助金额在本国 ODA 总额占比呈上升趋势，法国从 2010—2011 年的 11.3%上升至 2020—2021 年的 20.7%，韩国从 7.5%上升至 13.7%，美国则呈现下降趋势，从 11.4%降至 9.5%（见表 11-1）。

表 11-1　2010—2021 年 DAC 国家对拉美和加比勒国家援助在本国 ODA 占比

单位:%

排名	国家/地区	2010—2011 年	2015—2016 年	2020—2021 年	平均值
1	西班牙	40.5	84.1	51.0	58.5
2	加拿大	21.8	12.6	17.3	17.2
3	法国	11.3	19.7	20.7	17.2
4	瑞士	13.7	13.7	13.5	13.7
5	德国	13.7	12.9	9.1	11.9
6	挪威	12.0	14.0	8.6	11.5
7	韩国	7.5	9.7	13.7	10.3
8	美国	11.4	9.6	9.5	10.2
9	卢森堡	14.7	10.8	5.1	10.2
10	比利时	8.2	10.9	7.3	8.8
	DAC 国家	9.3	9.3	8.2	8.9
	所有援助国	9.4	9.5	8.4	9.1

资料来源：OECD, Regional Distribution of ODA by Individual DAC Donors and Multilateral Agencies, https://webfs.oecd.org/oda/ReadymadeTables/EN/Table27_EN.xlsx。

① 《阿总统：阿根廷需摆脱对美国依赖并与俄罗斯发展合作》，俄罗斯卫星通讯社，2022 年 2 月 3 日，https://sputniknews.cn/20220203/1038663701.html。

从援助的重点领域来看，拉美和加勒比国家获得的国际援助主要集中在社会基础设施及服务、经济基础设施及服务、健康与人口、人道主义援助、教育、生产等领域。2020—2021 年，拉美和加勒比国家获得社会基础设施及服务领域国际援助金额为 89.25 亿美元，在对拉美和加勒比地区援助总额中占比 22%；跨领域援助金额为 77.53 亿美元，占比 19%；经济基础设施及服务领域为 71.87 亿美元，占比 18%；健康与人口领域援助金额为 53.70 亿美元，占比 13%；人道主义援助金额为 42.19 亿美元，占比 10%；教育援助 28.09 亿美元，占比 7%；生产领域 23.80 亿美元，占比 6%。

（二）拉美地区对外提供的援助规模较小，三方合作活跃

拉美和加勒比国家地理相近、语言文化相似，开展交往合作具有天然优势，巴西、墨西哥、智利等地区主要国家在接受国际援助的同时，向其他发展中国家尤其是本地区发展中国家提供援助。智利、哥斯达黎加、哥伦比亚和墨西哥是 OECD 成员国，2022 年启动关于阿根廷、巴西和秘鲁加入事宜的相关讨论。巴西是 OECD 关键伙伴（Key Partner），秘鲁拥有 OECD 国别计划（Country Programme）资格，智利、哥斯达黎加、哥伦比亚、墨西哥、阿根廷、巴西、秘鲁、多米尼加、巴拿马、巴拉圭和乌拉圭这 11 个国家是 OECD 发展中心（Development Centre）的成员。[①] 拉美和加勒比国家中没有 DAC 成员国，墨西哥、智利是 DAC 观察员国家；该地区国家均未向 OECD 报告援助数据，OECD 无法对巴西、墨西哥、智利、哥斯达黎加、哥伦比亚这五个国家的援助情况进行评估。

巴西自 20 世纪 70 年代开始对外提供援助。根据巴西应用经济研究院（IPEA）于 2022 年发布的最新版《巴西国际发展合作报告》（COBRADI），2019—2020 年，巴西共向 49 个国家提供超过 43 亿雷亚尔（约 9 亿美元）的发展援助，由于新冠疫情，其中 63% 的援助支出是在 2019 年，支出额为 27 亿雷亚尔，相较 2020 年的 16 亿雷亚尔，下降幅度为 40.7%。[②] 巴西对外援助方式包括国际机构认捐、技术合作、教育合作、人道主义援助、科学技术合作等。国际机构认捐是最主要的援助方式，反映出巴西外交政策对多边主义的重视。2019—2020 年，巴西向国际机构捐款约 40.7 亿雷亚尔，在总额中占比增至 90% 以上，其中向发展基金或多边银行认捐 19 亿雷亚尔，向国际组织认捐 17 亿雷亚尔。值得注意的是，巴西存在拖欠国际组织会费的情况，例如 2020 年未缴纳联合国粮农组织、世界卫生组织、泛美卫生组织、联合国教科文组织、美洲国家组织、

---

① https://www.oecd.org/latin-america/countries/.

② Instituto de Pesquisa Econômica Aplicada（IPEA），Cooperação Internacional em Tempos de Pandemia：Relatório Cobradi 2019-2020，2022，p. 56.

国际农业发展基金、国际气象组织等机构的会费。[1]

表 11-2　巴西对外援助主要方式（2019—2020 年）

援助方式	2019 年		2020 年	
	金额（百万雷亚尔）	占比（%）	金额（百万雷亚尔）	占比（%）
国际机构会费	2604.3	95.4	1467.0	90.3
技术合作	63.0	2.3	53.0	3.3
人道主义援助	20.8	0.8	93.6	5.8
科学技术合作	31.4	1.1	2.4	0.1
教育合作	9.8	0.4	8.1	0.5
合计	2729.2	100	1624.1	100

资料来源：Cooperação Internacional em Tempos de Pandemia：Relatório COBRADI 2019-2020, p.56。

墨西哥自 20 世纪初开始对外提供国际发展合作。2015—2019 年，援助金额分别为 2.07 亿美元、2.88 亿美元、3.18 亿美元、2.15 亿美元、1.02 亿美元，呈现波动下降趋势。[2] 墨西哥国际发展合作方式主要包括国际机构捐款、奖学金、技术合作、金融合作以及紧急人道主义援助等，其中国际机构捐款是最主要的援助方式。2019 年，墨西哥国际机构捐款金额为 8578 万美元，占援助总额的 84%，其次分别为奖学金（930 万美元，占比 9%）、技术合作（730 万美元，占比 7%），该年墨西哥未向其他国家提供金融合作及人道主义援助。[3]

表 11-3　2015—2019 年墨西哥主要援助方式金额及占比

单位：百万美元

年份	总额	国际机构捐款		奖学金		技术合作		金融合作		人道主义援助	
		金额	占比（%）	金额	占比（%）	金额	占比（%）	金额	占比（%）	金额	占比（%）
2015	207.1	153.5	74.1	23.6	11.4	8.1	3.9	14.5	7.0	0.4	0.2
2016	288.0	249.6	86.7	19.5	6.8	6.8	2.3	5.0	1.7	0.4	0.2
2017	317.7	279.8	88.1	21.6	6.8	14.5	4.6	0.4	0.1	1.4	0.5

① Instituto de Pesquisa Econômica Aplicada（IPEA），Cooperação Internacional em Tempos de Pandemia：Relatório Cobradi 2019-2020, 2022, p.144.

② 根据墨西哥历年发展合作报告整理，截至发稿仅发布至 2019 年数据。AMEXCID,"Cuantificación de la Cooperación Mexicana", https://infoamexcid.sre.gob.mx/amexcid/ccid2013/home.html.

③ AMEXCID,"Cuantificación de la Cooperación Mexicana", https://infoamexcid.sre.gob.mx/amexcid/ccid2019/index.html.

续表

年份	总额	国际机构捐款		奖学金		技术合作		金融合作		人道主义援助	
		金额	占比（%）	金额	占比（%）	金额	占比（%）	金额	占比（%）	金额	占比（%）
2018	214.6	183.6	85.5	20.9	10.0	9.6	4.5	0.4	0.2	0.1	0.1
2019	102.4	85.8	84.0	9.3	9.0	7.3	7.0	0	0	0	0

资料来源：Cuantificación de la Cooperación Mexicana。

　　相比巴西和墨西哥，智利提供的对外援助规模较小。从合作渠道看，主要为南南合作和三方合作项目。从合作方式看，主要包括技术合作、奖学金等人力资源培训以及其他非金融合作。从合作伙伴看，智利主要与阿根廷、玻利维亚、巴西、哥伦比亚、哥斯达黎加、古巴、厄瓜多尔等区域内国家开展南南合作，同时通过提供奖学金和人力资源培训的形式与区域外国家开展南南合作，例如向安哥拉、南非、莫桑比克、加纳、埃及等非洲国家以及缅甸、老挝、柬埔寨、越南、印度尼西亚、马来西亚、菲律宾等亚洲国家提供奖学金。2021年，智利共向45个国家提供援助，其中8个南美洲国家、8个中美洲和加勒比国家、14个加共体国家、7个非洲国家、7个亚洲国家以及1个北美洲国家。2021年，智利国际开发署（AGCID）预算约990万美元，其中430万美元用于南南合作和三方合作（占比43%）。[①] 2022年，智利南南合作和三方合作预算为382.9万美元，其中技术合作预算为175万美元，占比45.7%，人力资源培训预算为207.9万美元，占比54.3%。[②]

　　与地区主要国家既是援助国又是受援国的双重属性相关，拉美和加勒比地区开展的三方发展合作最多、最集中。近年来，拉美和加勒比国家与德国、美国、日本、西班牙、英国、瑞士等传统援助国，联合国儿童基金会、联合国开发计划署、世界贸易组织、美洲农业合作协会等国际或区域组织，以及本地区国家之间开展了多个三方合作项目。2010年以来，墨西哥共参与了95个三方合作项目，巴西为77个，哥伦比亚为68个，秘鲁和哥斯达黎加均为62个，阿根廷为40个。[③] 同时，拉美和加勒比国家积极参与组织区域和国际会议，提出相关倡议，在推动三方合作发展、制定国际规则等方面发挥了重要作用。例如，墨西哥是"有效三方合作全球伙伴关系倡议"的创始成员国，2019年3月在第二次联合国南南合作高级别会议发布的《有效三方合作的自

[①] Cooperación Chilena Para el Desarrollo, "Informe Cuenta Pública 2021", 17 de mayo de 2021, https://www.agci.cl/cpublica/docs/Resumen_Informe_Cuenta_Publica_AGCID_2021.pdf.

[②] Cooperación Chilena Para el Desarrollo, "Cuenta Pública AGCID 2022", https://www.agci.cl/cpublica/docs/CUENTA_PUBLICA_2022_AGCID.pdf.

[③] OECD, "Triangular Co-operation Repository of Projects", https://www.oecd.org/dac/dac-global-relations/triangular-co-operation-repository.htm?_ga=2.94975263.245100870.1686795147-2041717281.1680481119.

愿准则》，是目前三方合作最重要的指导性文件之一，墨西哥在其中发挥了积极作用。

（三）美国对拉美掌控力下降，拉美援助主体更加多元

一是美国主导的拉美地区组织面临领导力挑战，美对拉掌控能力下降。2022 年美国主场举办第九届美洲峰会前夕，围绕古巴、委内瑞拉、尼加拉瓜三国参会问题，拉美国家与美国争执不下。墨西哥外长指责美洲国家组织失能，呼吁重建美洲秩序；阿根廷总统费尔南德斯要求美国将美洲开发银行领导权"还给拉美"。2022 年 9 月底，美国力推的美洲开发银行行长卡罗内遭拉美国家联手罢免下台。

二是美国在拉美和加勒比地区援助主体更加多元。一方面，美洲开发银行、拉美开发银行等美国主导下的多边金融机构也积极参与其中；另一方面，美国将拉美作为"重建美好世界"倡议的试验田，美国副国家安全顾问达利普·辛格专程对拉美展开"倾听之旅"，宣扬"重建美好世界"的"透明、环保、可持续"理念，通过国际发展金融公司（DFC）等积极调动私营部门资源，目前相关项目已在巴拿马、哥伦比亚、厄瓜多尔等国家落地。

三、中国的拉美政策环境向好，援助项目稳中有进

中国于 2008 年和 2016 年发布了两份《中国对拉美和加勒比政策文件》。目前，中国同 26 个拉美和加勒比国家建立了外交关系。近年来建复交工作取得重大进展，2017 年同巴拿马建交，2018 年同多米尼加和萨尔瓦多建交，2021 年同尼加拉瓜复交，2023 年同洪都拉斯建交。中国同委内瑞拉建立了全天候战略伙伴关系，同巴西、墨西哥、秘鲁、智利、阿根廷、厄瓜多尔等建立了全面战略伙伴关系，同玻利维亚、乌拉圭、哥伦比亚建立了战略伙伴关系，同苏里南建立了战略合作伙伴关系。中国同 22 个拉美和加勒比国家签署了共建"一带一路"合作文件，截至 2021 年，中国在拉美地区累计实施了 192 个基础设施建设项目，"一带一路"项目总投资金额达 983.8 亿美元，为当地社会提供了 67.4 万个就业岗位。[①] 中国同智利、秘鲁、哥斯达黎加、厄瓜多尔四个拉美国家签署了自由贸易协定，中国是拉美地区第二大贸易伙伴，拉美是中国第二大直接投资目的地，中国已连续 13 年保持巴西最大贸易伙伴地位，同时是阿根廷、智利、秘鲁和乌拉圭的第一大贸易伙伴。巴西、秘鲁、委内瑞拉、玻利维亚、智利、阿根廷、厄瓜多尔等已加入亚洲基础设施投资银行，委内瑞拉申请加入金砖国家组织，

---

① Enrique Dussel Peters, "Monitor De La Infraestructura China En América Latina Y El Caribe 2022", p. 3, https://www.redalc-china.org/monitor/images/pdfs/menuprincipal/DusselPeters_Monitor_Infraestructura_2022_ESP.pdf.

巴西前总统迪尔玛·罗塞夫（Dilma Rousseff）于 2023 年 3 月担任金砖国家新开发银行行长。中国和拉美之间在政治、经济、金融等各领域的全方位合作为双方发展合作提供了良好环境。

2022 年 2 月，中拉在新冠疫情后首启元首外交，厄瓜多尔总统拉索（Guillermo Lasso）、阿根廷总统费尔南德斯（Alberto Fernández）访华并出席北京冬季奥运会开幕式。2022 年 4 月 29 日，时任国务委员兼外长王毅和多米尼克代总理奥斯特里（Reginald Austrie）共同主持中国和加勒比建交国外长会。在 2023 年 1 月 24 日举行的拉美和加勒比国家共同体第七届峰会上，习近平主席应邀向峰会作视频致辞。习近平指出，拉美和加勒比国家是发展中国家的重要组成部分，也是全球治理的积极参与者和贡献者，拉共体已经成为全球南南合作不可或缺的推动力量，为维护地区和平、促进共同发展、推进区域一体化发挥了重要作用。中方愿同拉美和加勒比国家继续守望相助、携手共进，弘扬和平、发展、公平、正义、民主、自由的全人类共同价值，促进世界和平与发展，推动构建人类命运共同体，共同开创更加美好的未来。

2020 年，新冠疫情暴发后，中国是最早向拉美和加勒比提供疫苗援助的国家。中国向拉美国家提供疫苗援助 1821 万剂，占中国疫苗援助总量的 3.52%；向哥斯达黎加援助 10 万件防护服，在接受中国防护服最多的国家中排第七位；向玻利维亚援助 203 万只口罩，在接受中国口罩最多的国家中排第六位；向古巴援助 25.2 万只 N95 口罩，在接受中国援助 N95 口罩最多的国家中排第四位。[①] 2021 年 7 月底以来，中国已向古巴提供包括呼吸机、制氧机、抗原检测试剂、个人防护设备、医用耗材和药品等在内的多批物资。

2021 年中国提出全球发展倡议以来，多米尼克、古巴、尼加拉瓜等拉美和加勒比国家支持全球发展倡议。2022 年 9 月 20 日举行的"全球发展倡议之友小组"部长级会议宣布了全球发展倡议项目库首批项目清单，包括古巴家具可持续生产等 2 个项目，尼加拉瓜和秘鲁抗疫物资项目，玻利维亚平板电脑项目，安提瓜和巴布达毒品检测实验室项目，萨尔瓦多粮食和化肥援助项目等。2023 年 10 月，在中国和智利两国元首共同见证下，双方签署关于推动落实全球发展倡议的谅解备忘录。同年 10 月 23 日，哥伦比亚总统乌雷戈访问中国期间，两国签署《关于建立战略伙伴关系的联合声明》，双方鼓励为环境和气候领域提供发展融资，与非洲和加勒比地区的伙伴国家在促进再工业化，特别是应对自然灾害和农业问题等发展领域实施三方合作。

---

① 国家国际发展合作署：《国际发展合作的中国实践：抗击疫情援助篇》，2023 年 4 月，第 11-12 页。

第十二章
美国国际发展合作：回归与变革[①]

当前，美国进入"决定性十年"新时期。美国在 2022 年《国家安全战略》中明确指出，美国身处的世界"正处于大国地缘政治竞争决定性十年的初期，应对共同威胁的机会窗口将急剧缩小"。[②] 国际发展合作一直是美国在国际舞台上塑造自身竞争优势的重要战略工具。拜登执政后，美国国际发展合作呈现出新面貌和新特点，既表现为对美国传统国际发展合作政策的"回归"，也表现为国内民粹浪潮下的反思与批判性吸收后的"变革"。

一、国际发展合作"回归"中心地位

特朗普政府时期推崇的"美国优先"原则和特朗普本人浓郁的"重商主义"色彩使其在任期间不断强化"反援助"立场，曾多次试图削减援助预算，并接连从国际组织"退群"，对美国长期以来精心维护的伙伴关系造成了破坏。拜登在就任后的首次外交政策演讲中就向国际社会宣告"美国回归"，后推出系列举措使美国国际发展合作"重回正轨"，回归中心地位。

（一）发展议题重回核心议程，国际发展合作地位显著提升

拜登上台后，随着全球卫生、人道主义援助、气候变化、民主、冲突和稳定等问题成为美国外交决策的核心议题，发展在美国对外事务中的地位得到了进一步提升。在《临时国家安全战略指导》的基础上，2022 年 10 月发布的《国家安全战略》进一步阐明了国际发展合作对美国的重要意义，认为发展合作、外交、工业战略、经济方略、情报和国防是美国竞赢战略竞争对手的重要抓手[③]。2021 年 1 月 13 日，拜登任命美国国际开发署署长萨曼莎·鲍尔（Samantha Power）为国家安全委员会的固定成员。

---

① 本章撰稿人：张晨希，商务部国际贸易经济合作研究院国际发展合作研究所研究实习员。

② FACT SHEET：The Biden - Harris Administration's National Security Strategy，https://www.whitehouse.gov/briefing-room/statements-releases/2022/10/12/fact-sheet-the-biden-harris-administrations-national-security-strategy.

③ 同上。

鲍尔成为有史以来第一位在美国国家安全委员会部长级委员会拥有常设席位的国际开发署署长，这不仅标志着国际开发署机构地位及其决策权和协调权的强化、发展议题在美国对外战略中地位的提升，还意味着美国国家安全战略视角的丰富和重心的变化。

（二）强化国际发展合作资源保障，稳步扩大资金投入规模

相较特朗普时期削减援助预算的强烈诉求，拜登时期重申对国际发展合作的重视，不断增加援助预算规模。特别是随着新冠疫情的蔓延和乌克兰危机的升级，近年来美国国际发展合作资金投入显著增长。从职能预算看，在 2022 财年与 2023 财年，拜登政府分别为对外援助申请预算 420 亿美元和 430 亿美元，远高于特朗普政府时期的 305 亿美元。[①] 从官方发展援助投入的绝对值看，美国仍然是最大的捐助国。DAC 公布的数据显示，2021 年美国官方发展援助为 478 亿美元，2022 年上升到 553 亿美元，实现了稳步增长（见图 12-1）。[②]

单位：亿美元

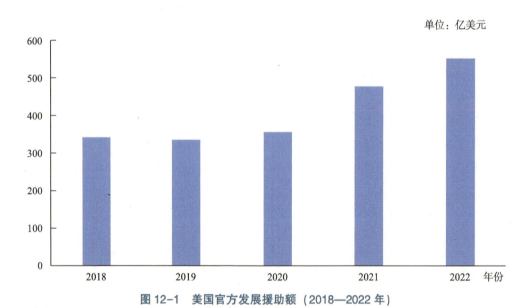

图 12-1　美国官方发展援助额（2018—2022 年）

资料来源：https://stats.oecd.org/Index.aspx?DataSetCode=Table1。

（三）注重伙伴关系维护，重振多边主义

强大的伙伴关系网络是美国国际发展合作的核心优势。美国国务院和国际开发署

[①]　数据来源："Budget of the United States Government"，https://www.govinfo.gov/app/collection/budget/2024.

[②]　数据来源：OECD DAC1 Table（April 2023）·Grant equivalents. Current prices. 2022 figures are preliminary，https://stats.oecd.org/Index.aspx?DataSetCode=Table1.

在联合发布的《2022—2026 财年联合战略规划》中强调，美国的联盟和伙伴关系网络是最大的竞争优势之一，是美国持久安全和繁荣的核心。① 然而，特朗普时期的"单边主义"倾向损伤了美国的伙伴关系，尤其是在多边关系维护上出现了"倒退"。

拜登政府高度重视盟友关系的恢复和巩固。2022 年 3 月 28 日，拜登政府通过了2023 财年的预算，用于深化美国的联盟和伙伴关系，是美国历史上最高的国家安全投资。拜登政府积极重振多边主义。2021 年 3 月发布的《国家安全战略临时指导文件》概述了拜登政府全球足迹的优先事项，其中包括重振美国的全球联盟和伙伴关系并使之现代化；重新赢得美国在国际机构中的领导地位以应对气候危机等共同的挑战。拜登上位后，旋即宣布重新加入《巴黎气候协定》和世界卫生组织，而后又采取系列措施以恢复美国在多边体系的领导力，包括重新参与七国集团和二十国集团等多边论坛、加入 COVAX 全球疫苗计划、恢复美国对联合国人口基金的资助、表示将重新加入联合国人权理事会、取消特朗普政府对国际刑事法院高级官员的制裁、积极推动世界贸易组织改革等。同时，加大美国对多边渠道的资金投入。根据 OECD 公布的数据，美国对多边实体的核心捐款从 2020 年的 60 亿美元增加到 2021 年的 93 亿美元，位于 DAC成员国之首，体现出拜登政府重振多边主义的决心。②

（四）回归传统优势议题，恢复美国领导地位

从领域看，人道主义援助、卫生健康、气候变化一直是美国对外援助的传统优势议题，也是拜登政府的优先事项。美国国务院和国际开发署《2022—2026 年联合战略计划》中将"结束 COVID-19 大流行，帮助各国适应气候变化，打击腐败和专制主义，预防冲突，保护人权，促进平等，并在危机期间提供人道主义援助"作为自身的优先事项。

美国双边官方发展援助的最大份额用于"人道主义援助"，总额达 123 亿美元，占2021 年双边官方发展援助的 32%，比 2020 年增加了 38%（见图 12-2）。③ 乌克兰危机爆发后，美国已提供了超过 130 亿美元的直接预算支持，包括用于医疗保健、教育和应急响应的资金。此外，美国还提供了 14 亿美元的人道主义援助和超过 8 亿美元的发展援助，用于支持乌克兰的能源网络、治理机构、农业生产、小企业和民间社会。2022 年 4 月 28 日，拜登签署法案，向国会要求提供额外 330 亿美元以继续向乌克兰提

---

① Joint Strategic Plan Fiscal Year 2022—2026, U. S. Department of State and USAID, March 2022.

② 数据来源：OECD CRS., Gross disbursements（cash-flow），in 2021 prices, https://stats.oecd.org/Index.aspx? DataSetCode=crs1.

③ Donor Tracker 官网, https://donortracker.org/donor_profiles/united-states#oda-spending.

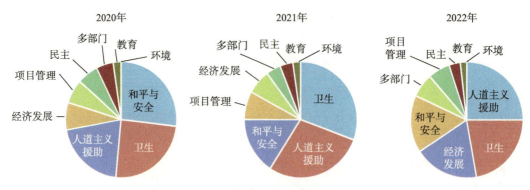

图 12-2 美国各领域援外支出占比（2020—2022 年）

资料来源：https://foreignassistance.gov/。

供安全、经济和人道主义援助。①

美国一直是全球最大的卫生发展援助领域捐助国。从美国卫生预算来看，2023 财年，美国全球卫生预算比 2022 财年颁布的 98 亿美元总额增长了 8%，达到 106 亿美元。拜登的 2024 财年预算提案要求全球卫生支出总额在 2023 财年的基础上小幅增长 3%，达到 109 亿美元，其中包括 12 亿美元用于全球卫生安全，20 亿美元用于美国对全球基金的补充捐款。新冠疫情的暴发也为美国恢复自身在全球卫生领域的领导力提供了机遇。2021 年，美国最大一笔多边捐款拨给了全球疫苗免疫联盟（GAVI），数额达 40 亿美元，占其全球卫生官方发展援助的 27%，用于通过 COVAX 分发 COVID-19 疫苗的应急资金。②

拜登政府将气候议题作为重中之重。2021 年 4 月，气候问题领导人峰会上，拜登宣布美国将在 2024 年前把向低收入国家提供的气候资金增加一倍。此外，拜登将美国气候问题总统特使一职纳入国家安全委员会，以提高气候议题的重要性和层级。2021 年底，美国国际开发署发布了气候变化战略草案，其中设定了 2030 年的气候绩效目标，包括减少二氧化碳排放量，以及将 1500 亿美元的公共和私营部门资金用于应对气候变化。2022 年 4 月 21 日，国际开发署推出新的气候战略《2022—2030 年美国国际开发署气候战略》，以指导"减少全球温室气体排放，帮助伙伴国家建设应对气候变化的能力，并改善我们的运营"。③ 美国 2023 财年预算包括超过 110 亿美元的国际气候融资，提前一年兑现了将国际气候融资翻两番的承诺。④ 2024 财年预算再次提出大幅增

① Biden asks Congress for ＄33 billion to support Ukraine through September，https://www.cnbc.com/2022/04/28/biden-to-ask-congress-for-33-billion-to-support-ukraine-through-september-.html.

② Donor Tracker 官网，https://donortracker.org/donor_profiles/united-states/globalhealth.

③ USAID Climate Strategy 2022-2030，https://www.usaid.gov/policy/climate-strategy.

④ Fact Sheet：The President's Budget for Fiscal Year 2023，https://www.whitehouse.gov/omb/briefing-room/2022/03/28/fact-sheet-the-presidents-budget-for-fiscal-year-2023/.

加气候资金，其中包括将 30 亿美元用于资助绿色气候基金和其他项目，以及为清洁技术基金提供贷款。①

二、"新华盛顿共识" 下国际发展合作的变革

2023 年 4 月，美国国家安全顾问沙利文在布鲁金斯学会针对美国国际经济政策发表演讲，强调 "冷战" 后以新自由主义为核心的 "旧华盛顿共识" 已暴露出种种问题，特别是 1990 年后的全球化模式下美国将自由贸易和自由市场置于国家安全、气候变化和中产阶级的经济安全之上，破坏了健康民主国家的社会经济基础。② 因此，要形成 "新华盛顿共识" 来面对当前的挑战、克服已有体系暴露出的问题。他指出，要 "更深入地整合国内政策和外交政策"，将美国外交与国内和平、安全和繁荣联系在一起。这与拜登竞选以来主打的 "中产阶级外交政策" 相呼应，都是源于对美国国内严峻的经济社会问题及民粹浪潮的反思和应对，期望通过调整美国在海外的参与方式，解决国内中产阶级的经济问题。

"新华盛顿共识" 反映出美国在新时期有关自身与世界关系的整体理论模型的转变，是对自身与世界关系的再认识和再调整。国际发展合作是美国运筹对外关系、传递美国自由民主等理念和价值观的重要战略工具。美国国务院和国际开发署联合发布的《2022—2026 财年联合战略规划》中明确提出五大战略目标，包括恢复美国领导力、保护国家安全和经济安全、强化民主体制和人权价值观等。在 "新华盛顿共识" 下，美国国际发展合作的内顾性和 "利己主义" 动机更加显著，并在具体方式和手段上呈现出新的变化。下文主要从经济发展利益和安全利益两大视角阐明美国国际发展合作在新时期的新特点。

（一）发展属性弱化，强调实在的 "获得感" 和经济利益

在服务国内发展、实现内外政策联动的价值导向之下，美国国际发展合作的发展属性被弱化，注重开展援助的 "性价比" 以及对美国实在的收益和好处，以更好地向国内中产阶级阐明开展国际发展合作的必要性与合理性。国际开发署署长萨曼莎·鲍尔强调，美国在国际发展合作上的投资将为美国国家安全和经济发展带来丰厚回报。③

---

① Fact Sheet: The President's Budget for Fiscal Year 2024, https://www.whitehouse.gov/omb/briefing-room/2023/03/09/fact-sheet-the-presidents-budget-for-fiscal-year-2024/.

② The White House: Remarks by National Security Advisor Jake Sullivan on Renewing American Economic Leadership at the Brookings Institution. https://www.whitehouse.gov/briefing-room/speeches-remarks/2023/04/27/remarks-by-national-security-advisor-jake-sullivan-on-renewing-american-economic-leadership-at-the-brookings-institution/.

③ 姚帅、杨冬婉：《多重危机背景下的全球发展合作：形势与趋势》，《国际经济合作》，2023 年第 2 期。

一是通过援助贸易和投资相结合的手段，直接促进美国对外出口和投资。以"繁荣非洲"倡议为例，拜登政府继承了特朗普的政治遗产，以美非双向贸易和投资增长为目标，在"繁荣非洲"项下发起"非洲贸易投资项目"，为美国私营部门对非投资提供市场评估、可行性研究、市场对接、基金和金融工具设计、金融咨询等技术援助。该项目将持续到 2026 年，预计将在整个非洲大陆和美国国内创造成千上万个就业机会，带来数十亿美元的出口和投资。[①]

二是通过关键发展议题设置，服务美国战略性产业，实现对国内重点产业政策的国际延伸。拜登政府通过对外援助等渠道，积极塑造美国在气候变化议题上的领导力，从而助力美国抢滩布局国内和国际清洁能源领域产业，促进美国经济复苏和发展。2022 年美国向"绿色气候基金"捐款 12 亿美元，并承诺 2023、2024 财年继续提升对该基金的支持力度。此外，美国还主导七国集团接连发起"重建更好世界""全球基础设施与投资伙伴关系"等基础设施倡议，借助美国国际发展金融公司等发展融资机构，联动国内新一轮高质量基础设施建设。

三是高度重视经济安全，重点打造"创新型国际经济伙伴关系"。"新华盛顿共识"明确提出，美国要超越传统的贸易协定，建立着眼于时代核心挑战的"创新型国际经济伙伴关系"。一方面，通过增强与盟友以及相关发展中国家的协调合作，打造更具韧性、更具复原力的供应链，共同建立"强大、有韧性和领先的技术工业基础"。2023年 9 月，美国联合印度等八国签署《关于建立印度—中东—欧洲经济走廊的原则谅解备忘录》，启动"印度—中东—欧洲经济走廊"，旨在确保区域供应链的安全，增加贸易准入性，改善贸易便利化，并更加注重环境、社会和政府影响；另一方面，通过"印太经济框架"等改造国际经贸协议的传统模式，打造"创新型国际经济伙伴关系"，确保国际经贸政策符合中产阶级民主价值观，重视应对劳工权利、人权等问题。《2022—2026 财年联合战略规划》明确提出，美国国务院和国际开发署将以新的方式参与国际经济和贸易，并与志同道合的伙伴合作，以赋予工人权力，与包括强迫劳动和知识产权盗窃在内的不公平的贸易现象作斗争，为所有美国公民创造机会。

（二）安全化倾向显著，作为大国博弈的战略工具属性增强

拜登政府在《国家安全战略》"竞赢中国和限制俄罗斯"两大优先事项的指引下，不断强化国际发展合作服务大国博弈、国家安全利益的工具属性。

一是区域投入相对稳定，但加大对战略优先区域的援助力度，与战略竞争对手展开"模式之争"。从区域来看，美国对各大洲的援助投入相对稳定，非洲和亚洲一直是

[①]　ATI Program，https://www.usaid.gov/ati/fact-she/usaid-africa-trade-and-investment-program-fact-sheet.

美国的主要援助区域。以非洲为例，拜登于 2022 年 12 月召开了美国—非洲峰会，旨在建立和扩大与整个非洲大陆的伙伴关系。此次峰会促使美国承诺在 2022—2025 年向非洲大陆提供总额达 550 亿美元的援助。2023 年 3 月，拜登政府发布 2024 财年预算案，要求提供 80 多亿美元支持撒哈拉以南非洲地区，以推进美国在该地区的战略目标及美国在美非领导人峰会期间做出的承诺。对非援助方式上，美国发挥"市场主导"作用，依靠并带动私营部门参与对非合作，与此同时积极宣扬政治民主、经济市场化和社会"善治"等意识形态因素。美国对各大洲援助承诺见表 12-1。

表 12-1 美国对各大洲援助承诺额

单位：百万美元（现价）

各大洲	2017 年	2018 年	2019 年	2020 年	2021 年
欧洲	965.764	883.84	811.15	905.00	840.08
非洲	12392.82	12237.48	11349.89	14129.97	14581.17
美洲	2250.07	2307.66	2513.25	2976.24	3290.87
亚洲	8031.69	8798.93	8174.65	8286.03	10389.88
大洋洲	236.83	294.45	272.99	331.63	298.99

注：统计不含未指定区域援外支出。

资料来源：OECD 数据库，https://stats.oecd.org/Index.aspx?DataSetCode=crs1#。

二是加快印太地区布局节奏，通过多边渠道加大对发展中国家注资巩固自身的地区影响力。拜登政府 2024 财年预算案要求为国务院和国际开发署提供超过 23 亿美元可自由支配资金，支持开放、安全和互联的印太地区，以加强和更新美国在这一地区的联盟和伙伴关系，其中包括出资 9000 万美元支持东盟，以及 5000 万美元支持印太经济繁荣框架（IPEF）。2023 年 10 月，拜登政府发布《呼吁本国会推进关键的国家安全优先事项》，再次请求国会为影响美国国家安全的优先事项提供额外的援助资金，其中包括向印太地区安全部门能力建设、潜艇工业基地和美、澳、英三边安全伙伴关系提供资金支持，作为"超越"中国的一项措施；提高向世界银行和国际货币基金组织注资，宣称能够为发展中国家提供所谓的"低成本和透明的融资"。[1]

三是团结"民主国家"，以价值观强化盟友和伙伴体系，实现对规则与秩序的控制。2020 年民主党公布的新党纲中指出，美国必须以"民主"为引领，否则将失去未来的规则制定权、世界未来发展模式的主导权，这将严重损害美国的中产阶级和劳工

---

[1] FACT SHEET：White House Calls on Congress to Advance Critical National Security Priorities，https://www.whitehouse.gov/briefing-room/statements-releases/2023/10/20/fact-sheet-white-house-calls-on-congress-to-advance-critical-national-security-priorities/.

家庭。因此，美国必须以民主理念，以占据全球经济总量50%～60%的体量形成"规则联盟"和具有"普遍韧性"的"供应链联盟"，从而迫使中国接受符合美国与西方利益的改变。① 2021年12月，美国召开首届民主峰会。峰会通过"总统民主复兴倡议"（PIDR），拜登宣布在未来一年提供逾4亿美元资金以支持6大领域的24项对外援助行动，加强和捍卫美式民主价值观，吸引并强化盟友和伙伴关系以维护美国国家安全利益。② 2023年3月，第二届民主峰会召开。峰会期间，国际开发署宣布了在总统民主复兴倡议下推进海外民主的新努力，包括以政策改革为重点的八项新举措，并宣布了第一批9个民主发展伙伴关系国家：亚美尼亚、多米尼加共和国、厄瓜多尔、马拉维、尼泊尔、北马其顿、巴拉圭、东帝汶和赞比亚。

三、未来展望及对华影响

"新华盛顿共识"在某种程度上只是美国自身的观点而非世界的共识，突出的是维护自身安全利益的零和博弈，而非互利共赢的正和博弈。对国家安全内外联动的强调将使美国国际发展合作的内顾性和利己主义倾向更加突出。美国国际发展合作"变"的是手段和方式，"不变"的是服务国家利益的内核。可以预见，未来美国的国际发展合作将更加强调对美国的效率和效用，在手段和方式上更加灵活丰富，与美国国内经济发展和中产阶级价值观的联动也将更加紧密。

与此同时，随着美国将中国视作"唯一有意重塑国际秩序，并日益具备重塑国际秩序实力的竞争者"，③ 国际发展合作作为与中国进行大国博弈战略工具属性将进一步增强。在"新华盛顿共识"的牵引下，美国将进一步统筹国际发展合作等战略工具，围绕经济、技术、地缘等国家安全利益的各个方面打造供应链联盟和民主联盟，塑造新的国际经济秩序从而获得更大的竞争优势，竞赢中国等战略竞争对手。

---

① 刁大明：《拜登政府的"中产阶级外交"》，《现代国际关系》，2021年第4期，第10-18页。

② "Summit for Democracy 2021"，https://www.state.gov/summit-for-democracy-2021/.

③ FACT SHEET：The Biden-Harris Administration's National Security Strategy，https://www.whitehouse.gov/briefing-room/statements-releases/2022/10/12/fact-sheet-the-biden-harris-administrations-national-security-strategy.

第十三章
德国国际发展合作：引领发展议程①

德国是 DAC 中第二大援助国，也是与其经济规模成比例的第四大援助国。德国在气候变化、性别平等发展领域处于全球领先地位，是为数不多的国内和国际发展议程形成统一的国家之一。

一、德国发展政策与时俱进，延续性较强

2021 年 12 月 7 日，德国社民党、自民党和绿党组建新一届联合政府。联合政府上台后颁布《联合执政协议 2021—2025》，重申德国 ODA 将保持 GNI 0.7% 的占比，与 0.2% 的 GNI 用于最不发达国家的承诺。此后，德国不断更新发展政策，总体延续了既有政策的主线。

（一）更新政策优先领域，聚焦卫生、减贫、气候、女性赋权

德国的发展合作以《2030 年议程》和《巴黎协定》为中心，发展政策与时俱进，始终以促进全球可持续发展为主线，围绕应对气候变化、公正转型、消除饥饿和贫困、性别平等、卫生等发展议题。

2020 年，为提高德国发展合作质量，德国联邦经济合作与发展部（BMZ）全面改革发展政策，发布了《2030 改革战略》，② 将战胜饥饿和贫困、实现 2030 年可持续发展议程作为发展合作的主要目标，将其官方直接开展发展合作的伙伴国家从 85 个减少到 60 个，并明确了建设和平和包容的社会、消除饥饿、就业培训与可持续增长、气候与能源、保护环境与资源五大核心领域。③ 2021 年，《联合执政协议 2021—2025》列出

---

① 本章撰稿人：张闺祎，商务部国际贸易经济合作研究院国际发展合作研究所研究实习员。

② BMZ, "BMZ 2030 reform strategy: New thinking-new direction", https://www.bmz.de/resource/blob/29026/materialie520-reform-strategy.pdf.

③ 截至 2023 年 9 月，德国的发展合作伙伴国家已为 65 个。"双边伙伴"（37 个）侧重于追求一个共同的长期发展目标；"转型伙伴"（8 个）以改革为重点，合作侧重于政治和经济转型；"全球伙伴"（8 个）主要是中等收入国家，合作侧重于气候变化等跨境问题；"纽带与和平伙伴"（10 个）旨在解决冲突和逃亡的原因，促进和平稳定。

了本届政府对于发展合作的优先事项，包括全球健康、性别平等、农业、气候和社会保护、多边主义与安全。2023 年 3 月，BMZ 发布《转型中的世界》，更新了发展政策的优先领域，包括全球健康、消除贫困与饥饿和不平等、推进公正转型，以及女性主义发展政策。①

总体而言，德国发展政策的重点领域不断更新、与时俱进。内容上虽略有调整，但应对气候变化、消除饥饿贫困等发展合作主线始终没有动摇，政策的延续性较强。

（二）更新地区发展政策，试图拉近与"全球南方"关系

德国试图以发展合作拉近与非洲、拉美地区的"全球南方"国家间关系，刷新"存在感"。2023 年，德国相继更新了对非与对拉美地区的发展政策，体现其对"全球南方"的重视。2017 年以来，德国将发展合作的重点重新放在非洲，其 65 个发展合作伙伴国中，非洲国家占 33 个。2023 年 1 月，BMZ 出台名为"与非洲共同塑造未来"的发展合作战略，更新了"非洲马歇尔计划"。战略强调，对非发展合作重点领域为：促进经济可持续发展；克服贫困和饥饿；健康和预防大流行病；女性主义发展政策；民主、人权和善治；和平与安全。7 月，BMZ 出台了《与拉丁美洲和加勒比地区共塑发展：生态转型和社会正义的伙伴关系》，时隔八年更新了对拉发展政策②。文件指出，德国对拉发展合作的重点领域为：促进向气候中和经济的公正转型；促进善治、和平与民主；坚持女性主义发展政策。

这两个文件突出了德国发展合作的可持续导向，也输出了民主善治等价值观。文件内容上略有创新之处，如强调女性主义，但大多"新瓶装旧酒"，本质上是本届政府为了"革新"前任政府的政策产物，具有"为革新而革新"的特点。

（三）女性主义的发展政策倾向日益突出

德国致力于打造性别平等领域大国形象，在发展政策中大力倡导妇女和女童的权利。本届政府更加重视并落实德国对性别公平和平等参与的承诺。2023 年 2 月，德国外交部长安娜莱娜·贝尔伯克和发展部长斯韦尼娅·舒尔策共同提出女性主义外交和发展政策的指导方针，强调德国的外交和发展政策将更多地以女性主义准则为导向，以加强全球公平和平等参与。2023 年 2 月，BMZ 宣布，2022 年至 2025 年，BMZ 93% 的新项目需为性别平等作出贡献，8% 的项目必须将性别平等作为主要目标，85% 的项

① BMZ, A world in transition：The priority areas of our development policy, March 2023, https://www.bmz.de/resource/blob/121222/our-development-policy-priorities-en.pdf.

② BMZ, Shaping the future with shared values and interests – The BMZ's new Latin America policy, 2015, https://www.bmz.de/resource/blob/23738/ce2b6de590c81de27f6788c6c7b6d9fa/strategiepapier356-the-bmzs-new-latin-america-policy-data.pdf.

目需将促进性别平等作为重要成果。

二、德国国际发展合作的特点分析

（一）规模上，ODA 规模呈上涨趋势

德国在 2010 年后每年逐步增加 ODA，于 2016 年成为 DAC 第二大援助国并稳居至今。此后每年德国 ODA 金额都超过 200 亿美元（见表 13-1）。2022 年，德国 ODA 总额为 350.24 亿美元，较 2021 年增长 12%，占 GNI 的 0.83%。这一增长在于德国增加了对难民与多边组织的捐款。[①] 德国是欧洲少数没有通过削减发展援金抵消与收容难民相关支出的国家之一。2022 年，德国难民支出为 44.95 亿美元，占 ODA 总额的 12.8%，除了难民支出的 ODA，增速仅为 6.4%。

表 13-1　2019—2022 年德国 ODA 总额、双边额、多边额[②]

单位：亿美元

项目	2019 年	2020 年	2021 年	2022 年
ODA 总额	241.97	287.07	332.72	350.24
双边 ODA 总额	185.81	221.16	247.75	253.64
多边 ODA 总额	56.16	65.91	84.96	96.60

德国连续三年完成 ODA 占 GNI 超过 0.7% 的目标。2022 年，DAC 成员国中仅有 5 国占比达到或超过 0.7% 的目标。德国以 0.83% 的占比位居第四，仅次于卢森堡、瑞典、挪威（见图 13-1）。

德国倾向于提供双边 ODA。2022 年，德国双边 ODA（包括通过多边提供的指定资金）占 ODA 总额的 72.4%，多边 ODA 占 27.6%。德国对多边机构的核心捐款低于 DAC 国家平均水平（41%）。

德国向多边机构提供的专用资金大幅增加，其中主要增加了对联合国人道援助响应机构的支持。2021 年，联合国机构获得了德国 39% 的多边 ODA，共计 60 亿美元。前三大接受方是粮食计划署（14 亿美元）、儿童基金会（9 亿美元）和开发计划署（7 亿

① OECD, ODA Levels in 2022-preliminary data, April 12, 2023, https://www.oecd.org/dac/financing-sustainable-development/ODA-2022-summary.pdf.

② OECD, 按捐助者分列的总流量（官方发展援助＋OOF＋私人）[DAC1]（oecd.org），https://stats.oecd.org/Index.aspx?DataSetCode=TABLE1.

图 13-1　德国 ODA 占 GNI 的百分比①

美元)。此外，另有 35.6% 的多边资金流向欧盟，这一资金约占欧盟预算的 21%。

预算上，德国发展合作预算将于 2024 年大幅削减。2023 年 7 月，德国内阁通过了 2024 年联邦预算草案，总额为 4866 亿美元。约 225 亿美元用于 ODA，较 2023 年减少了 40 亿美元。BMZ 部门预算为 126 亿美元，较 2023 年（133 亿美元）下降 5%，主要削减了双边资金，多边资金只下降 3%。德国 2024 年大概率仍是 DAC 中仅次于美国的第二大援助国。但在预算削减的情况下，如何利用有限资金解决更广泛的需求是德国面临的问题之一。

（二）地理上，亚非国家为主要受援国

德国的发展合作资金主要集中在非洲与亚洲国家。亚洲地区一直占据德国双边 ODA 的最大份额。但近年来，德国重新聚焦对非发展合作，对亚非地区的 ODA 差额不断缩小，这与其外交政策上加强对非洲的关注保持一致（见表 13-2）。

表 13-2　2017—2021 年德国双边 ODA 交付额及地理分布②

单位：亿美元

项目	2017 年	2018 年	2019 年	2020 年	2021 年
亚洲	59.37	63.64	59.95	69.31	63.09

① OECD, Development Cooporatron profiles：Germany，https://www.oecd-ilibrary.org/sites/0079f636-en/index.html?itemId=/content/component/0079f636-en。

② OECD. Stat，Aid（ODA）disbursements to countries and regions［DAC2a］，https://stats.oecd.org/Index.aspx?DataSetCode=TABLE1。

项目	2017 年	2018 年	2019 年	2020 年	2021 年
非洲	42.31	46.40	50.42	62.49	59.39
美洲	12.02	15.21	13.09	15.64	8.11
欧洲	12.56	9.69	8.11	10.46	8.83
大洋洲	0.18	0.17	0.12	0.13	0.09
总额	227.23	208.91	205.10	243.07	239.59

在亚洲地区，德国 ODA 集中于中东国家。2021 年德国前十大受援国（地区）中，6 个位于中东地区（见图 13-2）。中国和印度也是德国在亚洲地区的主要发展合作对象，但 70%对印 ODA 和对 45%对华 ODA 以优惠贷款或股权投资形式提供。[①] 在非洲地区，德国 2021 年的前五大受援国为突尼斯、加纳、苏丹、尼日利亚、马里，侧重于能源转型、应对气候变化和提高女性参与等方面的合作。在拉丁美洲和加勒比地区，德国的主要受援国是哥伦比亚、巴西、墨西哥与秘鲁，关注应对气候变化、环境保护以及支持能源公正转型这 3 个领域。

单位：百万美元

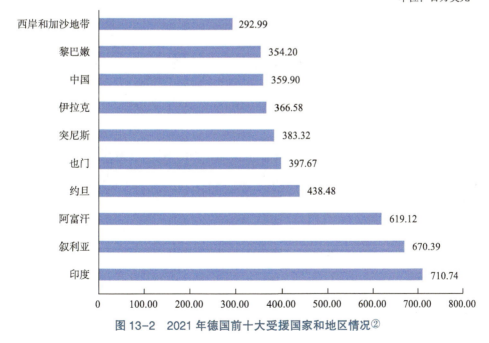

图 13-2 2021 年德国前十大受援国家和地区情况[②]

---

① 2023 年 9 月，德国宣布不再视中国为"发展中国家"，德国复兴信贷银行（KFW）将自 2026 年起不再向中国提供"KFW 促进贷款"，即优惠贷款。

② OECD. Stat，GeoBook：Geographical flows to developing countries，https://stats.oecd.org/Index.aspx？DataSet-Code＝TABLE1.

（三）领域上，以促进经济社会可持续发展为主要目的

OECD 数据显示，2021 年，德国 ODA 的主要领域为社会基础设施及服务和经济基础设施及服务，金额分别为 134.98 亿美元和 49.31 亿美元，占援助总额的 43.03% 和 15.72%。其中，社会基础设施及服务聚焦教育（40.49 亿美元）、政府与公民社会（37.05 亿美元）与卫生和水供应（32.95 亿美元）等；经济基础设施及服务侧重能源（16.75 亿美元）与运输通信项目（9.38 亿美元）。此外，人道主义援助占比 9.64%，生产部门占比 7%，其中农业为 13.71 亿美元，占总额 4.4%。方案援助（3.93 亿美元）均为粮食援助（见表 13-3）。

表 13-3　2017—2021 年按部门分列的德国双边 ODA 承诺额

单位：亿美元

项目	2017 年	2018 年	2019 年	2020 年	2021 年
双边 ODA 承诺总额	260.64	252.46	254.59	290.62	313.64
社会基础设施及服务	76.52	83.65	91.23	120.59	134.98
经济基础设施及服务	43.92	49.13	47.88	60.56	49.31
生产部门	13.04	11.77	20.00	18.22	24.08
跨部门	24.56	27.30	26.46	31.30	30.63
方案援助	5.37	0.41	4.93	3.33	3.93
人道主义援助	27.52	27.13	20.63	18.37	30.25

资料来源：OECD. Stat。[1]

根据 2023 年 BMZ 更新的发展政策优先领域，德国 ODA 主要集中在气候变化、全球健康、消除贫困和饥饿、女性主义发展政策上。此外，德国也非常重视教育与人道主义援助。具体而言：

气候变化是德国发展合作政策的"基石"。德国在气候变化领域处于全球领先地位，配备大量财政资源，并拥有技术专长和政治影响力。2021 年，德国关于减缓和适应气候变化项目的承诺额为 79.99 亿美元，在 DAC 国家中排行第二，仅次于日本（95.48 亿美元）。其中，德国的气候减缓类项目（51.92 亿美元）与气候适应类项目（50.66 亿美元）占比相当。虽然德国日益关注气候变化领域，但 2021 年该领域 ODA 仅略高于 2017 年（76.86 亿美元），且支付额占比从 2017 年的 38% 下降至 32%。

---

[1]　OECD. Stat, GeoBook：ODA by sector-bilateral commitments by donor and recipient, https://stats.oecd.org/Index.aspx?DataSetCode=crs1.

女性主义发展是德国发展合作政策优先事项。德国发展部长舒尔策在上任时就将女性主义发展政策作为部门优先事项。2021 年，德国是性别平等领域的最大 DAC 成员国，其双边可分配 ODA 合计 103.87 亿美元。其中，约 95% 用于将性别平等作为重要目标的项目，仅有 5% 用于以性别平等为主要目标的项目和计划。

卫生健康是德国发展合作的重要领域。德国关注"同一个健康（One Health）"的多学科综合疾病控制方法，2021 年 BMZ 就实施该方法支出约 1.5 亿欧元。就卫生援助而言，2021 年，德国是 DAC 中仅次于美国的第二大援助国。德国卫生援助支付额为 47.36 亿美元，占其总额的 13.1%，较 2020 年增长了 40%。双边支付额为 27 亿美元，主要投向新冠疫情防控领域，较少份额投入卫生政策、医学研究等领域，体现了德国 2020 年后预防和应对大流行病的政策重点。德国重视与多边机构在全球健康上的合作，约 44% 卫生援助流向多边机构，高于 DAC 30% 的平均水平。2021 年，德国多边卫生援助最大受援方是全球疫苗和免疫联盟（Gavi）及全球基金（Global Fund）。

农业领域，德国重点关注农业粮食体系的转型，即向低碳和气候适应型发展。BMZ"消除饥饿——农业粮食体系转型"的特别倡议[①]反映了这一关注，其重点合作对象是最不发达国家和小岛屿发展中国家。德国是 2021 年最大的农业援助 DAC 成员国，其支付额为 21.33 亿美元，占总额的 6%。双边上，德国重点关注全球粮食安全、增强农业复原力、农业与农村发展等领域。多边上，德国最大受援方是绿色气候基金（3.11 亿美元），约占 42%；第二大受援方是欧盟机构（1.66 亿美元），约占 23%。

德国是世界上最有影响力的教育发展合作国之一，是 2021 年最大的教育援助 DAC 成员国。2017 年至 2021 年，德国教育 ODA 稳步增长了 38%。2021 年，德国教育 ODA 支付额为 37.46 亿美元，占总额的 10%，略高于 DAC 9% 的平均水平。其中 91% 为双边 ODA，高于 DAC 72% 的平均水平；9% 投向多边机构，低于 DAC 28% 的平均水平。双边上，德国以高等教育援助（15.2 亿美元）为主，占教育双边 ODA 总额的 62%，职业教育援助（3.06 亿美元）仅占 12%。2022 年 5 月，BMZ 发起"支持她的教育"（SHE）的新倡议，旨在支持发展中国家的女性教育。

德国是世界主要难民接收国之一。德国联邦统计局公布的最新数据显示，仅 2022 年德国就接收了约 120 万名难民。为减少国内难民收容量，德国人道主义援助和移民支出较 2015 年水平大幅增加。德国 2021 年的人道主义援助承诺额为 30.25 亿美元，而 2015 年仅为 8.1 亿美元。德国人道主义援助重点在紧急响应（29.32 亿美元），对受援国的灾后重建（0.6 亿美元）以及预防（0.3 亿美元）的重视程度不高。

---

① BMZ, "Sustainable Agri-Food Systems: A World without Hunger", 2021, https://www.bmz.de/resource/blob/100758/bmz-core-area-strategy-a-world-without-hunger.pdf.

（四）路径上，依托"整个德国"（The Whole Germany）

德国依托"整个德国"的发展合作路径，政府和非政府主体双管齐下。在尊重不同行为体自主权的同时，将其发展合作行动导向其政治优先事项，实现发展合作效益的最大化。

官方渠道上，BMZ 是德国发展合作的主管部门，负责制定德国发展政策，对德国复兴信贷银行（KfW）、德国国际合作机构（GIZ）、国家计量院（PTB）和联邦地球科学及自然资源研究所（BGR）等四个执行机构起着领导和监督作用。其中，GIZ 和 KfW 是最主要的执行机构，前者负责技术合作，后者负责为德国企业提供出口信贷和项目融资。其他部委也不同程度地参与发展合作，如德国外交部负责人道主义援助。社会渠道上，德国重视发挥政治基金会、教会、民间组织（CSO）、研究和评估机构、非政府组织（NGO）以及私营部门等合作伙伴的作用。这些行为体拥有专业的发展合作知识，可有效补充官方资源，还可促进与伙伴国民众的交流。

三、中德发展合作展望

基于德国政府的发展政策主题，未来德国或将继续沿着可持续发展、女性主义以及多边主义这三个重点方向开展发展合作，继续以亚非为重点，并重点通过三方合作模式向拉美地区扩展。

就中德发展合作而言，2023 年 7 月，德国公布历史首份"中国战略"，确立"合作伙伴、竞争者以及制度性对手"的对华三维战略。① 发展合作领域则以对华合作为主。战略指出，中国是气候变化和环境等领域的关键力量，德国"寻求对华合作"；同时，中国是可持续发展、全球卫生、预防流行病和提供全球公共产品等领域的关键性行动方，德国"愿意把握对华合作机遇"。

中德基于超三十年的双边发展合作经验，不断探索创新国际合作方式，不仅依托中德政府磋商机制建立了发展合作委员会、中德可持续发展中心等合作机制，两国发展合作部门还签署了国际发展合作的三年行动计划②，积极开展三方合作，并举办中德可持续发展论坛等会议。在当前背景下，中德具备进一步夯实交流合作的基础，有能力、有意愿展现共同应对全球挑战的国际引领作用。未来，中德在发展领域的合作应

---

① 《德国联邦政府的中国战略》，2023 年 7 月 21 日，https://china.diplo.de/blob/2609710/1d4a13880821cbd6a759839ffd2dd68c/230721-chinsstrategie-data.pdf.

② 国家国际发展合作署同德方签署国际发展合作三年行动计划，2023 年 6 月 20 日，http://www.cidca.gov.cn/2023-06/20/c_1212236211.htm.

继续深化政策沟通，丰富发展合作政策、工具、项目等多层面的交流对话机制，可聚焦以下三个方面：

第一，在联合国 2030 年可持续发展议程框架下，在重点发展领域探讨共同行动。一是在德国明确提出"寻求对华合作"的气候变化与环境保护领域，推进绿色技术合作，推动能源绿色低碳转型。如结合德国氢能领域专利优势与中国市场优势，推动中德氢能领域发展合作；再如，利用中国在风电、光伏领域的技术与产能优势，推进中德绿色经济相关产业的发展合作。二是在可持续发展、全球卫生、预防流行病和提供全球公共产品等德国"愿意把握对华合作机遇"的领域，推动高层对话，衔接全球发展倡议八大重点领域与德国发展合作政策的优先领域，找准发展合作新的着力点与合作模式。

第二，在落实三年行动计划的基础上，积极开展在发展中国家的三方合作。一是做好减贫、农业等领域的在手合作项目。例如，将与尼日利亚的农业（水稻）等三方合作项目作为试点进行推广，发挥示范突破带动作用。二是积极探索设计和开展人力资源开发方面的联合培训课程，包括可再生能源、绿色经济、促进性别平等、职业教育等方面。如依托中德职教联盟深化两国职业教育合作。

第三，依托联合国等多边机制与平台，凝聚共识，汇集发展资源。中德是多边主义的维护者、全球发展的贡献者，可围绕应对气候变化、粮食安全、债务问题等全球性挑战，同相关多边发展机构、多边开发银行一起开展发展筹资，推动解决全球性问题。

第十四章
英国国际发展合作："内顾"下的重大调整[①]

英国作为传统援助大国，自 2019 年削减对外援助资金后，其国际发展合作"内顾"趋势明显，国际发展领域全球领导力下降。2022 年，英国是 DAC 的第五大援助国，较英国整合发展援助部门前排名下降两位。2023 年，英国更新的《综合审查报告》[②] 提出，希望通过加强外交和伙伴关系建设，协同落实外交和发展政策，推动英国"重回"全球领导者地位。

一、援助战略调整，谋求全球领导力

2020 年，英国将国际发展部与外交和联邦事务部合并为外交、联邦和发展事务部（FCDO，以下简称外交发展部），负责英国的国际政策、对外关系和发展政策。经历重大部门整合后，英国国际发展战略和规模都结合新部门管理模式进行了多次调整，目前对外援助资金占 GNI 的比重由 0.7% 降至 0.5%。在援助资金总体缩水的前提下，英国重点通过影响国际发展合作议题的制定来提升全球领导力，不单靠 ODA 提升发展领域的话语权。

（一）国家安全与经济发展成为对外援助战略重点

2022 年英国发布的国际发展战略开篇即承认，英国已不再具有发展领域的全球领导力。[③] 2023 年 3 月，英国政府发布的《综合审查报告》以国家安全为重点更新了国际发展战略框架，并提出希望重回全球领导者地位。然而，英国现行国际发展战略的定位仍是协同外交政策。发展战略作为外交布局的"副手"，难以切实从发展角度出

[①] 本章撰稿人：徐佳敏，商务部国际贸易经济合作研究院国际发展合作研究所研究实习员。

[②] "Integrated Review Refresh 2023：Responding to a more contested and volatile world"，March 2023，https://assets. publishing. service. gov. uk/government/uploads/system/uploads/attachment _ data/file/1145586/11857435 _ NS _ IR _ Refresh_2023_Supply_AllPages_Revision_7_WEB_PDF.pdf.

[③] "The UK government's strategy for international development"，29 August 2023，https://www. gov. uk/government/publications/uk-governments-strategy-for-international-development/the-uk-governments-strategy-for-international-development.

发，响应发展中国家民众需求，未来英国将愈加重视国家安全保障和国内经济发展。

国家安全层面，英国国际发展战略重点由欧洲—大西洋地区向印太地区拓展，并且着重长期发展伙伴关系的建设。2023 年 7 月，英国正式加入全面与进步跨太平洋伙伴关系协定（CPTPP），成为该协定的首个欧洲国家，CPTPP 也是英国脱欧后加入的最大贸易协定。此外，英国将持续通过澳大利亚、英国、美国之间的强化安全伙伴关系（AUKUS），提升在太平洋区域的影响力。英国将继续加强同东盟国家的对话伙伴关系，深化东盟与英国在海事、跨国犯罪预防、网络安全等领域的合作。

经济发展层面，英国将更加重视援助对于发展英国本土经济的推动作用。一方面，通过英国投资伙伴关系，可以加强政府和私营部门间的合作，扩大私营机构参与发展融资的规模，并加强同资本市场、主权财富基金和其他商业资金的合作。2022 年，外交发展部为英国投资伙伴关系预留 ODA 共 3.7 亿英镑，并且计划在 2025 年前动员高达 80 亿英镑的发展融资。另一方面，英国将充分发挥英国国际投资公司作为发展类投资机构的作用。[①] 结合英国支持的"清洁绿色倡议""清洁能源转型伙伴关系""英国支持基础设施项目"等经济举措，构建以英国为主导的发展类项目平台，创建新型投资工具。外交发展部作为援助管理部门不参与英国国际投资公司的日常投资决策，因而能够保证其相对独立的投资管理流程。尽管 2022 年受英镑大幅贬值影响，英国国际投资公司总资产净值增幅仅有 5%，较 2021 年的 13.4% 有所下降，但其资产总额已达 80.98 亿英镑。[②]

（二）援助优先领域突出应对气候变化和经贸合作

英国外交发展部作为主要对外援助事项管理部门，提出了 2023—2024 年的七项优先举措（见表 14-1）。其中与 2021 年优先举措一致的部分是英国国际发展合作的传统优势领域，预计在中长期内变化不大，包括推动全球科技合作、卫生援助和妇女儿童权利保障。

较 2021 年调整部分均以细化援助方向为考量，最值得关注的是英国将应对气候变化的工作重点放在提供清洁、绿色的基础设施上，并计划增加相应投资。英国将通过英国投资伙伴关系、七国集团、全球基础设施和投资伙伴关系，调动资本市场和私营部门的支持，以扩大对绿色基础设施建设的投资。双边合作中，以英国—印度绿色增长股票基金为例，英国持续推进对印度绿色基础设施的国际投资。该基金由英国和印

---

① FCDO, "FCDO Annual Report and Accounts 2022 - 23", July 17, 2023, https://assets.publishing.service. gov.uk/government/uploads/system/uploads/attachment_data/file/1170838/Foreign-Commonwealth-and-Development-Office-annual-report-and-accounts-2022-to-2023.pdf.

② Ibid.

度各投资 1.2 亿英镑，并已从第三方筹集资金超 3.2 亿英镑，成为世界上最大的国家气候基金。多边合作中，英国在第 27 届联合国气候变化大会（COP27）中积极推动公正能源转型伙伴关系（JETP）、加速气候转型合作计划（PACT），推动印尼、南非等发展中国家实现能源转型。

表 14-1　2021 年和 2023—2024 年英国外交发展部对外援助七大重点领域对照

项目	2021 年重点领域	2023—2024 年重点领域
一致部分	科学和技术	全球科技资源共享
	全球卫生安全	全球卫生援助
	女童教育	保护妇女和女童的权利
调整部分	人道主义准备与响应	全球粮食安全和营养运动
	气候变化与生物多样性	提供清洁、绿色的基础设施并增加投资
新增部分	开放型社会建立与冲突应对	改革全球金融体系
	经济发展与贸易	推动全球税收体系公平发展

新增部分体现了英国对外援助的新重点和新需求，着重经贸合作与金融体系改革，强调国际融资合规性与合法性的提升。一是改革全球金融体系，同多边开发银行、国际货币基金组织和资本市场合作从而能更有效地满足发展中国家应对经济、债务、气候和环境危机的需求。二是推动全球税收体系公平发展，打击逃税和避税行为、遏制非可持续产品消费，帮助中低收入国家建立稳定且可持续的财政环境，进而推动可持续发展目标的达成。

二、实际援助支出"难以解渴"

近年来，英国对外援助战略与国家外交、安全、经贸和地缘政治诉求结合得愈加紧密，但 2022 年英国对外援助的总体规模并不乐观。除了英国境内难民支出，英国 ODA 总额下降幅度较大，不仅国际双边援助面临缩减，对国际多边机构的核心捐款也遭削减。

（一）援助资金"缩水"

受新冠疫情和国内经济影响，英国政府从 2021 年开始将援助预算占 GNI 的比重降至 0.5%，导致其国际援助资金大幅削减。从总规模看，2022 年英国 ODA 总额为 127.96 亿英镑，较 2021 年增加了 13.73 亿英镑。但 DAC 数据显示，如果不包括境内难民支出，2022 年英国援助支出总额较 2021 年同比下降了 16.4%，是所有 DAC 成员国中下降幅度最大的。2022 年英国 ODA 中有 36.86 亿英镑用于支持英国国内难民生计（占 ODA 总额的 28.9%），远高于其他捐助国的平均水平（14.4%）。

一是英国削减国际援助资金影响了多边 ODA 支出。多边 ODA 作为英国提供给多边机构的核心捐助资金，呈逐年递减趋势。但英国并不是唯一减少对多边机构核心捐款的 DAC 国家，2021 年 DAC 国家多边 ODA 支出平均值亦呈下降趋势。未来英国为推动地区战略伙伴关系，或许会更倾向于以双边 ODA（指定用途）形式提供援助，以提升英国在国际发展领域的话语权。

二是很多长期发展援助项目面临预算削减或取消的困境。英国境内难民支出的大幅上升挤占了援助资金，据英国财政部报告，至少要到 2027/2028 财年，英国对外援助预算占 GNI 比重才有可能重回 0.7%（见图 14-1）。

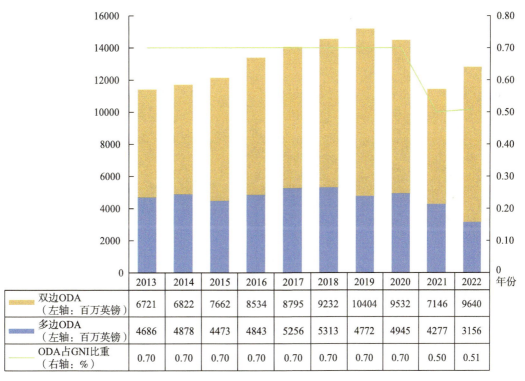

	2013	2014	2015	2016	2017	2018	2019	2020	2021	2022
双边 ODA（左轴：百万英镑）	6721	6822	7662	8534	8795	9232	10404	9532	7146	9640
多边 ODA（左轴：百万英镑）	4686	4878	4473	4843	5256	5313	4772	4945	4277	3156
ODA 占 GNI 比重（右轴：%）	0.70	0.70	0.70	0.70	0.70	0.70	0.70	0.70	0.50	0.51

图 14-1　2013—2022 年英国多双边 ODA 对照，以及 ODA 占 GNI 比重

注：多边 ODA 指对多边机构的核心捐款。

资料来源：《国际发展统计：2022 年英国援助支出》。

英国境内难民开支大幅提升后，内政部作为安置难民的主要负责部门，ODA 支出迅速上升，2022 年共 23.97 亿英镑，较 2021 年增加 13.56 亿英镑，增幅达 130.2%。外交发展部则仅支出 76.36 亿英镑，占英国 ODA 总额的 59.8%，是外交发展部设立以来支出 ODA 占比的最低值。外交发展部报告数据显示，到 2023—2024 年，其 ODA 支出额将重回 2021 年前水平，同时管理支出将下调 4%。[①] 若外交发展部能按计划成功调整支出，意味着英国境内难民支出挤占援助款项的现象在 2023—2024 年将得到缓解，外交发展部较高的管理支出也能得到控制。

（二）援助领域转向境内难民支出，卫生健康仍为重点

英国援助重点领域占比变化不大，仍集中在传统优势领域，变动最大的是境内难民支出。2022 年，英国境内难民支出总额占可明确领域双边 ODA 的 38.3%。国际双边援助开支，尤其是针对不发达和冲突地区的援助款项不升反降。尽管 DAC 允许将援助国境内难民第一年的援助支出（仅包括食宿等基本生活开支）算作 ODA，但英国是唯一把乌克兰难民在英国国内安置支出放在 ODA 预算内的七国集团成员国。英国对其国内难民援助开支的陡增，有掩盖其援助总额迅速下降这一事实、躲避国际质询的嫌疑。2019 年至 2021 年，英国针对境内每名难民的援助支出都几乎增加了两倍（见图14-2）。

图 14-2　2009—2022 年英国难民援助支出

资料来源：英国下议院网站。[②]

---

① FCDO, "FCDO Main Estimate Memorandum 2023 – 24", https://committees. parliament. uk/publications/40113/documents/195643/default/.

② "The UK Aid Budget and Support for Refugees in the UK in 2022/23", 30 October 2023, House of Commons Library, https://commonslibrary.parliament.uk/research-briefings/cbp-9663/.

《非法移民法》已于 2023 年 7 月 20 日由王室批准，该法案禁止政府为非正常抵达英国的人提供庇护，并规定将他们拘留或驱逐出境。该法案尚未落地实施，但或许会极大影响英国境内难民开支。援助有效性独立委员会评估，如果《非法移民法》的所有内容都付诸实践，英国境内难民支出将不能算作 ODA。

英国其他对外援助支出主要集中在卫生健康、经济基础设施建设、政府及社会治理、人道主义援助等领域。各领域支出排序变化不大，英国的重点援助领域仍是卫生健康和人道主义援助。2022 年英国在人道主义援助领域支出 ODA 约 10.99 亿英镑。截至 2023 年，外交发展部已向 40 多个国家捐赠了价值 3.3 亿英镑的新冠疫苗。[①] 2022 年英国在卫生健康领域的 ODA 支出达 9.76 亿英镑，2024—2025 年外交发展部在卫生领域的 ODA 预算也将维持在 10.6 亿英镑（见图 14-3）。[②]

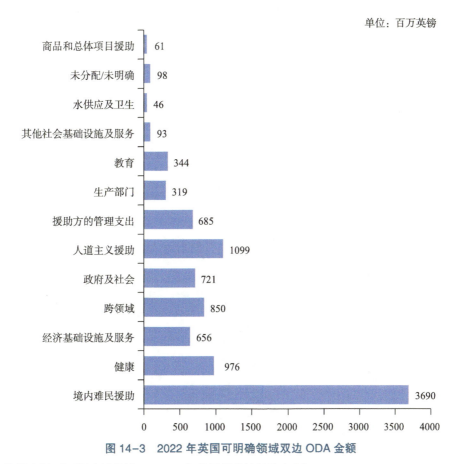

单位：百万英镑

图 14-3　2022 年英国可明确领域双边 ODA 金额

资料来源：《国际发展统计——2022 年英国援助的最终支出》。

---

① FCDO，"FCDO annual report and accounts 2022 to 2023"，17 July 2023.

② Ibid.

（三）对传统受援国或进入援助"倦怠期"，亚非地区首当其冲

2022 年，英国可明确单一国别地区双边 ODA 仅占双边 ODA 总额的 30.5%（29.4 亿英镑），较 2021 年的 47.1%（34.1 亿英镑）有所减少，主要原因也是英国境内难民支出的增加。按收入群体看，2022 年英国对最不发达及低收入国家的援助额仅有 10.01 亿英镑，较 2021 年下降了 1.22 亿英镑，仅占 2022 年可明确单一国别地区双边 ODA 的 57%。根据外交发展部最新预算，到 2024—2025 年英国才会重新增加对低收入国家和冲突地区的 ODA，其中埃塞俄比亚增加 140%、刚果金增加 135%、阿富汗增加 50%、也门增加 60% 和叙利亚增加 26%。[1]

从具体援助国别看，英国 2022 年共向 131 个国家提供了双边援助，数量与往年大致相同，支出主要集中在乌克兰、阿富汗和东非地区国家。尼日利亚、索马里、埃塞俄比亚作为英国的第三、第四、第五大受援国，均面临援助款项的削减。巴基斯坦是前十大受援国中双边援助遭削减最多的国家，较 2021 年减少了 7000 万英镑（见表 14-2）。

受援金额增加的国家普遍受地区冲突影响，预计未来难以保持援助款项的增幅。阿富汗已连续两年居英国双边援助首位，并且是英国女性赋权和卫生援助项目的重要合作国。2022 年，英国继续大幅增加对阿富汗的双边援助，较 2021 年增加 1.65 亿英镑（88%）。但据英国援助影响独立委员会评估，英国不仅难以践行已有的援助承诺，未来还可能缩减对阿富汗等传统受援国的援助款项。[2]

表 14-2　2022 年英国双边 ODA 前十大受援国及较 2021 年名次变化

排名	国家/地区	受援金额（百万英镑）	较 2021 年排名变化
1	阿富汗	352	0
2	乌克兰	342	+30
3	尼日利亚	110	−1
4	索马里	100	−1
5	埃塞俄比亚	90	+3
6	也门	77	−1
7	南苏丹	76	+1
8	叙利亚	63	+2

①　FCDO, "FCDO Annual Report and Accounts 2022-23", July 17, 2023.

②　ICAI, "UK Aid to Afghanistan", May 2023, https://icai.independent.gov.uk/wp-content/uploads/UK-aid-to-Afghanistan_ICAI-information-note.pdf.

排名	国家/地区	受援金额（百万英镑）	较 2021 年排名变化
9	巴基斯坦	58	-6
10	孟加拉国	55	+2

按地区划分看，非洲和亚洲作为英国双边援助的第一、第二大受援地区，同时也是传统受援国较为集中的地区，最先面临大幅双边援助削减。2022 年，英国对非洲的双边 ODA 支出减少了 4.87 亿英镑（28.2%），从 2021 年的 17.27 亿英镑降至 2022 年的 12.4 亿英镑。2022 年，英国对亚洲的双边 ODA 为 10.55 亿英镑，较 2021 年减少了 2.69 亿英镑（20.3%）。英国自 2019 年起对非洲和亚洲的双边援助逐年减少，并且双边 ODA 支出已低于十年前水平（见图 14-4）。

单位：百万英镑

图 14-4　2013—2022 年按受援地区划分的英国双边 ODA

资料来源：《国际发展统计——2017—2022 年英国援助的最终支出》。

三、中英发展合作：转型前景广阔

近年来，经济危机、脱欧公投、新冠疫情等因素导致英国影响力下滑。在紧张的地缘政治背景下，英国始终承认中国在世界局势中的重要地位，关注国际政治力量角逐中的中国立场，并将倍增对中国研究的投资。同时，英国作为中国重要的西方援助国之一，同中国具有开展发展合作的历史优势和实践基础。

（一）民间交流及发展合作接轨

自 2010 年开始，英国对中国政府层面的援助正式叫停，但教育、科技、气候、健康等领域的合作交流仍在进行。英国援助影响独立委员会指出，虽然中国仍是英国的受援国之一，但对中国的大部分援助都给了与中国合作的英国研究机构和政府机构，目的是为英国带来二次收益。

目前英国在中国援助类项目的最大管理方是英国驻华大使馆文化教育处。2023—2024 年，英国驻华大使馆文化教育处的项目交付额预计为 614 万英镑，主要用于加强与中国的民间交流，重点围绕英语教学、艺术和文化开展合作（见表 14-3）。根据援助有效性独立委员会数据，英国对中国的援助总额正在迅速减少，从 2019 年的 8200 万英镑下降到 2021—2022 年的 4800 万英镑，到 2023—2024 年可能降至 1000 万英镑左右。预计 2026—2028 年，英国将完全叫停对中国的所有援助项目。[①]

表 14-3　英国对中国的双边援助，各部门和投资组合，2019 年（结算额）、2021—2022 财年（结算额）、2022—2023 财年（预算额）和 2023—2024 财年（预算额）

单位：百万英镑

部门	项目	2019 年	2021—2022 财年	2022—2023 财年	2023—2024 财年
商业、能源和工业战略部/科学、创新和技术部	牛顿基金和全球挑战研究基金	36.40	9.16	6.61	无
	英国加速气候转型计划	1.30	2.00	无	无
外交、联邦和发展事务部	繁荣基金	7.30	7.22	无	无
	国际/开放社会项目（从 2021—2022 年开始）	1.00	0.88	0.90	0.90
	英国驻华大使馆文化教育处	10.80（2019—2020 财年）	7.79	6.60	6.14
	志奋领奖学金	1.70	1.65（2021 年）	数据暂无	数据暂无
	英国中国中心	0.50	0.50	无	无

[①]　Philip Loft, Philip Brien："UK aid and China"，12 April 2023，https://commonslibrary.parliament.uk/research-briefings/cbp-9762/.

续表

部门	项目	2019 年	2021—2022 财年	2022—2023 财年	2023—2024 财年
	ODA 直接管理支出	12.10	12.06（2021 年）	调低管理支出（约 100 万英镑），外交用途支出费用比例则从 2022—2023 年降至 4.15%（2021—2022 年为 28.15%，2020—2021 年为 40%）。	
	前国际发展部中国部门（支持第三国与中国交往）	1.70（2019—2020 财年）	0.65	无	无
	前国际发展部中央管理项目——森林治理、市场和气候项目及研究项目	2.10	1.06	1.60（临时支出）	0.50（项目预计支出）
卫生与社会保障部	全球抗微生物药物耐药性创新基金	4.80	4.60	0.98	无
	全球卫生研究项目		0.95	0.38	无
环境、食品与农村事务部	非法野生动物贸易挑战基金	0.03	0.04	0.07（预计支出）	0.02（预计支出）

资料来源：英国援助有效性独立委员会。①

英国对中国援助的叫停并不代表双方发展合作的终止，相反，英国是首个加入亚投行的西方大国和欧洲国家，中英合作也曾经历过黄金时期。在 2015 年 10 月中英发表的联合宣言中，英方就表示对"一带一路"倡议和英方基础设施升级投资计划抱有浓厚兴趣。② 尤其在高科技、金融服务、教育和旅游领域，英国也是中国重要的发展合作伙伴。

2023 年英国《综合审查报告》称，中英关系正面临"划时代的系统性挑战"，并且表示将从国家安全、伙伴关系建设、直接交流 3 个层面推动中英两国的长期合作。一是在维护国家安全的前提下推动同中国的合作，包括提振国内经济发展、建设关键基础设施、保证供应链稳定以及提升网络安全和防御能力。二是将中英合作视为亚太地区伙伴关系建设的重要考量之一，从区域层面推进同中国的交流。三是通过双多边

---

① ICAI, "The UK's Aid Ergagement with China", 13 July 2023, https://icai.independent.gov.uk/html-version/the-uks-aid-engagement-with-china-2/.

② FCDO，《中英关于构建面向 21 世纪全球全面战略伙伴关系的联合宣言》，2015 年 10 月 22 日，https://www.gov.uk/government/news/uk-china-joint-statement-2015.zh.

渠道与中国直接交流，同中国建立积极的贸易和投资关系，确保安全、互惠和互利的合作关系。①

（二）发展合作将立足优势领域

尽管目前英国政府并没有同中国发展合作的战略指导性文件，也没有明确规划如何推进中英合作，但中英发展合作早已密不可分。为提升卫生、科技、气候等先进领域的全球影响力，英国离不开中国庞大的卫生医药数据系统，也难以脱离中国这一重要的原材料生产地。英国商业和贸易部数据显示，截至2022年末，中国是英国第四大贸易伙伴，占英国贸易总额的6.5%。同期，中英货物和服务贸易总额为1110亿英镑。②

中英两国作为国际发展合作大国，在全球发展治理面临失衡挑战的背景下，可以聚焦发展合作优先事项，共同应对全球系统性风险。首先，双方发展合作可以立足各自传统优势领域，如卫生、科技、性别议题等，在保证国家在优势领域领先地位的同时，加强中英双方相关领域的对话与合作，从而扩大两国国际发展项目的规模和影响力。

其次，从经贸发展角度出发，在全球发展合作"内顾"趋势明显的背景下，推动援外项目转型。在提升受援国经济增长内生动力的同时，让援外项目服务援助国经济发展。中英两国作为贸易金融大国，未来可以推动双方就援外项目转型宏观政策的探讨，加强双方的交流互鉴。

最后，中英可以探讨加强三方合作。基于中英在发展领域的合作历史，以及中国从接受援助到对外援助再到发展合作的转变历程，中英两国可以从各自角度出发，结合其他发展中国家需求，将中英发展合作经验推广至更多发展中国家。

① James Cleverly, "Our Position on China: Foreign Secretary's 2023 Mansion House Speech", 25 April 2023, https://www.gov.uk/government/speeches/our-position-on-china-speech-by-the-foreign-secretary.

② "Trade and Investment Factsheets", 1 November 2023, Department for Business and Trade, https://assets.publishing.service.gov.uk/media/653fb4586de3b90012a7a5f2/china-trade-and-investment-factsheet-2023-11-01.pdf.

第十五章
日本国际发展合作：战略转向安全化①

日本早在 1954 年就已加入 DAC 行列，曾在 20 世纪 90 年代以世界第一大援助国地位"独领风骚"，时至今日其援助大国的身份始终没有动摇。在西方援助的话语体系内，日本是有别于西方主流援助的"另类"，具有独特的援助模式，这不仅源于其为亚洲唯一的传统援助大国，也源于从战后严重依赖援助的国家向世界最先进经济体的转型经历。以安倍晋三第二次执政为节点，援助在日本国家总体战略中的作用越来越重要，战略主动性与日俱增。岸田文雄出任首相后，日本政府对援助战略和机制进行了重大调整，进一步突破军事安全禁区，安全化趋势和战略化转向昭然若揭。

一、新大纲：援助"安全"与"战略"色彩凸显

因受战后和平宪法制约，日本军事能力受限，外交能力被日本视为国家安全实力的首要构成，ODA 则被视为重要的外交工具，用以拓展其在国际社会的实力和影响力，重塑日本国际形象。受近些年自身经济困境和地缘政治影响，日本政界愈发强调援助作为国家重要战略资本的意义。在安倍第二任期，日本政府将国家安全和经济复苏作为首要任务，对外奉行"积极的和平主义"，强调战略、高效地运用援助。岸田文雄任首相后继承了安倍的政治遗产，援助的战略地位进一步强化，并呈现明显的安全化趋势，实质性转变的拐点就是 2023 年 6 月日本内阁通过的新的《发展合作大纲》。这是日本 2015 年以来对大纲的再次修订，将在未来几年内指导日本援助走向。

(一) 基于《国家安保战略》的新援助战略

新大纲的出台，意味着日本针对当前国际国内形势对其援助政策做出了重大调整，在性质上对发展合作进行了重新定位。大纲修订背景说明中，日本明确指出："依据 2022 年 12 月发布的《国家安保战略》，特此修订 2015 年发展合作大纲，以便更有效、

---

① 本章撰稿人：姚帅，商务部国际贸易经济合作研究院国际发展合作研究所副研究员。

更战略性地利用发展合作这一日本外交的最重要工具之一。"① 这标志着日本发展合作从此前强调对世界和平与繁荣的贡献向优先服务国家安全战略的转变。新大纲甚至被日本学者称为"《国家安保战略》的援助篇"②。安保战略中就提出"在印太愿景指导下，战略利用 ODA……在高质量基础设施、人力资源开发、海上安全、法治、经济安全方面提供援助"③，这些内容都在新大纲中得到了进一步阐释。

"安全"无疑成为新大纲的关键词，全文共出现 30 次④，涉及"人类安全"、粮食安全、能源安全、供应链安全、网络安全、海上安全、航空安全、发展合作人员的安全。其中，"人类安全"是日本长期以来坚持的援助基石，新大纲将"新时代的人类安全"作为指导日本发展合作的四项基本政策之一，并置于发展合作决策考量的核心，强调对人的投资、保护和赋权。其他三项基本政策包括"为和平与繁荣作贡献"，即表达日本作为爱好和平国家提供援助的立场；"通过与发展中国家的对话、合作共同创造社会价值"，内涵则是延续支持发展中国家"自助"的日本援助传统，发挥各自优势实现互惠；"引领基于包容、透明和公平的国际规则的传播和实施"，强调日本对于国际发展合作规范、秩序构建的引领作用。基于此，新大纲将高质量增长、自由开放的国际秩序、解决全球问题作为优先领域，突出对粮食安全、能源安全、供应链安全和网络安全的支持，强调在民主、法治以及海上安全、和平建设领域的援助，在"印太战略"框架下发挥发展合作的作用，针对气候变化、卫生健康、减少灾害风险和教育四个全球议题重点投入。

新大纲之所以出现如此明显的安全转向，有以下几点原因。第一，日本认为其面临"二战"结束以来最为严峻、复杂的国际安全环境⑤，尤其是其周边及印太地区。2022 年 9 月，在修订《发展合作大纲》专家圆桌会议上，时任日本外务大臣林芳正就表示："日本周围的安全环境正变得越来越严峻，ODA 这一重要的外交工具需得到更加战略性的利用。"⑥ 第二，需要营造有利的国际环境来保障国内经济安全、产业发展。2023 年 10 月 23 日，岸田文雄在第 212 届国会上的施政演说中提出"把经济放在首位"，将支持中小企业的海外扩张和初创企业以加强供应能力。日本认为，支持发展中国家打造韧性多样的供应链，增强关键矿产资源可持续发展和粮食供应安全，对其自身的经济安全同样重要。日本政府强调 ODA 除了吸引私营投资，还需要直接支持私营

---

① 開発協力大綱：自由で開かれた世界の持続可能な発展に向けた日本の貢献，2023 年 6 月 9 日。
② 浅沼信爾：「イヤな時代」の到来と新 ODA 大綱，2023 年 7 月。
③ National Security Strategy of Japan，December 2022，p17.
④ 包括 security 和 safety。
⑤ National Security Strategy of Japan，December 2022，p2.
⑥ 日本外务省网站：https://www.mofa.go.jp/mofaj/press/release/press1_001052.html，https://www.mofa.go.jp/mofaj/press/release/press1_001071.html。

部门主导的举措，这将使援助与投资贸易的配合进一步加强。第三，在日本财政状况严峻的情况下，突出 ODA 的安全导向和可获得的全方位安全收益，也是 ODA 获得更多预算分配的一种政治考量。

（二）推出"官方安全援助（OSA）"新机制

早在 2015 年大纲中，日本就首次为自卫队"出海"开展非军援行动提供了法律依据。此后，日本援助向安保领域外溢加剧，向越南、菲律宾等国提供巡逻舰、沿海监测雷达等海上安全装备、培训海上安保人员等成为常规操作，背后则是配合其在国家安保战略上的一系列激进改革。① 随着近些年国内保守主义势力抬头，日本政府追求政治大国、军事大国地位的意图更加明显，试图突破和平宪法限制，加强推动安保军事化进程。新大纲继续保留了 2015 年大纲对受援国军队采取非军事目的发展合作的"个案处理"余地，并酌情与国际安全合作配合，如海上执法和反恐能力培训等。

但日本并没有止步于此。在 2022 年 12 月修订的《国家安保战略》中，日本首次提出建立新的援助机制，"向拥有相同价值观的'志同道合'国家提供防卫装备，支持其提高军事能力"，这就是在 2023 年设立的 OSA 机制，将曾经以 ODA 支持的安保领域援助直接升级、扩大为单独的援助机制。为此，日本专门在 2023 财年划拨约 20 亿日元，并在外务省综合外交政策局成立专门机构。

在 OSA 机制下，日本政府计划首批向菲律宾、马来西亚、孟加拉国和斐济四国军队提供海空警戒监视雷达及卫星通信系统等装备，2024 年将扩大援助对象至越南、印尼、蒙古、吉布提等更多国家，预算增至 2023 年的 2.5 倍。2023 年 11 月初，岸田文雄首次以日本首相身份访问菲律宾和马来西亚，重点就是推销 OSA 机制，加强与两国的防卫安保合作。11 月 3 日，日本与菲律宾签署了总额 6 亿日元（约合 400 万美元）的 OSA 无偿援助换文，日本将向菲律宾武装部队，特别是菲律宾海军提供海岸雷达系统，以加强其海岸监视和海域感知能力。此举标志着 OSA 机制的正式启动，也意味着日本打破了以往避免将援助用于救灾以外的军事目的的限制，反映了日本援助思路的根本性改变。

（三）以"提议型合作"强化援助战略性和主导性

新大纲还提出了与受援国加强"提议型合作"（offer-type cooperation）的新概念。不同于传统的"基于请求的援助"，"提议型合作"强调发挥日本优势，主动创造和提出具有吸引力的援助"菜单"。这一模式的提出也意味着日本援助思路从被动提供向主

---

① 姚帅：《亚洲时刻：新时代的全球发展治理与地区合作》，中国商务出版社，2023 年，第 209-210 页。

动塑造的转变，这也是"更战略性利用"ODA 工具的具体体现。正如外务省在 9 月发布的"提议型合作"详细文件①中指出的，要将资源集中用于对日本外交政策具有重要战略意义的领域，与发展中国家的关系需要从日本单方面提供援助转变为互惠互利，这也是"提议型合作"模式提出的主要原因。

日本将气候变化和绿色转型、经济复原力（供应链韧性、公平获取关键矿产资源、多样化产业）和促进数字化及数字转型作为"提议型合作"的三大领域，未来将集中援助资源和人力资源于这些对日本具有战略意义的关键领域。通过"提议型合作"模式，日本也便于将 ODA 和其他官方资金（OOF）等多种机制有机结合起来，将私营部门、金融机构、民间社会、地方省份、科研院所、国际组织等各方力量汇聚起来，形成多种方式、多种机制协同的发展合作方案。这一模式不仅有利于促进一个全日本的统一的国际发展合作局面，也利于调动日本各界力量对国际发展合作的深度参与，更重要的是将主导援助的战略性投入，从受援国需求导向转变为援助国战略导向。

二、日本国际发展合作的特点分析

（一）援助保持增长态势

日本在国内预算整体收紧的情况下，坚持 ODA 保持增长态势。尤其是 2020 年以来，援助规模增幅较大。2021 年日本超过英国，成为全球第三大援助国，仅次于美国、德国。根据 DAC 公布的最新统计数据，2022 年日本由于大规模增加双边贷款和对乌克兰援助，ODA 总规模升至 167.22 亿美元，同比增长了 19%，占 GNI 比重增至 0.39%，这一比重是自 1962 年有记录以来的最高水平（见表 15-1）。

表 15-1　2013—2022 年日本官方发展援助规模

单位：亿美元

	2013 年	2014 年	2015 年	2016 年	2017 年	2018 年	2019 年	2020 年	2021 年	2022 年
ODA	114.69	94.83	92.03	104.17	114.63	100.64	117.20	136.60	157.65	167.22
占 GNI 比重（%）	0.22	0.20	0.20	0.20	0.23	0.20	0.29	0.31	0.34	0.39

注：数据来自 OECD 统计系统，为 ODA 净支付额，2022 年为初步数据。

日本 2023 财年的 ODA 预算增加了 14%，达到 2.75 万亿日元（约合 209.38 亿美

---

① オファー型協力を通じて戦略的に取り組む分野と協力の進め方「パートナーとの共創のためのオファー型協力」，2023 年 9 月。

元），如扣除贷款还款，援助预算净值为 2.04 万亿日元（约合 155.25 亿美元）。① 考虑到日本修订发展合作大纲的目的之一就是通过强化 ODA 战略作用来增加 ODA 预算，新大纲的出台将是日本进一步扩大援助预算的重要契机，加之日本推出 ODA 以外的官方安全援助，预计日本总体援助规模在今后一段时期将维持增长趋势。

日本对外援助主要包括无偿援助、技术合作、日元贷款三种方式，以日元贷款为主、无偿援助和技术合作为辅是日本区别于其他传统西方援助国的主要特点。一直以来，日元贷款因资金量大，在承诺额上始终高于无偿援助和技术合作。按赠与等值法计算，2018—2021 年日本双边援助总额的一半以上为贷款，2021 年日本通过双边和多边渠道提供的贷款金额达到 79.3 亿美元，占 ODA 总额的 45%。日本也是 DAC 成员国中贷款金额最多的国家，主要用于在亚洲中等收入国家开展基础设施项目。日本首选日元贷款有以下四点原因：一是延续战后赔款与日元贷款绑定的历史传统；二是受政府财政压力的影响，无力提供大量无偿援助资金；三是日元贷款可支持日本在受援国开展大型基础设施项目，输出日本产品、技术、标准和管理模式；四是其援助政策提倡发展中国家的"自助"理念。

（二）推行"自由开放的印太新计划"

日本将 ODA 作为推行"自由开放的印太战略"的关键手段。2016 年 8 月，前首相安倍在肯尼亚内罗毕举行的第六届东京非洲发展国际会议上正式提出了"自由开放的印太"战略构想，标志着该战略作为日本的一项新外交战略正式出台。此后，ODA 成为推动日本印太战略的重要落实手段。2023 年 3 月，日本首相岸田文雄在访印时宣布"自由开放的印太新计划"，其中提到要扩充和"战略性运用"ODA，以民间投资和日元贷款等"官民并举"的方式，到 2030 年向该地区基础设施建设提供 750 亿美元的资金。

岸田文雄版"印太战略"共有四大支柱：一是"和平原则和繁荣规则"；二是"印太式的全球问题应对"；三是"多层次互联互通"，四是"海空安全保障"，其中第二点是在安倍版"印太战略"三大支柱基础上提出的新支柱。援助作为日本重要外交手段，在实现四大支柱方面作用突出。例如，为实现第一支柱，日本强调"价值观外交"，对与其共享基本价值观的国家加大援助投入，援助分布表现出明显的意识形态色彩；针对第二支柱，突出对气候变化、粮食安全、公共卫生和网络空间方面的援助；为落实第三支柱，日本加大对印太地区的"高质量基础设施"建设，在硬件基础设施

---

① 参考 donortraker 网站，数据来源：Government of Japan，MOFA FY2023 ODA Budget Summary and FY2023 Budget Breakdown·Budget presented according to the cash flow basis，as released by the government of Japan.

援助的同时，通过人力资源开发合作等软援助方式，加强对人员联通和机制联通方面的援助投入；在第四支柱落实方面，日本将空域列入印太安全范畴，官方发展援助与官方安全援助共同发力，提供海洋执法、空域安全人才培养和其他安保能力建设，并在人道主义援助、灾害应对、反恐、反海盗等领域加大援助力度。

日本将东南亚视为"印太地区的增长中心"，也是日本援助的传统优先和重中之重。2023 年 12 月举办的日本—东盟友好合作 50 周年特别首脑会议，将提出面向未来50 年的日本—东盟合作愿景。此前，岸田文雄已宣布向日本—东盟一体化基金再出资1 亿美元，并在 9 月升级了日本—东盟互联互通倡议，提出就加强互联互通扩大双方合作范围。目前在交通基础设施方面，日本正在东南亚实施的项目总价值高达 2.8 万亿日元，为了实现"多层次互联互通"的第三支柱，日本承诺在未来三年为东盟国家提供 5000 人次的能力建设项目。

受"印太战略"的政策导向，日本近些年对南亚的援助增长最为明显，印度、孟加拉国已成为获得日本援助最多的国家。印太新计划中推出了孟加拉湾和印度东北部的产业价值链构想，除了援助硬件和软件基础设施，日本还将促进民间投资，为孟加拉国和印度培育整个地区的产业基础。

第三个重点地区是太平洋岛国。日本已深耕这一地区多年，并与美国、澳大利亚强化合作，援建海底电缆等基础设施、加强联合融资。2024 年日本将主办太平洋岛国峰会，预计将针对这一地区加大援助力度，出台更多援助举措。

此外，近些年日本也更加重视对非洲的援助。自 1993 年首届会议以来，东京非洲发展国际会议（TICAD）逐渐成为日本对非外交重要渠道。2022 年 8 月 27—28 日在突尼斯举行的第八届 TICAD 会议，重点讨论了后疫情时代的日本对非发展合作，岸田文雄宣布在未来三年为非洲提供 300 亿美元的资金组合[①]，发起"日本—非洲绿色增长倡议"，承诺培训 30 万名专业人员，并与非洲开发银行合作为私营部门提供资金支持。

（三）以更加积极姿态应对全球挑战

岸田文雄上任后，强调日本将致力于应对全球挑战，如气候变化、实现全民健康覆盖（UHC）和减少贫困。尤其在卫生领域，日本力求推动全球在后疫情时代发展一个更具韧性和公平的社会，重点关注可持续的"人类安全"和"全民健康覆盖"。日本政府于 2022 年 5 月发布了一项全球卫生战略，旨在促进全球卫生架构的发展，促进卫生安全，加强对公共卫生危机的预防、准备和应对。该政策包括国际合作、加强卫

---

① 《岸田总理在第八届非洲开发会议（TICAD8）开幕式上的演讲》，日本国首相官邸网站，2022 年 8 月 27日，https://www.kantei.go.jp/cn/101_kishida/statement/202208/_00007.html.

生系统、复原力、平等、可持续性以及跨学科方法六个核心主题，将指导若干领域的援助举措，如扩大双边官方发展援助，发展全球金融机制，建立私营和民间社会伙伴关系，发展人力资本，关注传染病、孕产妇和儿童健康，抗微生物抗性和气候变化等。

日本在"全民健康覆盖"方面一直发挥着较强领导力。在 2023 年七国集团广岛峰会上，日本借助其主席国身份，推动加强"全民健康覆盖"与卫生安全的协同作用，促使七国集团承诺通过加强卫生系统来实现更具弹性、公平和可持续的全民健康，并承诺政府及私人部门共同投入 480 亿美元以上资金以实现全民健康覆盖，并加强预防、准备和应对卫生危机的能力，其中日本将在 2022 年至 2025 年投入 75 亿美元的资金，并与包括新兴国家在内的发展中国家加强合作，为东盟公共卫生紧急事件和新型疾病中心（ACPHEED）发展成为东南亚地区传染病对策的核心机构提供支援。

在数字领域，在日本的倡议下，七国集团广岛峰会启动了旨在实现可信的生成式 AI 的"广岛 AI 进程"。为此，日本将加强援助推动发展中国家的数字化，将在东盟与东亚经济研究所（ERIA）设立数字创新中心，在亚洲区域内开展可信数据合作、供应链升级优化等工作。

在绿色发展领域，岸田文雄上台以来推行"现实主义外交"和"新资本主义"，将气候变化和能源作为重点领域，提出"亚洲零排放共同体"愿景。未来，日本在气候变化和能源领域的援助将是重点，以推动实现亚洲的去碳化，并利用 ODA 支持岛国引进可再生能源。

（四）加强与所谓"志同道合"伙伴的合作

近些年，在"价值观外交"影响下，日本援助呈现意识形态化的特点，突出与所谓"志同道合"国家和机构的合作，尤其是与七国集团、四国集团的合作。拜登于 2022 年 5 月访日期间，宣布在日本设立疾病控制和预防中心（CDC）区域办事处以为下一次大流行病做好准备，这为美日进一步强化全球卫生合作奠定了基调。日本在主办七国集团广岛峰会期间，为了强化七国集团与"全球南方"的合作，还邀请了印度尼西亚、越南、印度、韩国等 8 个国家的首脑和 7 个国际组织的领导人与会，其选择邀请国家和机构的依据则是所谓的"共同价值观"。

2023 年 10 月 29 日至 30 日，美日韩在美国檀香山举行首届"发展与人道主义援助政策对话"，延续了 8 月戴维营峰会后三国的合作势头，并将三国发展合作机制化。三国就推进发展合作与人道主义援助政策合作进行深度讨论，并达成合作共识。具体包括：一是加强 ODA 执行机构（KOICA-USAID-JICA）间在发展融资、基础设施等方面的合作；二是探讨在东盟和太平洋岛国开展网络安全、人工智能等数字领域发展合作，以应对气候变化、加强互联互通、维护海上安全；三是在印太地区外，强调在非洲和中亚地区开展妇女赋权、和平安全、卫生保健等领域的发展合作；四是在人道主义领域，通过紧急救援领域联合培训、信息共享等方式，积极响应人道危机。此外，三国商定每两年定期举行发展和人道主义援助政策对话，并决定于 2025 年在韩国举行下一次政策对话。

三、中日发展合作：挑战与机遇并存

随着日本对外战略和发展合作战略的调整，尤其是安全化和中国指向性的加剧，中日在发展合作领域的竞争面进一步上升。由于日本援助的战略自主性不断强化，并更加追求与其他援助国和国际机构的联动，中日在发展合作领域面临的挑战更加严峻和复杂。

从本质上说，中日在发展合作领域竞争局面的形成，主要源于日本为了保持其援助影响力和主导力对中国进行的针对性举措。随着中国经济的快速增长，尤其是共建"一带一路"倡议提出以来，中国国际发展合作的影响力显著提升，与发展中国家的经济联系与合作不断加深，呈现"中升日降"的态势，正是这一力量对比的变化导致日本以援助对冲中国的意图加剧。

在 2018 年 11 月前首相安倍访华期间，日本表示调整对华发展合作总体政策，在全面停止对华援助后，将对华关系转向发展合作对话和人才交流，双方达成了"发展合作对话"的共识，并开展第三方市场合作。此后，中国国家国际发展合作署与日本外务省举行了司局级磋商，就中日发展合作进展、制度建设、白皮书发布、监督评估等议题进行了交流，为中日深化发展合作提供了机遇。

中日关系历来都不仅仅是简单的双边关系，而是事关地区与全球的和平与发展。尽管在过去的 50 多年，两国关系历经风风雨雨，在百年变局与多重危机并存的当下，中日分别作为第二大和第三大经济体，对全球经济复苏和韧性发展具有重要影响力，双方以史为鉴面向未来的务实合作，将有利于亚洲地区和全球的可持续发展。第一，中日两国援助的共同性与互补性，以及日本对华援助的历史经验，为双方深化发展合作对话与交流奠定了基础；第二，两国可抓住《区域全面经济伙伴关系协定》（RCEP）生效的契机，以发展合作助推经贸合作提质增效，拓展第三方市场合作；第三，双方需要共同妥善管控分歧和风险，实现良性竞争，并在基础设施、低碳转型、数字经济、防灾减灾等方面寻找联合开展援助的合作点，通过加强发展合作对话，促进相互学习、增信释疑，为开展实质性发展合作项目奠定基础。

第十六章
法国国际发展合作：凸显"大国雄心"[①]

2017 年，法国总统马克龙上台后，其执政理念突出法国的国家利益、国际地位和世界影响，强调欧洲战略自主，倡导多边主义和全球化，主张积极参与和推动全球治理。在国际局势深刻变革、单边主义逆流涌动的背景下，为落实其以安全、独立和影响力为内核的外交政策，马克龙更加重视发挥发展援助在重塑法国国际领导力和完善全球治理方面的积极作用。法国发展援助政策更加积极主动，规模呈现持续增长态势，法制化进程取得新进展，支持非洲和应对气候变化等全球挑战的举措更趋务实，其成效值得持续关注。当前，国际地缘局势动荡，全球挑战与地区安全风险加剧，中法两国在国际发展合作领域均面临新的形势，也迎来更多合作机遇。两国在发展合作领域开展合作，既能为动乱交织的世界注入更多正能量，也将为广大发展中国家发展和应对全球挑战提供更多发展资源。

一、发展合作政策折射法国"大国雄心"

2020 年以来，新冠疫情、乌克兰危机、气候变化等加剧了全球贫困和不平等，国际团结合作、应对全球挑战被置于法国对外事务的优先地位。发展援助作为其中的重要战略工具，呈现"大投入、大视野、大改革"三大态势，折射出法国支持全球发展、提升国际影响力的"大国雄心"。

（一）"大投入"——增加 ODA 规模

2017 年马克龙总统上任伊始访问非洲时曾承诺，法国将努力增加 ODA，提升 ODA 占 GNI 比例。2021 年 8 月，法国通过发展援助领域第二部法律《团结发展和抗击全球不平等规划法》（以下简称 2021 年新法案），[②] 首次明确引入预算条款，规定 2020—2022 年发展援助的财政拨款规模，即"到 2022 年援助科目预算达到 48 亿欧元，ODA

---

① 本章撰稿人：刘娴，商务部国际贸易经济合作研究院国际发展合作研究所助理研究员。
② 法国发展援助领域首部法律为 2014 年 7 月通过的《发展政策和国际团结指导和规划法》。

占 GNI 比例达到 0.55%"，并对 2022 年后下一个总统任期的投入也作出了预期，其中 2023 年 ODA 占 GNI 比例计划达到 0.61%，2024 年达到 0.66%，2025 年达到 0.7%。如能实现，法国将成为少数实现 ODA 占 GNI 比例 0.7% 目标的 DAC 国家之一，目前仅有德国、英国、瑞典、卢森堡、挪威等国达到该目标。

为积极落实总统承诺和新法案规定，在 2023 年通过的法国公共财政预算案中，多项援助预算有所增长。其中两项主要科目"对发展中国家团结"（209 科目）和"经济和财政援助"（110 科目）预算分别达到 32.75 亿欧元和 23.38 亿欧元，同比分别增长 13% 和 26%。人道主义援助，粮食援助，用于支持地方对外行动的专项资金，对教育、卫生、气候变化领域和支持最不发达国家的多边捐款都呈现不同程度增长。

（二）"大视野"——致力于为全球提供公共产品

作为传统大国，法国注重在国际事务中发挥引导力和影响力，反映在发展援助政策中，其全球愿景更加明显。2021 年新法案第一项条款中就提出法国发展政策的三重目标，分别是"消除贫困，打击不平等现象，解决粮食不安全和营养不良问题，并在教育和卫生领域采取行动；促进人权，特别是儿童权利，加强法治和民主，促进法语世界发展；保护全球公共产品，特别是保护地球"。新法案还规定了十项优先合作领域，包括环境与气候、性别平等、危机与脆弱性、人权、卫生健康、教育、粮食安全、水与清洁、包容性增长和治理，不少领域都具有跨区域和全球性特征，突出体现了法国为贫困、粮食安全、气候变化等全球挑战提供公共产品的意愿。为确保发展项目有助于实现联合国 2030 年可持续发展目标，2022 年，法国开发署更新了"可持续发展分析与意见机制"，用于分析发展项目在生物多样性、气候、社会联系、性别、治理和经济等 6 个方面的预期影响，指导项目贡献于消除贫困和减少不平等，推动实现 2030 年议程。

此外，法国在发展援助领域更加倚重多边渠道和欧盟机构，以集体行动保障全球公共产品供给。在《2017—2021 年多边战略》中，法国表示将致力于建立有效的多边体系，以适应 2030 年议程挑战，并列出了主要合作的多边机构体系，包括欧洲发展基金，世界银行国际开发协会，绿色气候基金，全球抗击艾滋病、结核病和疟疾基金，欧洲投资银行和联合国系统等。在该战略指引下，法国多边援助规模逐年增长，2021 年，法国共向多边机构提供了 74 亿美元，较上年增长 6.2%。

（三）"大改革"——推动援助管理现代化，提升决策力和行动力

为提升发展政策的有效性，2018 年，马克龙总统委托法国外交事务委员会成员埃尔韦·贝维尔议员专题研究发展援助政策现代化问题。贝维尔议员在其提交的《共同

的世界，每个人的未来》报告中提出 36 项改革建议，涵盖援助规划、法制化、伙伴关系、工具多元化、信息公开等多个方面，其核心之义在于提升法国援助的决策力和行动力。在该报告的推动下，法国开启了援助现代化的改革之路，其着重围绕以下几个方面：一是畅通援助管理链条。例如在受援国设立地方发展理事会，加强法国驻受援国使馆的响应能力，使决策下沉一线，援助程序更加高效。二是加强评估和问责。成立隶属国家审计署的独立评估委员会，对援助战略、项目和方案的效率、效果和影响进行评估，通过加强评估的独立性和权威性提升发展政策的实效。法国还推出了 ODA 信息开放式数据库，在政府官网上线，进一步提升援助透明度，保障议会和国内民众问责。三是扩大发展合作力量。贝维尔改革建议中提出更多利用私营部门和民间社会优势，加强对话，加大对其倡议的支持，调动法国公司、地方政府和青年等力量参与国际发展合作。为此，2023 年 5 月召开的总统发展委员会会议就提出，在 2027 年前为国际专家和志愿者创造 3000 个职位，以其为载体加强知识和技术的海外传播，为法国传统援助框架注入新的动力。

2023 年，法国计划召开五年一次的国际合作和发展部际委员会（CICID），确定未来五年发展援助总体政策和优先领域，其政策走向值得持续关注。

二、法国国际发展合作的特点分析

（一）规模稳步增长

2014 年以来，法国 ODA 总体呈增长走势。2022 年，法国 ODA 额为 159 亿美元，同比增长 12.5%，继续保持世界第五大捐助国地位。援助占 GNI 比例为 0.56%，实现了马克龙总统"到 2022 年官方发展援助占国民总收入比例 0.55%"的承诺（见图 16-1）。

法国援助以双边渠道为主，2021 年，双边 ODA 占援助总额的 66.1%，超过三分之二；33.9% 为多边援助，多边援助中的 64% 通过欧盟机构提供，12.8% 投向联合国机构（主要通过核心捐款）。在 2021 年的 ODA 中，62.4% 为无偿援助，37.6% 为非赠款，但由于法国贷款规模较大，总体援助资金的赠与成分统计为 75.6%，低于 DAC 建议的 86% 目标。2021 年新法案提出无偿援助应占未来五年双边 ODA 的 70%，并优先用于低收入国家和优先国家。可见，未来法国对于低收入国家的无偿援助规模将会有所增加。

（二）非洲国家优先

非洲一直是法国援助的优先区域。法国 19 个优先受援国中有 18 个位于非洲，包括贝宁、布基纳法索、布隆迪、科摩罗、吉布提、埃塞俄比亚、冈比亚、几内亚、利比

图 16-1 2015—2022 年法国援助净交付额

资料来源：OECD DAC。

里亚、马达加斯加、马里、毛里塔尼亚、尼日尔、中非、刚果（金）、塞内加尔、乍得和多哥。据 OECD 统计，2021 年，撒哈拉以南非洲地区接受法国援助占比 36.7%，达 47 亿美元，是法国援助的最主要地区。但值得注意的是，非洲国家中，科特迪瓦、南非、突尼斯、埃及等经济条件相对较好的非洲国家在法国前十大援助国中，而最不发达非洲国家获得的援助资金不足（见图 16-2）。最不发达国家收到的法国双边援助为 21 亿美元，仅占总额的 16.3%，低于 DAC 国家平均的 22.9%。2021 年新法案指出将资源优先用于最脆弱国家，意在将法国援助锁定在撒哈拉以南非洲最不发达国家，进一步增强发展影响（见图 16-2）。

伴随国际竞争压力和非洲国家自主意识的不断增强，法国同非洲关系正趋于深度调整，非洲之于法国正在从传统势力"后院"变为地缘战略"前哨"。2022 年 2 月，法国担任欧盟理事会轮值主席国期间，在布鲁塞尔举行了第六届欧洲—非洲联盟峰会，会上重申欧洲与非洲大陆关系的战略重要性。为此，法国提出与非洲建设"负责任、相互和平衡"的新型关系，调整"居高临下"的方式，对非援助趋向平等务实。具体而言，一是搭建多个平台，如法国开发署下属促进和参与经济合作公司（Proparco）提出"选择非洲"（Choose Africa）、"遇见非洲"（Meet Africa）、"数字非洲"（Digital Africa）等倡议，形成系统机制，并配套资金支持非洲企业创业。二是利用语言和法非历史关系的天然优势，发展多方位伙伴关系，包括科技、健康、文化、教育、培训、艺术、青年等领域合作，以人文合作辅助政治、经济和军事合作。2021 年 10 月，法国举办第 27 届法非峰会，会上，法国提出了未来 3 年在治理、文化、教育等领域的支持

单位：百万美元

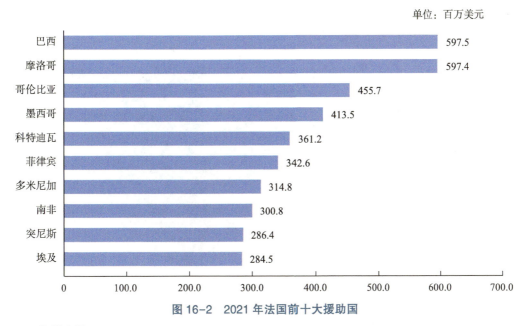

图 16-2 2021 年法国前十大援助国

资料来源：OECD DAC。

举措，包括设立 3000 万欧元的非洲民主创新基金；提供 30 万欧元的文化资金，支持非洲艺术作品赴欧洲举办展览；从 2022 年开始，每年为非洲博物馆人员举办研讨会，制订法非遗产专业的交流计划；鼓励法国和非洲大学生交流等。三是在教育、职业培训、健康、气候、性别平等等领域部署具体切实的项目，更多地与公民社会合作，听取青年和非洲公民社会的意见，简化供给程序，提供优质有效的援助供给。

除非洲外，在马克龙欧洲主义理念的推动下，西巴尔干地区也逐渐成为法国援助关注的地区。法国开发署在塞尔维亚、波斯尼亚—黑塞哥维那、科索沃、黑山、阿尔巴尼亚和北马其顿进行了 3 年的投资，项目融资达到 10 亿欧元，包括水和卫生设施、能源转型等。此外，在俄乌冲突爆发伊始，法国开发署就为乌克兰发放了第一笔 3 亿欧元的贷款。据统计，2022 年，法国共向乌克兰提供 5.05 亿美元双边援助，并为流入摩尔多瓦的乌克兰难民提供照顾和社会心理支持。法国开发署还通过法国专家协会，探讨乌克兰重建和良治议题。

（三）聚焦全球议题

OECD 数据显示，2021 年，法国 ODA 的主要领域为社会基础设施及服务和经济基础设施及服务，金额分别为 52 亿美元和 35 亿美元，占援助总额的 33.5% 和 24%。其中，社会基础设施及服务聚焦教育、卫生和水供应等；经济基础设施及服务侧重能源、交通仓储和金融等领域。此外，农业领域占比 7%，工业领域占比 3.6%，物资、项目和债务援助占比 1.1%，人道主义援助占比 0.7%（见图 16-3）。

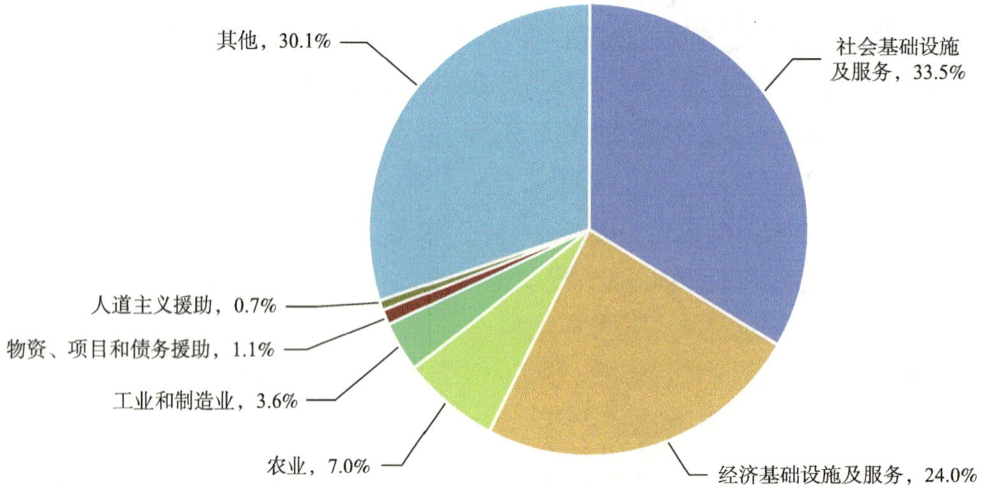

图 16-3　2021 年法国官方发展援助主要领域分布

资料来源：OECD DAC。

根据 2018 年 CICID 确定的方针，法国 ODA 主要集中在卫生、教育、环境和气候、性别平等、脆弱性和危机这五个领域。2020 年，法国对上述五项优先事项的援助投入从 29.53 亿欧元增至 34.57 亿欧元，增加了 17%，占法国当年 ODA 总额的 22%。

为落实马克龙总统将卫生作为全球公共产品的承诺，卫生领域一直是法国重点援助领域。2022 年，法国开发署共投入 4.22 亿欧元用于卫生和社会保障领域，支持 50 个新项目，受益人数达 2800 万人。在 2022 年上半年出任欧盟理事会主席国期间，法国积极推进应对新冠疫情行动，动员资源扩大欧盟全球健康议程。法国还同世界卫生组织签署了一项 5000 万欧元的捐助协议，用于支持有需要的国家打破新冠疫情防治瓶颈，加速公平地获得测试、治疗和疫苗，体现了对世卫组织和多边主义的支持。2023 年 10 月，法国发布《2023—2027 年全球卫生战略》，以替代 2017—2021 年战略，着力增强应对全球卫生危机的韧性，并计划增加对全球抗击艾滋病、结核病和疟疾基金的捐款，使其超过 2020—2022 年承诺的 13 亿欧元。

在教育领域，根据法国《2017—2021 年发展中国家教育、职业培训和融合国际战略》，法国重点支持发展中国家以下 3 个领域：促进初等和中等教育普及、提高面向 21 世纪的教育质量，以及加强教育治理。法国对教育领域的支持主要通过"全球教育伙伴关系"（GPE）渠道，多次向其注资，其中 2021—2025 年预计捐款 3.33 亿欧元，已成为该基金第三大捐助国。

作为 2015 年巴黎气候大会的主办国，法国高度重视全球气候变化，应对气候变化是法国长期优先事项之一。2018 年 CICID 决定，具有气候效益的资金量须至少占法国开发署对最不发达国家和最易受气候变化影响国家承诺资金的 50%。法国对相关多边基金也加大了注资承诺。在 2019 年绿色气候基金第一次充资会议上，法国承诺在 2020—2023 年向该组织提供 15 亿欧元。2021 年 1 月，在巴黎举行的"一个地球"峰会上，法国倡导设立"绿色长城加速器"，促进非洲萨赫勒地区农业生态和可持续农业发展，为此，法国开发署将在 2021—2025 年在该框架内投入近 6 亿欧元。

为应对脆弱性和危机，2017 年，法国开发署成立"和平与恢复基金"（Minka），在叙利亚及其周边地区、乍得湖地区、中非共和国和萨赫勒地区等四个主要优先危机领域开展活动。2018 年，法国通过《人道主义战略》和《预防、复原力与可持续和平战略（2018—2022 年）》两项战略，进一步巩固了法国援助的理论框架，倡导将外交、和平安全与发展行动相联系。同年，CICID 决定到 2022 年将年度人道主义双、多边援助增加至 5 亿欧元。2021 年，用于人道主义援助的资金总额已接近 3.65 亿欧元。

（四）整合行动资源

在官方层面，法国对外援助的"三驾马车"是法国欧洲和外交部、经济和财政部、法国开发署。从 2021 年新法案来看，法国将在此基础上巩固形成更趋集中和高效的援助管理机制，包括强化发展政策的指导架构，加强国家对执行机构法国开发署的战略引领和监督；法国国际技术合作机构（Expertise France）同法国开发署合并，增强技术援助行动力；在受援国层面，强调驻外大使的统一领导等。

在民间层面，法国强调基于平等、责任和共同利益原则发展多元合作伙伴关系，调动民间社会力量参与国际发展合作。2021 年新法案明确规定，到 2022 年拨付给民间组织的资金较 2017 年翻一倍，同时吸引更多在国际发展领域发挥核心作用的国际机构落户法国。民间组织触角广、扎根深，能够提供不同于官方的援助，丰富法国援助格局。根据《2018—2023 年法国开发署与民间组织伙伴关系战略》，法国开发署每年向法国和发展中国家民间组织征集意向书，优先支持有助于加强公民社会和实现联合国可持续发展目标的项目。据统计，2021 年，公民社会共收到 6.98 亿欧元援助，占法国双边官方发展援助的比重从 2020 年的 4.8%上升至 5.5%。其中既有捐助国主导的社会组织，也有不少发展中国家的民间组织受益。

三、中法发展合作面临更大机遇，具有深厚潜力

法国作为第一个同中国建交的西方大国，一贯秉持独立自主的外交风格。在国际地缘局势动荡、逆全球化思潮抬头的背景下，2023 年 4 月，马克龙总统访华，再次体

现法国"战略自主"的世界观、角色观和价值观，为深化中法务实合作注入新的动力。当前，公共卫生、气候、能源、粮食安全等全球治理难题与地缘安全风险加剧，发展中国家发展诉求更趋多元，中法两国在国际发展合作领域均面临新的形势，也迎来更多合作机遇。

展望未来，中法在发展领域合作可聚焦以下几个方面：一是继续在发展中国家开展优势互补的三方合作，例如在能源、港口等基础设施领域，发挥法国技术优势和中国承包工程优势，在建设、咨询和管理方面打造互利共赢的合作模式。二是法国在华开展了数十年援助，中法两国可系统总结相关经验，反哺并丰富中国对外援助实践。联合在发展中国家开展三方培训，介绍中国曾经接受援助、实现发展的经验，为当地相关行业发展提供有效的范式参考和技术支持。三是在联合国、二十国集团等多边机制下，围绕2023年《中法联合声明》中提及的国际人道主义援助、全球粮食危机、应对全球气候变化、生态和能源转型、海洋保护、森林管理等发展议题，同相关多边机构、基金共同开展融资、融智合作，推动解决全球性问题。四是法国作为巴黎俱乐部的重要成员，可同包括中国在内的债权人加强信息和经验共享，推动债务困境国家债务重组和减免，并共同支持发展中国家提升债务可持续管理能力，支持发展中经济体应对债务问题，弥合发展融资缺口。

第十七章
欧盟国际发展合作：加速构建整体性①

欧盟作为 DAC 的第三大援助方，在国际发展合作进程中扮演着重要角色。近年来，随着国际局势和欧盟内部的变化，欧盟开始调整其发展援助政策，增强全球影响力。

一、援助政策体现整体性

近年来，欧盟援助领域政策更新频繁，版本与时俱进，调整幅度较大，更加注重整合工具箱，推出"全球门户"计划（Global Gateway）、"全球欧洲"（NDICI-Global Europe）等工具，积极在各个发展领域寻求主动，欲与大国抗衡，在新的国际形势下寻求利益，塑造统一行动的形象。

（一）统一发展融资工具

2021 年 6 月，欧洲议会通过了为期七年（2021—2027 年）的"邻国、发展和国际合作工具——全球欧洲"，总规模达 795 亿欧元，是欧盟实现新发展融资目标的重要一步。随后，该工具成为"全球门户"计划的主要融资来源。2022 年 3 月，欧盟委员会进一步提出"路线图"，将"全球欧洲"计划置于推进欧洲发展融资框架的核心。在本轮预算制定中，欧盟将"全球欧洲"视为促进全球可持续发展、强化欧盟价值观和利益的关键手段。为服务欧盟及成员国的政治优先事项，欧盟将多项融资工具整合，纳入一个统一的预算框架，这是欧盟历史上首次统一对外融资工具。此外，欧盟还将利用其他资金工具如"入盟前援助工具"（IPA）、"人道主义援助与共同外交安全政策"（CFSP）、"欧洲核安全工具"（EINS）等，为"全球欧洲"计划提供支持和补充，以实现更有效的资金统筹和管理。这些融资工具的整合包括无偿援助、混合融资和担保等多种资金类型，为欧盟在全球范围内更加灵活地动用资金提供了可能，同时也鼓励公共和私人部门的投资。通过简化融资工具，欧盟旨在培育广泛的合作伙伴关系，调动更多资金，例如，确保"全球欧洲"计划中至少 93% 的资金作为 ODA，由

---

① 本章撰稿人：王雪莲，商务部国际贸易经济合作研究院国际发展合作研究所研究实习员。

欧盟"对外行动担保"（EAG）提供总额为 534 亿欧元的担保，其中 400 亿欧元与欧洲投资银行、其他欧洲金融机构、欧盟成员国金融机构和私营部门资本合作，以降低投资风险。

（二）"全球门户"计划进展缓慢

"全球门户"计划是欧盟版的全球基建计划，于 2021 年 12 月发布，旨在 2021—2027 年动员近 3000 亿欧元的投资，加强与全球特别是发展中国家的基础设施建设合作。该计划关注交通、数字、卫生、气候与能源、教育与科研等五个主要领域，以提升欧洲在全球基础设施建设竞争中的地位。

实施方面，欧盟推进"欧洲团队倡议"，通过协作整合资源和专业知识，提供更有效和有影响力的支持。该倡议由欧盟、欧盟成员国、欧洲投资银行（EIB）和欧洲复兴开发银行（EBRD）组成。欧盟委员会直接管理"全球门户"计划，欧盟机构负责确认受支持项目，然后由多方共同参与，包括欧盟机构、欧盟成员国、欧洲金融机构、国际组织、欧洲企业界以及受援国的政府和私营部门来实施投资和推进项目。资金方面，首先，欧盟预算通过"邻国、发展与国际合作工具——全球欧洲"下的"欧洲可持续发展+"基金（EFSD+）提供 397 亿欧元担保，计划动员 1350 亿欧元投资；其次，由欧盟对外援助项目提供 180 亿欧元赠款；再次，由欧洲复兴开发银行等开发性金融机构以担保和低息贷款等方式动员 1450 亿欧元投资；最后，通过"地平线欧洲"计划提供部分科研资金。此外，欧盟还在筹建统一的出口信用工具，以加强对欧盟企业在第三国市场的支持。除了投资工具，欧盟还提出通过技术援助、政策对话、贸易与投资协定、标准化等途径，为相关投资创造更有利的环境。

"全球门户"计划公布以来，并未取得大的实质性进展，引发了外界甚至欧盟内部的批评和质疑，"全球门户"计划实施面临多重挑战。首先，由于欧盟受到俄乌冲突和多重危机的困扰，经济增长乏力，实际财力投入有限；其次，欧盟成员国内部协调难度大；再次，欧盟将发展合作与价值观等政治条件绑定，难以被对象国接受；从次，作为外交工具，"全球门户"计划主要关注战略目标而非发展政策，受制于大国竞争与对抗思维，缺乏合作共赢思维；最后，欧盟的战略自主性有限，可能受制于美国的全球战略而远离初衷。最近，欧盟采取了"立足非洲，向东南亚和拉美拓展"的新动作，计划在 2023 年率先在"全球门户"计划框架下实施首批 70 个项目。2023 年 10 月，欧盟主办"全球门户"论坛并宣布签订价值超过 30 亿美元的新协议，主要用于全球健康、应对气候变化和能源转型方面。

（三）出台统一印太战略

尽管法国、德国和荷兰此前各自出台过国家层面的"印太战略"，但长期以来，欧盟层面缺乏一个统一的印太战略。2021 年 9 月，欧盟发布了《欧盟印太合作战略》，主要目标是增强欧盟在印太地区的存在感，追求战略自主、强化基于规则的国际秩序、应对全球性威胁与挑战，同时推动经济发展与长期繁荣。这一战略涵盖了经贸、防务、价值观以及多边行动等多个领域。战略中关于发展合作的内容明确指出，欧盟将在可持续繁荣、绿色转型、海洋治理、数字治理和伙伴关系、连通性、安全与国防、人类安全七个具体领域与印太地区国家展开合作。欧盟强调在共同的价值观和原则基础上促进多边合作，关注全球性威胁与挑战，积极应对气候变化、环境退化等问题，与合作伙伴开展双边和多边合作，实现《气候变化巴黎协定》和《生物多样性公约》的目标。在安全政策方面强调积极应对非传统安全威胁，例如海洋生态问题、恐怖主义和流行病等。

（四）更新全球卫生战略

卫生健康是欧盟援助资金流向的第五大领域。欧盟及其成员国致力于通过卫生发展援助等行动，在全球卫生治理中树立话语权和领导地位。欧盟的全球卫生政策变迁主要受到突发卫生事件的推动：2007 年，欧盟发布第一份关于全球卫生治理的战略性文件——《"携手为健康" 2008—2013 欧盟卫生战略》白皮书；2009 年，甲型 H1N1 流感再次引起了全球恐慌，全球卫生治理环境发生新变化，2010 年，欧盟发布了《欧盟在全球卫生事务中的角色》的战略文件，更具体地规划了欧盟参与全球卫生治理的方式；2022 年底，面对新冠疫情，欧盟发布了新的《欧盟全球卫生战略》，为 2023—2030 年的欧盟卫生政策提供了框架，并通过"欧洲团队"的方式加强成员国之间的协作，统一国际表达。

新的欧盟全球卫生战略将全球卫生定位为欧盟对外政策的重要支柱，视其为地缘政治的关键领域，强调必须解决影响健康的重要问题，如气候变化和环境退化、粮食安全、冲突等人道主义危机，以实现 2030 年可持续发展议程中健康相关目标。此外，该战略还旨在通过加强制药系统和疫苗制造能力，制定更有约束力的流行病国际规则，加强对病原体的监测和检测，从而改善全球卫生安全。欧盟委员会计划与欧洲投资银行和欧洲复兴开发银行合作，制定全球卫生融资框架，同时继续支持以世界卫生组织为核心的多边卫生合作，与世界卫生组织签署协议加强在未来十年的合作，并计划在未来五年内额外捐助世卫组织 1.25 亿欧元，继续通过全民健康覆盖伙伴关系向其成员国提供援助。

（五）主动拉拢拉美地区

继 2013 年和 2015 年两届"欧盟和拉丁美洲及加勒比国家共同体峰会"（EU-CELAC）后，时隔 8 年，2023 年 7 月 17—18 日第三届欧盟—拉共体峰会在布鲁塞尔召开。峰会的核心主题涵盖贸易、气候保护以及乌克兰战争，强调绿色经济和数字转型。此次峰会欧盟非常积极，宣布将在 2027 年之前增加对拉美基础设施、能源、教育、医药、运输等领域的投入，涵盖 130 余个建设项目，总金额达 450 亿欧元，以逐步提升对拉投资质量，推动拉美地区实现数字化转型和绿色发展。新机制的设立着眼于强化政治对话、改善经济纽带等方面，旨在提振欧盟与拉美共体的合作关系。虽然拉美地区在此次合作中得到积极关注，但拉美一直是欧盟发展政策关注的边缘地区，占欧盟全部对外援助的比重也相对较低。欧盟全部对外援助的数据显示，在 2019—2021 年，拉美地区分别占欧盟全部对外援助的 5.27%、6.00% 和 5.10%。尽管欧盟将 2021—2027 年对拉美的赠款和贷款承诺从 60 亿欧元提高到 100 亿欧元，但与针对非洲地区的 1500 亿欧元援助计划相比，对拉美的援助只是九牛一毛。

（六）抗俄援乌挤占资源

2022 年 6 月，欧盟批准乌克兰成为欧盟候选国，而一般欧盟以外国家申请入盟需要耗费七八年时间，这一政治态度表明了欧盟在俄乌双方中的站位。欧盟对乌援助形式包括宏观财政援助、预算支持、紧急援助、危机应对和人道主义援助，全力支持乌克兰同俄罗斯"战斗到底"。经济上，主要采用宏观金融援助（MFA）和预算支持。宏观金融援助是欧盟向处于国际收支危机的伙伴国家提供的一种金融援助形式，采用中长期贷款或赠款，或两者结合的形式，由欧盟委员会提出，欧洲议会和理事会批准，只提供给受益于国际货币基金组织的国家。俄乌冲突爆发以来，欧盟向乌克兰承诺提供的宏观金融援助包含紧急宏观金融援助共计 12 亿欧元、特殊宏观金融援助 90 亿欧元用于救援和重建，2023 年通过宏观经济援助以贷款形式提供 180 亿欧元。2022 年提供 6.2 亿欧元的预算支持。军事上，欧盟首次打破惯例对外提供军事援助，在"欧洲和平基金"（EPF）下动员 56 亿欧元向乌克兰提供军事装备，其中部分资金用于购买欧盟国家向乌克兰捐赠的弹药，还出台针对乌克兰武装人员的军事培训计划。人道主义方面，欧盟委员会已向乌克兰拨款 6.85 亿欧元，提供住所、医疗保健、食品援助、水、教育和卫生设施等，启动临时保护令使难民可去往欧盟国家并提供包括居留许可、参与工作和提供住所、医疗以及子女受教育的权利等，建立平民保护后勤中心向乌克兰民众分发所需援助。

二、欧盟国际发展合作的特点分析

（一）资金规模增长显著

2020 年，由于动员了大量资金用于抗击新冠疫情，欧盟的 ODA 较 2019 年出现大幅增长（25.4%），成为排在美国和英国之后的第三大援助方。2021 年，因偿还私营部门贷款和应对新冠疫情，欧盟的 ODA 减少了 8%，总额为 190.54 亿美元，位列 DAC 捐助国第三位，但也只达到 GNI 的 0.49%，未达到将 GNI 的 0.7% 用于发展援助的承诺。2022 年，欧盟提供了 248.34 亿美元的 ODA 资金，较 2021 年增加了 30%，增加的部分主要用于对乌克兰的援助，占 38.4%，其中包括贷款（见表 17-1）。随着国际形势和卫生状况等变化，欧盟 ODA 资金调整幅度较大。

表 17-1　2018—2022 年欧盟援助净交付额

单位：亿美元

年份	2018 年	2019 年	2020 年	2021 年	2022 年
ODA	173.60	164.05	207.3	190.54	248.34

注：DAC 从 2018 年开始采用新的统计口径赠与等值法（grant equivalent）统计成员国援助数据。
资料来源：OECD DAC。

2021—2027 年度，总规模 795 亿欧元的最大融资工具"全球欧洲"2023 年预算资金主要分配到三大方面，分别为：地理项目支出 93.436 亿欧元，侧重于如治理、减贫、气候变化、就业、和平等合作领域；10.194 亿欧元用于主题规划，覆盖人权与民主，民间社会组织，和平、稳定与冲突预防以及全球挑战等项目；4.84 亿欧元用于提升危机管理、预防冲突和建设和平的快速反应，或者处理外交政策优先事项。

（二）双边为主多边为辅

双边方面，2021 年，欧盟双边 ODA 占 ODA 总额的 99.9%，总额为 241 亿美元，比上一年有所下降。大部分双边 ODA 放在减少不平等、消除贫困和落实《联合国 2030 年议程》中的经济目标上。用于国家方案的援助占欧盟双边援助总额的 52.9%，相比之下，DAC 国家的平均水平为 45.2%。

多边方面，欧盟继续加强对多边机构的支持。2021 年，欧盟向多边机构提供了总额 52 亿美元的 ODA，比 2020 年增长 4%，提供 26 亿美元占总额 53.5% 的援助资金用于联合国系统，3.36 亿美元用于世界银行。前五大受援机构为联合国儿童基金会

（4.87 亿美元）、联合国开发署（4.37 亿美元）、世界粮食计划署（4.02 亿美元）、联合国粮农组织（2.11 亿美元）和联合国难民署（1.85 亿美元）。ODA 总额的 21%（51亿美元）用于多边指定用途捐款，只有 0.1% 以核心捐款的形式提供给多边组织，2021年为 3400 万美元，包括给全球疫苗免疫联盟的 3000 万美元。

（三）援助布局调整

2021 年，欧盟双边发展援助流向非洲 89 亿美元、欧洲 62 亿美元、亚洲 25 亿美元，分别占双边援助总额的 37.1%、25.9% 和 10.5%，同时根据总体战略，非洲也是多边援助的主要受益地区。欧盟双边援助总额的 18.4%（44 亿美元）流向最不发达国家，低于 DAC 国家 22.9% 的平均值，34.9% 流向中低收入国家。

从国别来看，双边援助的 37.6% 流向了前 10 大受援国，分别为埃及、土耳其、乌克兰、约旦、叙利亚、突尼斯、塞尔维亚、波黑、摩洛哥和阿尔巴尼亚。这些国家主要位于欧盟的东部和南部，充分体现欧盟对邻国的重视，希望通过援助改善周边国家的经济和生活状况，同时减少难民困扰。

从印太地区来看，作为印太地区最大的投资者和贸易伙伴之一，欧盟与该地区的贸易联系超过其他任何地区。一方面，印太地区经济潜力巨大，拓展经贸联系关乎欧盟未来的繁荣与稳定；另一方面，欧盟对该地区内国家贸易依存度高，部署印太战略有助于缓解经济风险，具有突出的现实意义。然而，欧盟在印太的政治参与一直缺乏"硬实力"的支持。如今，欧盟出台印太合作战略，积极开展发展合作，尤其是与东盟国家，寻求"战略自主"，希冀建立独立的欧洲，相对于全球大国设立"备选项"，维护欧盟的经济利益、经济安全以及推广其价值观，反映了欧盟在地区政治与经济格局中的不断调整和适应。

从拉美地区来看，当前国际形势下，"全球南方"话题愈演愈热，拉美作为"全球南方"的重要组成部分，欧盟重新重视拉美国家及其背后"全球南方"身份的战略趋势，增加对拉美援助力度，注重促贸援助，撬动私营企业投资，但欧盟可提供的援助规模相对有限。欧拉相比，欧洲更需要拉丁美洲。欧盟重新找回对其"天然伙伴"拉丁美洲的热爱，从短期看，欧盟希望在乌克兰危机方面得到"全球南方"国家的支持，对俄施加更多外交压力，实现地缘政治目的；长期着眼于供应链产业链重新布局，欧盟需要在多极化时代与"全球南方"国家建立更密切的联系，在全球寻找市场并确保欧洲关键原材料的供应和促进可再生能源的扩张，寻求"去风险"。而拉美方面反应并不积极，双方在一些重大国际政治经济问题上存在分歧。在乌克兰问题上，拉美国家并不打算选边站队，拒绝向乌克兰提供明确支持，凸显了外交政策自主权。欧盟坚持的"环保至上"与拉美加勒比国家主张的"发展优先"原则难以调和，亚马逊地区森林资源的砍伐问题阻碍着欧拉经济合作的进程，类似分歧导致双方很难找到利益契合点。

（四）重视人道主义援助

按照 DAC 的分类和统计，2021 年欧盟 ODA 支持最多的领域是社会基础设施及服务（92 亿美元），占到总体援助 36%，其中重点支持政府和民间社会（33 亿美元）、卫生领域（29 亿美元）和教育领域（13 亿美元）；其次为经济基础设施及服务援助 24%（62 亿美元），人道主义援助达 28 亿美元，占总体援助的 11%（见图 17-1）。2021 年欧盟对多边组织的专项捐款侧重于应急、卫生以及政府和民间社会。

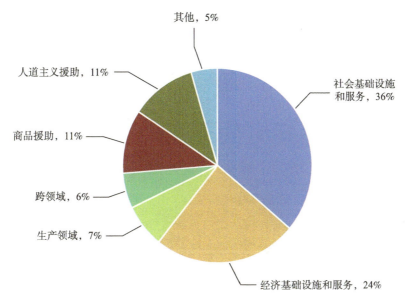

图 17-1 欧盟官方发展援助分领域情况

资料来源：https://stats.oecd.org/。

欧盟极其重视人道主义援助。联合国人道主义事务协调办公室《2022 年全球人道主义概览》报告显示，欧盟是世界第三大人道主义援助方，占全球人道主义援助的 30% 以上。2022 年，欧盟提供了达 26.2 亿欧元人道主义援助资金预算，比 2021 年增加了 4.4 亿欧元，2023 年预算为 17 亿欧元。欧盟人道主义援助涵盖多个领域，包括食品和营养、住所、医疗保健、水和卫生设施以及紧急情况下的教育。欧盟在人道主义危机发生之前、期间和之后提供粮食援助。欧盟在 2020—2024 年对全球粮食安全的总体支持达到 80 亿欧元，助力最脆弱国家应对全球粮食危机。

乌克兰危机导致了严重的人道主义危机，大量流离失所的乌克兰民众涌入欧盟。欧盟对乌克兰开展了大规模的援助行动以应对人道主义挑战，涵盖经济、军事、人道主义各个方面，仅第一年欧盟就提供了超过 670 亿欧元的经济、人道主义和军事支持。在欧洲经济遭受重创的情况下，欧盟选择投入大量资金援助乌克兰，必然是出于"利益"考虑，打击俄罗斯对于欧洲安全来说"百利而无一害"。多年来欧洲一直担心俄罗斯会西扩，北约东扩一定程度上就是欧洲对抗俄罗斯的一种手段。此次危机也引发了欧洲不同国家的立场分歧，匈牙利在欧盟讨论对俄制裁上一直持反对意见，中东欧国家与西欧、南欧国家之间的立场差异也较为明显。对乌克兰的大量援助实际挤占了其他国家可能获得的资金，尤其是在全球援助资金总体缩水的情况下，加剧了其他地区的贫困。

（五）加强内部管理协调

欧盟加强内部协调，分工明晰，整合资源，统一发声口径。欧盟国际发展合作主要由两个机构承担：欧盟委员会和欧洲投资银行（EIB）。欧盟委员会负责管理大部分资金，在欧盟委员会内部，国际伙伴关系总局（Directorate-General for the Department for International Partnerships，DG INTPA）负责制定欧盟总体国际合作和发展政策，涵盖与撒哈拉以南非洲、亚太地区以及拉丁美洲和加勒比的合作。欧洲睦邻和扩大谈判总局（Directorate-General for Neighborhood and Enlargement Negotiations，DG NEAR）负责管理与东部和南部欧盟邻国的合作。欧洲公民保护和人道主义援助总局（DG ECHO）负责人道主义援助。欧洲投资银行利用自己的资源，并通过欧盟发展基金执行具体的欧盟委员会任务。欧洲对外行动署（EEAS）协调欧盟的外交政策，参与合作规划，执行欧盟外交和安全政策，并管理欧盟代表团。EEAS 与欧盟成员国的外交部和国防部、欧盟委员会、欧洲理事会和欧洲议会等密切合作，与联合国和其他国际和多边组织建立合作关系。欧盟及成员国都签署了《新欧洲发展共识》，并作为"欧洲团队"一分子共同努力，在经济、社会和环境等方面谋求发展。

三、中欧发展合作空间广阔

中国和欧盟是国际发展合作主要行为体，应加强国际协调合作，应对人类发展面临的共同问题。

基础设施建设具有全球公共产品属性，其投资大、周期长、收益低、风险高、缺口大。中欧双方在互联互通上有着诸多的共识，可以形成互补，应积极探索三方合作共同推动第三国产业发展、基础设施水平提升和民生改善，发挥各方技术、资金、产能、市场等互补优势，取得各施所长、各得其所、多方共赢的良好成效，实现"1+1+1>3"的效果。遵循"三方共商共建共享、第三方受益"原则，提升发展中国家的参与度、能动性和自主性。积极鼓励第三方市场合作及多元化融资模式，秉持开放合作的理念，进一步推动资源相互补充、各方共同发力。

中欧在气候变化、健康和绿色能源等方面具有共同立场，可协调合作，共同推动加速实现联合国可持续发展目标。此外，近些年欧盟人道主义援助预算大幅增加，中国也积极为面临人道主义困境的国家提供援助，中欧可在人道主义援助方面加强交流合作，提高援助行动协调性，弥补资金缺口。

中欧应继续加强管理层面的沟通交流、互学互鉴，尤其是在政策规划、监督评估等方面。中欧近年来已经开展了密切交流，如于 2022 年 5 月和 2023 年 1 月分别举办第一期和第二期中国—欧盟发展合作工作研讨会，就制定国际发展合作战略规划、融资工具的经验与方法、援助评估指标、绩效监测等进行了深入交流研讨。中欧应继续加强政策和技术层面的交流与合作，增强双方互信与理解，为探讨合作项目奠定基础。

第十八章
新兴援助国：国际发展合作的重要
新生力量[①]

　　近年来，新兴援助国的群体性崛起成为国际发展援助体系的重要结构性变化之一。新兴援助国在援助理念、体制机制、合作模式方面均呈现出不同于传统援助国的新特色，凭借平等互利、不附加政治条件的普遍援助原则及多元化的援助模式，日益成为提升国际发展援助有效性、促进各国共同发展的重要新生力量。

一、新兴援助国立足自身情况，援助资金机制逐步升级

　　进入 21 世纪以来，随着发展中国家及新兴经济的群体性崛起，越来越多的传统受援国开始转变为新兴援助国，从接受援助转为对外提供援助，或兼有受援国及援助国双重身份，构成了当今国际发展合作的重要力量。新兴援助国可按发展程度和援助路径及机制大致分为三类：第一类为 DAC 国家以外的欧盟成员或寻求 DAC 成员身份的国家，这类国家积极融入以 DAC 成员国为主导的援助体系，值得注意的是俄罗斯也属于这类援助国；第二类为沙特、阿联酋、科威特、卡塔尔等阿拉伯国家，这类援助国将促进阿拉伯国家的共同繁荣作为重要目标；第三类为以中国、印度、巴西、南非等为代表的金砖国家以及二十国集团范围内的其他南方国家，这类国家大多秉持平等互利原则，在南南合作框架内开展对外援助。

　　OECD 数据显示，2021 年，DAC 成员国援助金额在全球援助总额中的占比为 68%，多边机构占比 21%，非 DAC 成员国援助方占比 7%。[②] 近几年向 OECD 汇报数据的非DAC 援助方的援助额在全球总援助中的占比在 7%～9%。此外，中国、印度、巴西等

---

① 本章撰稿人：杨冬婉，商务部国际贸易经济合作研究院国际发展合作研究所研究实习员。
② 除 DAC 成员国外，目前共有 21 个国家和地区向 OECD 汇报数据，分别是阿塞拜疆、保加利亚、克罗地亚、塞浦路斯、爱沙尼亚、以色列、哈萨克斯坦、拉脱维亚、立陶宛、马耳他、卡塔尔、罗马尼亚、俄罗斯、沙特阿拉伯、中国台湾地区、东帝汶、泰国、土耳其和阿联酋。此外，与 OECD 合作实施国家发展合作方案评估的国家包括巴西、智利、中国、哥伦比亚、哥斯达黎加、印度、印度尼西亚以及墨西哥。

174

不向 OECD 提供援助数据的国家的具体对外援助金额尚无统一数据获取来源，据 OECD 估计，近年来这类援助国的援助总额大概占全球总援助额的 4%。然而由于新兴援助国与 DAC 国家对于援助范畴和统计口径的界定不同，部分国家也并未完整公开援助数据，这类新兴援助国的实际援助金额可能更高。2019 年，全部新兴援助国援助金额约占全球总援助金额的 14%，而这一份额在 20 世纪 90 年代末不足 2%，新兴援助国援助总额增长显著（见图 18-1）。

单位：亿美元

■ DAC成员国援助总额　　　　　　　　　■ 向OECD汇报数据的非DAC援助方援助额
■ 其他主要非DAC成员援助方援助额（估值）　　■ 非DAC援助方援助总额（估值）

图 18-1 2014—2019 年传统及新兴援助方援助规模

资料来源：作者根据 OECD 数据自制。①

从具体国家来看，据 OECD 统计，目前新兴援助国中，中国、印度、俄罗斯、沙特阿拉伯、土耳其以及阿拉伯联合酋长国的对外援助总额已超过 10 亿美元。从表 18-1 部分新兴援助国对外援助金额变化情况来看，近几年大部分新兴援助国的援助金额呈增长态势，但与 DAC 国家相比，提供援助资金的波动幅度相对较大。

表 18-1 2014—2021 年部分主要新兴援助国对外援助金额

单位：百万美元

国家/地区	2014 年	2015 年	2016 年	2017 年	2018 年	2019 年	2020 年	2021 年
土耳其	2847	3919	6488	8121	8612	8667	8124	7643
沙特阿拉伯	13915	859	1539	1932	4779	4847	1500	2100
阿联酋	5185	4967	4840	4433	4423	2726	1884	1928
印度	1398	1512	1452	1229	1300	1600	—	—
俄罗斯	876	1161	1258	1194	999	1227	—	—
墨西哥	289	207	288	318	215	102	—	—

① https：//www.oecd.org/development/non-dac-reporting.htm.

续表

国家/地区	2014 年	2015 年	2016 年	2017 年	2018 年	2019 年	2020 年	2021 年
南非	24	26	23	22	26	28	31	—

从援助方式来看，各新兴援助国在政治体制、经济发展状况和文化等方面存在差异，自身发展路径和经验并不相同，援助方式各有特色。

巴西、智利、南非、印度尼西亚、泰国等新兴经济体通常援助规模不大，往往结合自身发展经验和技术优势，与受援国在农业、教育、医疗及社会发展等社会和生产部门开展技术合作等，并把自身所在地区及周边国家作为首要援助对象，中国、印度等经济总量较大的新兴经济体也会通过优惠贷款在基础设施等领域提供援助；海湾国家因所处地区人道问题严峻，援助主要集中在人道主义领域；此外，经济发展水平相对较好或经济体量较大的国家，如非 DAC 欧洲国家、海湾国家及中国、印度等金砖国家还注重利用金融合作模式撬动更多援助资金。

在援助渠道方面，OECD 成员及欧盟中的非 DAC 成员国提供的多边援助相对更多，而其他新兴援助国以双边援助为主。

除在援助资金方面形成可观规模外，在体制机制建设方面，各新兴援助国也在提供援助的过程中逐步通过出台法规、设立专门机构，提高国际发展合作规范性。1987年，巴西成立发展援助署（ABC），标志着巴西的对外援助工作进入新阶段；1992年，土耳其成立国际合作与协调署（TIKA），协调发展援助事宜；2009年，南非成立南非发展合作局（SADPA）统筹其对外援助工作；2012年，印度在外交部下设发展伙伴管理局（DPA）负责援助管理与协调，加强对其国际发展合作项目的管理；2015年，沙特成立萨勒曼国王人道主义援助与救济中心（KSC），专门协调该国人道主义援助；2018年，中国成立国家国际发展合作署，加强对外援助的战略谋划和统筹协调，推动援外工作统一管理；2019年，印度尼西亚也成立了国际开发署，专门统筹援外相关事宜。[①] 此外，大多数新兴援助国都制定了与对外援助相关的法案、政策及行动纲要，作为自身对外援助的政策基础。

二、新兴援助国秉持援助新理念，在挑战中走特色援助之路

作为与传统发达国家拥有截然不同发展路径及经验的新兴援助国，其在发展援助领域也有着与传统援助国截然不同的原则、策略与实践。

---

① 姚帅、杨冬婉：《多重危机背景下的全球发展合作：形势与趋势》，《国际经济合作》，2023 年第 2 期，第 41 页。

（一）秉持平等互利理念，在"南南合作"框架下开展援助

传统的发展援助是一种发达国家对发展中国家的单向援助，传统援助国在国际发展援助体系中拥有主导地位以及制度性话语权。与传统援助国不同，新兴援助国大多同时具有受援国和援助国的双重属性，自身仍处于发展中国家行列，对于处在相似发展阶段的南方国家的发展需求拥有更切实的了解。在经历了相似的民族独立和解放进程后，新兴经济体对于走独立自主发展道路、不干涉他国内政的发展路径有了广泛共识。在此背景下，各国在"南南合作"框架下开展合作，更加强调援助国和受援国间的平等关系，不附加政治条件、不以意识形态划线，重视受援国的自主参与以及援助的互惠性，通过发展合作达到"双赢"效果。例如中国提供对外援助坚持不附带任何政治条件，不干涉受援国内政，充分尊重受援国自主选择发展道路和模式的权利，秉持相互尊重、平等相待、重信守诺、互利共赢的对外援助基本原则。印度在外交部2015—2016年年度报告中指出，"发展伙伴关系居于印度对外政策的最高位置"，"发展合作以促进共同利益的伙伴关系为指引；发展合作的优先领域由合作伙伴共同决定"。类似的原则理念也与大多数新兴援助国普遍遵循的对外援助价值准则相吻合。由此，新兴援助国逐渐突破发展援助领域的"南北二元对立"格局，在"全球南方"国家间建立平等合作和互利共赢的发展合作新模式。

（二）注重通过援助扩大在周边及南方国家间的影响力

新兴援助国的对外援助往往从对周边国家的援助起步，选择率先将自身所在区域或有着共同社会文化背景的国家作为发展援助重心。这样选择的原因一是援助国与该地区国家面临相似的国际环境及国内发展问题，更容易提供切合对象国发展需求的援助方案；二是对周边区域的援助有助于塑造稳定繁荣的区域政治经济环境，推进与周边国家的经贸合作，同时扩大自身在周边地区的战略影响力。例如，巴西、智利和阿根廷重点援助拉丁美洲地区；印度重点援助南亚地区；沙特、阿联酋等海湾国家重点援助有共同宗教信仰的阿拉伯国家和伊斯兰国家。2023年，从全球发展中心（CGD）的一份报告中可以看出，近几年各地区的主要新兴援助国均将最多的援助资金投向了自身所在地区（见图18-2）。

除新兴援助国自身所在区域外，撒哈拉以南的非洲、中东地区及亚太地区接受的新兴援助国提供的援助也较多。近些年，新兴援助国除了立足所在区域开展援助，还更多将视野扩展到"全球南方"国家。许多域外新兴援助国纷纷制定对非洲、亚洲的援助战略，通过构建各种伙伴关系，使自身在"全球南方"国家中获得更广泛影响力。例如，印度积极推动以印度为主导的多边机制，提高在国际发展领域的话语权。2008

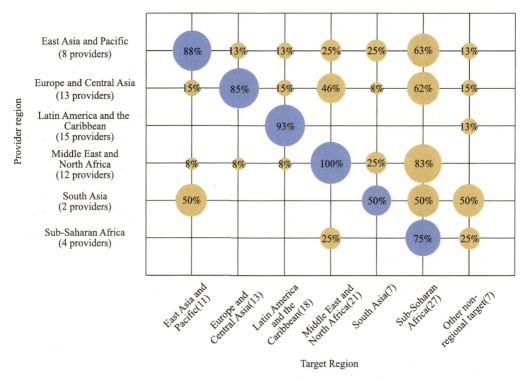

图 18-2　近年主要新兴援助国援助重点区域分布

资料来源：https://www.cgdev.org/blog/how-do-non-dac-providers-cooperate-development.

年，印度创建并在本国召开首届印度—非洲论坛峰会，目前已有 54 个非洲国家参与该峰会。2012 年，印度举行印度—东盟峰会，宣布正式完成双方在服务和投资领域的自由贸易协定谈判，并将双方合作关系提升至战略伙伴关系。2014 年，莫迪在访问斐济期间创建印度—太平洋岛国论坛，该论坛由印度和太平洋地区 16 个岛国共同参与。2023 年 9 月，印度作为轮值主席国举办二十国集团领导人第十八次峰会，推动非盟成为二十国集团正式成员，并通过二十国集团领导人新德里峰会宣言，显示出印度努力将自己打造成"发展中国家代言人"，扩大在南方国家间的影响力并主导推动国际秩序的变革的意图。

（三）　与其他援助国及多边机构存在广泛竞合互动

除与受援国积极开展双边援助外，新兴援助国也注重与 DAC 等传统援助力量的交流与合作，并通过三边、多边合作以及区域合作扩大援助影响范围和效果。这也是新兴经济体对传统国际发展援助模式转型和创新的一种贡献。

通过与联合国援助系统相关机构保持积极接触，新兴援助国可以弥补自身在援助资金、管理经验上的不足，借助平台在更广范围内开展对外援助。例如土耳其在援助领域积极向 DAC 靠拢，向 OECD 汇报援助数据，积极参与 DAC 发展融资统计工作组、发展评估网络、人道主义援助筹资等多边平台和机制。此外，土耳其还积极和其他联合国系统机构开展交流合作，并发挥地缘优势成为许多联合国机构的区域枢纽，如建立联合国开发计划署伊斯坦布尔国际中心，以推动私营部门参与国际发展合作。

新兴援助国开展的三边合作包括"北—南—南"三边合作和"南—南—南"三边合作两种形式。"北—南—南"三边合作是新兴援助国开展三边合作的常见形式，一方面有利于借助传统援助方的全球网络扩大新兴援助国在发展合作领域的作用和影响力，发挥新兴援助国在传统援助国及受援国之间的桥梁纽带作用，推动合作项目的落地实施；另一方面也有助于新兴援助国在项目实践过程中学习传统授助方在相关领域的先进知识和做法，提升对外援助水平和能力。例如，阿根廷发挥产业特色和区位优势，与日本、西班牙、巴西、加拿大及意大利等国在南美洲开展三方合作，同时与农业发展国际基金（IFAD）、联合国粮农组织（FAO）、联合国妇女发展基金（UNIFEM）等国际组织建立了三方合作关系。阿根廷提供了解受援国当地发展状况的西班牙语专家，同时获得合作伙伴的资金、技术等支持。

"南—南—南"三边合作能够促进开展合作的新兴援助国互相学习有益经验，在关键地区或领域形成发展援助合力。这种合作形式的一个典型代表为巴西、印度和南非三国发起的"印度—巴西—南非对话论坛"（IBSA），该论坛旨在推动能源、贸易、减贫等领域的三方合作，并通过一致发声提升国际影响力和话语权。

新兴援助国同样重视区域内合作，建立援助的地区协调机制。例如以科威特为首的海湾国家援助国建立了阿拉伯伊斯兰和欧佩克发展机构协调小组（Coordination Group of Arab, Islamic and OPEC Development Institutions），作为阿拉伯国家的援助协调机构，协调各成员国的援助政策、资金及项目实施情况。东南亚国家也十分重视区域内国家在发展领域的协调和合作，建立了印尼、马来西亚、泰国增长三角区，印尼、马来西亚、新加坡增长三角区等区域发展机制，并重视在东盟机制内协调各国的援助政策。[①]

尽管新兴援助国在援助过程中展开了多样化的国际交流和合作，但在发展合作领域上各参与方也存在着很多差异和分歧，以及一定程度上的竞争关系。这既体现为新兴援助国的援助范式与传统援助体系的分歧，也体现为传统援助国与部分新兴援助国、新兴援助国之间的发展合作政策与主导权之争。

新兴援助国，尤其是南方国家中的新兴经济体强调其自身发展合作的独特性，在发展合作领域寻求独立于发达国家的话语权。而由于新兴援助国在援助体制机制及管

---

① 李小云、徐秀丽、王伊欢：《国际发展援助——非发达国家的对外援助》，世界知识出版社，2013 年，第 13 页。

理、援助透明度等问题上仍需提高，有些时候被传统援助国认为是扰乱正常国际援助秩序。2012年成立的全球有效发展合作伙伴关系（GPEDC）是支持全球发展合作有效性议程治理和实施的多利益相关方平台，然而该伙伴关系的话语权仍由发达国家主导。新兴经济体认为传统援助体系的统计、评估等标准不完全符合自身援助实际情况，在相关国际规则中应该更多体现其独特性，然而这类国家的援助意见鲜少在其成果文件中体现，以至于在2014年和2016年的两次会议中，中国和印度都连续缺席，巴西也仅以观察员身份参会，显示出新兴援助国与传统援助体系关于规范和话语权的分歧。

此外，部分传统援助国与新兴援助国、新兴援助国之间出于地缘政治及经济等因素考量，在国际发展合作领域也存在竞争关系。传统援助国与新兴援助国之间的竞争主要集中在以美国为首的西方国家及中国之间。西方国家出于战略竞争考虑，推出了一系列对冲中国援助成果的发展政策及伙伴关系，如"重建更美好世界倡议"、"全球基础设施与投资伙伴关系"计划（PGII）、印太经济框架、"全球门户"计划（Global gateway）、美日印澳四方安全对话（Quad）、美英澳三边安全伙伴关系（AUKUS）、美国—东盟峰会以及"蓝点网络"计划等，企图遏制中国在全球援助领域影响力的提升。

在新兴援助国之间，类似的竞争仍然存在。2023年1月，印度举办"全球南方国家之声"线上峰会，邀请了120多个发展中国家的领导人，声称要为发展中国家争取更多的利益和权益，却将中国、俄罗斯、巴基斯坦等视为地缘政治对手排除在外。显示出印度在援助领域取得更多话语权和竞赢对手并建立在"全球南方"国家间的领导地位的企图。

（四）受制于国内外因素，援助效果有待提升

新兴援助国同时面临着充满挑战的国际形势以及复杂深刻的国内发展问题，普遍需要克服国内发展和国际援助的矛盾张力。在解决好国内人民生活和经济发展等问题的同时，保障对外援助的持续稳定投入，对于新兴援助国尤其是南方国家而言并非易事。

土耳其是近年援助规模迅速扩张的新兴援助国，2019年和2020年土耳其援助资金占GNI的比重分别为1.14%和1.15%，这一比例高于包括发达国家在内的绝大多数援助国。然而土耳其国内的经济社会发展仍不充分，2023年2月，土耳其地震给该国造成的财产损失为2万亿里拉（合1052.8亿美元），占2023年预期国民收入的9%，给土耳其经济和人民生活造成沉重打击。目前，土耳其经济正面临着严重的困境和挑战，土耳其里拉持续贬值、通货膨胀率和失业率增长、外债规模超过5000亿美元、外汇储备不足100亿美元，这些必将影响土耳其对于援助的投入。此外，海湾国家的对外援助金额受当年石油收入影响较大，在对外援助资金和项目额稳定性方面也有待提升。

新兴援助国面临的另一个挑战在于对外援助的管理及国际协调。首先，尽管新兴援助国的援外体制机制逐渐完善，但仍有部分新兴国家缺乏完整的援外体制机制及政策规划，影响了援助的高效执行。其次，各新兴援助国对于援外的标准和规则的认知仍然存在较大的差异，虽然在援助理念上有共通之处，但在具体执行层面仍然存在很多分歧，尚难以像传统援助国一样形成对外援助的统一协调组织，不利于形成新兴援助国发展合作合力。最后，由于许多新兴援助国缺乏援助数据披露和信息公开机制，对统筹各国援助资源、评估援助有效性造成阻碍。

三、 中国积极发挥新兴援助国和"全球南方" 当然成员的引领作用

中国作为新兴援助国和"全球南方"的当然成员，坚定做"全球南方"追求独立自主、谋求团结发展、主持公道正义的引领力量。中国积极推动全球发展倡议、"一带一路"倡议与其他重大倡议协同发力，与其他发展中国家共享中国式现代化发展经验，提升发展中国家自主发展能力。同时强化对南南合作的理论引领，推进全球发展治理体系改革，持续为全球发展注入新动能。[①]

2023 年 8 月召开的金砖国家领导人峰会决定，沙特阿拉伯、埃及、阿联酋、阿根廷、伊朗、埃塞俄比亚等六国于 2024 年 1 月 1 日正式成为金砖国家成员。金砖国家的历史性扩员，顺应了"全球南方"崛起的历史潮流，也扩展了中国及其他新兴援助国在金砖国家机制内的合作。同时，2017 年习近平主席开创性地提出"金砖+"合作模式，在 2023 年金砖国家工商论坛闭幕式上，习近平主席进一步强调要"不断深化金砖战略伙伴关系，拓展'金砖+'模式"。[②]"金砖+"模式为金砖国家与其他发展中国家更广泛、紧密的合作提供了重要平台，推动金砖国家与其他新兴市场国家和发展中国家共商国际发展合作和南南合作大计。

未来，中国将继续同其他新兴援助国携手并肩，推动全球治理架构朝着更加公正合理的方向发展，通过合作进一步解决世界发展难题，向着构建人类命运共同体的光明目标不断前行。

---

① 罗照辉:《持续推进国际发展合作和援外事业》，中工网，https://baijiahao.baidu.com/s? id = 1779876
860081773527&wfr=spider&for=pc.

② 习近平:《拓展"金砖+"模式 习近平寄语金砖合作光明未来》，人民网，https://baijiahao.baidu.com/s?
id = 1775260791071288807&wfr=spider&for=pc.

领域篇

第十九章
减贫与国际发展合作[①]

一、贫困的概念及范畴：收入及多元维度

消除贫困，自古以来就是人类梦寐以求的理想，是各国人民追求幸福生活的基本权利。减贫合作是国际发展合作的重要领域。当前世界银行对于极端贫困的定义是每人每天的生活费低于 2.15 美元（按照 2017 年购买力平价计算）。"在全世界消除一切形式的贫困"是联合国可持续发展目标之首，而零饥饿、良好健康与福祉、优质教育、性别平等、清洁饮水和卫生设施等其他可持续发展目标，也与减贫紧密相关。过去几十年来，世界在减少极端贫困方面取得了重大进展。极端贫困人口从 1990 年的 20.06 亿人降至 2019 年的 7.01 亿人，减少了约 65%。[②] 尽管如此，受新冠疫情、地区冲突、气候变化等不利因素的叠加影响，可持续发展进程受阻，几十年来在消除贫困方面取得的成果遭遇逆转。

二、国际减贫合作领域的形势分析

（一）联合国可持续发展减贫目标的如期实现面临严峻挑战

距离实现联合国 2030 年可持续发展目标只剩下不到十年的时间，然而全球极端贫困率从 2019 年的 8.4% 上升到 2020 年的 9.3%[③]，可持续发展减贫目标的实现面临挑战。总体看，当前全球 60% 以上的极端贫困人口生活在中等收入国家。在撒哈拉以南非洲、受冲突影响的地区和农村地区，极端贫困相对集中。[④] 如当前的趋势持续，到 2030 年预计有 5.75 亿人（约占世界人口的 7%）生活在极端贫困中，且只有三分之一

---

① 本章撰稿人：周梁，中国国际扶贫中心合作处助理研究员。
② http://pip.worldbank.org/poverty-calculator. Accessed on 2023-11-27.
③ World Bank（2022）. Poverty and shared Prosperity 2022：Correcting Course. Washington, DC.
④ Poverty Overview：Development news, research, data | World Bank.

的国家能将本国的贫困率减半。①

（二）贫困人口在营养、教育、健康、居住等维度情况恶化，粮食安全问题尤为突出

不仅收入/支出维度上贫困问题面临恶化，在健康、教育等方面，贫困人口也面临着巨大的挑战，这将对他们一生的收入前景产生持久影响。全球多维贫困指数（MPI）报告称②，在该指数所覆盖的 110 个国家约 61 亿人口中，有 11 亿人处于多维贫困。其中有 8.24 亿~9.91 亿人缺乏适当的卫生设施、住房或烹饪燃料，一半以上的贫困人口缺乏营养、电力或教育。在多维贫困最为严峻的南亚和撒哈拉以南非洲，营养不良的多维贫困人口数量均达到约 2.45 亿。除欧洲和中亚以外的其他所有地区，约有一半的多维贫困人口家庭无法完成六年基础学业。

贫困人口的粮食安全问题尤为严峻。相对而言，贫困人口在食物上的花费更多，因而食品价格上涨对其的不利影响更大。地区冲突、原料价格上涨、天气相关事件等因素对粮食安全造成威胁，给贫困地区和人民造成的冲击更为显著。联合国粮农组织等机构的报告数据③显示，2022 年全球估计有 6.91 亿~7.83 亿人面临饥饿，比 2019 年增加 1.22 亿人。这将对贫困人口的健康和生计产生长期不利影响。

（三）国际发展合作的主题从聚焦减贫逐步扩展至其他全球性挑战

减贫长期以来是国际发展合作的重要主题。与贫困作斗争（"消除极端贫困和饥饿"）是千年发展的第一项目标，也是世界银行、英国国际发展部（DFID）等发展机构的第一个既定目标。但在当前，气候变化、疫情应对、冲突和危机等其他议题成为国际社会关注的焦点，贫困作为国际发展合作的核心特征受到了挑战。

从资金角度看，减贫、不公平等问题未能成为当前国际发展援助的重点。根据OECD 报告④，2020—2021 年，ODA 支出的大部分增长与气候变化、难民费用、粮食安全和传染病有关。2022 年的初步数据显示，为应对新冠疫情和俄乌冲突，ODA 创下2113 亿美元的历史新高，实际价值比 2019 年增加了近 28%，但与 2021 年相比，全球最贫困国家的双边援助资金减少了 0.7%。⑤ 从长期趋势看，ODA 预算中用于发展中国

① https://www.un.org/sustainabledevelopment/zh/poverty/ "数据与事实".
② UNPP and OPHI (2023). Global Multidimensional Poverty Index 2023: Unstacking global poverty-Data for high-impact action.
③ FAO, IFAD, UNICEF, WFP, WHO, 2023 The State of Food Security and Nutrition in the World 2023.
④ 2023 年 OECD 发展合作报告.
⑤ https://blogs.worldbank.org/zh-hans/opendata/visualizing-development-2023-atlas-sustainable-development-goals.

家的资源正在减少，而用于捐助国难民费用、人道主义资助和全球公共产品支出的比例不断增加。世界银行《发展世界银行集团的使命、运营和资源：路线图》初稿提出，在聚焦"消除极端贫困，促进共享繁荣"双目标的同时，将可持续性纳入世界银行宗旨，表明世界银行对气候变化、疫情应对等全球公共产品的关注度在持续增强。

（四）减贫领域国际发展合作的参与方在不断增加，发展中国家的作用日益显现

越来越多国家认识到，国际发展合作由少数国家主导的局面必须改变，规则应该由各国共同书写，发展成果应该由各国分享。传统的 ODA（OECD/DAC）占受援国GNI 的份额越来越小，而其他发展资金在逐步增加。例如国别开发银行（National Development Banks）正以大量投资来填补现有的全球基础设施缺口，以包容性增长与减贫的方式助力联合国可持续发展目标的实现。

"全球南方"的概念再次成为国际社会热点。"全球南方"是新兴市场国家和发展中国家的集合体，许多国家都面临着日益加剧的贫困和饥饿等严重影响[1]，求和平、谋发展、促合作的愿望强烈。在第 78 届联合国大会可持续发展峰会、二十国集团峰会、七国集团峰会、金砖国家领导人第十五次会晤等多个国际和地区性会议中，均对发挥新兴市场和发展中经济体作用、实现联合国可持续发展减贫目标做出了积极表态。

三、国际主要援助方的行动

（一）呼吁倡导以形成共识

基于以上形势，国际发展援助的主要参与方均认识到当前减贫和发展领域投入不足，呼吁将全球团结与责任、伙伴关系和负担分担的精神转化为行动，力图走出当下全球减贫治理困境。

2023 年，七国集团峰会政策简报[2]中呼吁，有关发达国家应当努力实现数十年来的承诺，将 GNI 的 0.7% 用于发展合作和人道主义援助，以支持最脆弱的国家，同时支持所有帮助贫困人口摆脱贫困的努力，增加对发展计划的支出。2023 年，新全球融资

---

① https://www.un.org/africarenewal/magazine/november - 2022/un - secretary - general%E2%80%99s - statement - world-population-hits-8-billion.

② Kadri, A., Peprah - Yeboah, A., Suryahadi, A., Suryadarma, D., Oh, E. Y., Medard, K., Siburian, M., O'Donnell, M., Chisenga, S., &Shankar, P. U. (2023). The Global South Growing out of Poverty, Inequality, and Exclusiveness - What the G7 Needs to Do. Think7. https://www.think7.org/wp-content/uploads/2023/05/T7JP_TF1_The-Global-South-Growing-out-of-Poverty-Inequality-and-Exclusiveness—What-the-G7-Needs-to-Do.pdf.

契约峰会的与会领导人表示，各方应该携手合作，减少全球范围内的不平等和贫困现象，解决发展中国家债务问题，推动世界可持续发展。尤其是与会的发展中国家领导人呼吁发达国家应切实履行向发展中国家提供援助和资金的承诺。

（二）加强援助以应对危机

为应对当前的危机给贫困人口造成的困境，国际主要援助方开展了紧急行动，加强了救助力度。为减缓粮食危机给贫困人口的影响。世界银行正在为农业、营养、社会保障、水和灌溉等领域的新老项目提供高达 300 亿美元的资金，鼓励粮食和化肥生产、促进贸易，以支持贫困家庭。联合国粮农组织启动紧急种子分发行动，计划向受到地区危机和灾害影响的苏丹 17 个州超过 100 万农户提供 1 万吨种子，确保当地贫困农户在 2023 年的收获季节能够满足 1300 万~1900 万人对谷物的需求。

（三）促进南南合作和三方合作

南南合作是国际发展合作中的重要组成部分，是南北合作的重要补充。南南合作体现了发展中国家人民之间的团结，有助于联合国可持续发展目标的实现。技术合作、知识共享、能力建设是南南合作的重要组成部分。而近年来，随着新型经济体更为积极地投入全球减贫合作，南南合作的形式更为多样。例如成立于 2004 年的"印度、巴西与南非减缓贫困和饥饿机制"在 20 个最不发达国家中资助了 22 个项目，占其资源总额的 62% 以上。在该机制的支持下，冈比亚和乌干达将上马两个新项目，以提升妇女和青年的农业生产能力，改善当地的粮食安全与生计。项目总价值达到 300 万美元。[①] 联合国机构在有关合作过程中发挥着中介和促进交流的作用。例如世界粮食组织通过开发和分享知识产品，推动在粮食安全领域减贫目标的实现。[②]

四、国际减贫合作：中国的行动

（一）巩固拓展脱贫攻坚成果

中国经过不懈努力，于 2020 年底如期完成了消除绝对贫困的艰巨任务，提前 10 年实现了联合国 2030 年减贫目标。2020 年，脱贫攻坚战全面胜利后，中国政府设立了 5 年过渡期，保持政策总体稳定，着力巩固拓展脱贫攻坚成果。2022 年是巩固拓展脱贫

---

① https://news.un.org/zh/story/2023/03/1115832.

② World Food Program, July 2023, South-South and Triangular Cooperation (SSTC) policy update.

攻坚成果同乡村振兴有效衔接的深化之年，经过各方面的共同努力，脱贫攻坚成果进一步巩固拓展，脱贫基础更加稳固、成效更可持续。一是没有发生规模性返贫现象。防止返贫监测帮扶机制有效发挥作用，"三保障"、饮水安全和兜底保障水平持续巩固提升。二是脱贫劳动力就业形势保持稳定。2022 年，务工就业规模达到 3277.9 万人，比 2021 年底增加 132.9 万人，超过年度目标任务 258.7 万人。三是脱贫地区和脱贫人口收入较快增长。2022 年，脱贫地区农民人均可支配收入达到 15111 元，增长 7.5%，比全国农民人均可支配收入增速高 1.2 个百分点；脱贫人口人均纯收入达到 14342 元，同比增长 14.3%，比全国农民人均可支配收入增速高 8 个百分点。[1]

(二) "一带一路" 倡议减贫成效明显

2023 年是 "一带一路" 倡议提出十周年。十年来的经验证明，"一带一路" 是一条 "减贫之路" "增长之路"。十年来，合作伙伴的贫困状况也得到有效缓解，特别是中低收入国家的减贫效果明显。研究表明[2]，相对于没有加入共建 "一带一路" 倡议的国家，加入的合作伙伴的平均就业率提高了 1.1 个百分点，中度贫困发生率下降了 3.4 个百分点。预计到 2030 年，共建 "一带一路" 可使相关国家 760 万人摆脱极端贫困、3200 万人摆脱中度贫困，将使全球收入增加 0.7%~2.9%。[3]

(三) 分享推广中国减贫经验

伴随 "一带一路" 倡议的提出，中国不断加强同发展中国家的减贫交流，高位推动落实减贫合作。2023 年，中国与巴西[4]、南非[5]、印度尼西亚[6]等国签署了涉及减贫领域的谅解备忘录，加大了与有关国家在消除贫困、抗击饥饿、农村发展领域的合作深度和力度。

减贫领域的人力资源开发合作不断深化。针对发展中国家减贫需求，以提升减贫与发展能力为目标，中国积极分享减贫政策与经验，组织开展了一批国际减贫培训项目，打造了国际减贫培训品牌。以专职开展国际减贫交流合作的中国国际扶贫中心为例，2021 年，该中心实施国际减贫和乡村振兴主题线上培训项目 12 期，共有来自亚、非、欧、拉美的 34 个国家的 521 名学员参加培训。

---

[1]　https://www.gov.cn/xinwen/2023-02/14/content_5741519.htm.
[2]　王小林:《"一带一路" 助推合作伙伴减贫》，https://baijiahao.baidu.com/s?id=1780242359047292003&wfr=spider&for=pc.
[3]　郑栅洁:《深耕细作　久久为功　扎实推进共建 "一带一路" 高质量发展》，《求是》，2023 年第 21 期。
[4]　https://www.mfa.gov.cn/web/zyxw/202304/t20230414_11059627.shtml.
[5]　http://za.china-embassy.gov.cn/chn/zngx/202308/t20230810_11125306.htm.
[6]　http://www.cidca.gov.cn/2023-10/18/c_1212290723.htm.

一批"小而美"的民生项目落地海外。在柬埔寨、缅甸、津巴布韦、吉布提等国家，中国实施了一大批打井、住房、乡村道路、医疗等"小而美、见效快、惠民生"的项目；数百个境外减贫示范村、农业示范中心分享中国扶贫兴农的经验。东亚减贫示范合作技术援助项目、中柬友好扶贫示范村项目取得显著成效，成为"精准扶贫"理念在不同国家落地生根、开花结果的一个个缩影。

（四）开拓多边与三方减贫合作

进入新时代，中国与联合国开发计划署等 20 多个国际组织开展了包括减贫领域在内的三方合作，在 60 多个国家实施了 130 多个项目，超过 3000 万人受益。迄今，中国是联合国粮农组织南南合作框架下资金援助最多、派出专家最多、开展项目最多的发展中国家，向发展中国家推广了 1000 多项农业技术，带动项目区农作物平均增产30%~60%。[①] 2018 年，中国提供 1000 万美元，在农发基金设立了首个专注于促进南南与三方合作的基金；截至 2023 年初，专项基金已经投资了 724 万美元，支持了 16 个赠款项目，项目遍及非洲、亚洲和拉丁美洲的 30 多个国家。[②] 中国推动南南与三方合作的广泛、务实开展，为保障全球粮食安全和减贫、促进联合国可持续发展减贫目标的实现发挥了重要作用。

五、思考与展望

（一）全面推进乡村振兴，加快建设农业强国

面临世界百年未有之大变局加速演进、不确定难预料因素明显增多的复杂外部环境，巩固脱贫成果绝非易事。为实现广大农民群众对美好生活的向往，需要结合中国国情农情，充分借鉴脱贫攻坚积累的好经验、好做法，牢牢掌握住发展和安全的主动权，坚守国家粮食安全底线，全面推进乡村振兴，建设宜居宜业和美乡村。

（二）聚焦减贫议题，推动国际减贫交流合作

作为发展中国家、"全球南方"的一员，中国在自身消除贫困的同时，始终是国际减贫与发展事业的积极倡导者、有力推动者和重要贡献者。在全球减贫事业遭遇困境的情况下，中国应持续聚焦减贫发展议题，发挥引领作用，回应国际社会尤其是"全

---

① 农业援外助力全球减贫，https://baijiahao.baidu.com/s?id=1779871984974633126&wfr=spider&for=pc.
② 专访联合国国际农业发展基金南南合作局局长王玮：中国确保粮食安全和减贫成功实践为世界提供丰富发展经验，https://baijiahao.baidu.com/s?id=1776740040363394938&wfr=spider&for=pc.

球南方"国家对于消除贫困的共同期待,推动落实联合国可持续发展减贫目标。

(三) 打造中国对外援助的减贫合作品牌

目前我国已经形成了菌草、杂交水稻、青蒿素、"万村通"和"光明行"等一批"小而美"的援外品牌。减贫作为中国最大的软实力,可以打造成为另一个亮眼的援外品牌。例如,可结合政策咨询、能力建设、试点示范等活动,打造立体的对外减贫合作网络;与发展中国家以共商共建的方式共同实施村级减贫试点项目,以本土化的方式,将中国丰富的减贫经验与实践系统地向广大发展中国家推广;在现有工作基础上,梳理总结减贫合作项目经验和模式,打造"中国减贫"援外品牌。

(四) 加强国际发展合作的减贫成效评估与宣传

当前我国的国际发展合作备受各方关注。为公开透明地展现我国负责任大国形象,在未来应加强对外援助、"一带一路"倡议有关项目中的评估体系建设,尤其是减贫与发展有效性评估,以充分透明地展现我国国际发展合作的减贫成效,客观回应国际社会对中国国际发展合作中减贫贡献的关注和期待。同时,也为更好开展对外宣传提供坚实素材。

第二十章
粮食安全与国际发展合作[①]

粮食安全问题不仅关乎个人基本生存，更攸关世界经济发展和地区国家稳定。当前受冲突战争、经济冲击和极端天气等多重因素叠加影响，国际粮食价格一路飙升，粮食产业链、供应链不畅，全球粮食安全状况持续恶化。国际社会采取了积极应对措施，但是短期内仍然难以缓解严峻的粮食安全形势。

中国是世界人口大国，中国人的饭碗任何时候都牢牢端在自己手中。中国立足国内基本解决人民的吃饭问题，对全球粮食安全作出了巨大贡献。在保障国内粮食安全的同时，中国真诚帮助其他发展中国家不断提升粮食安全水平。2021年，中国提出全球发展倡议，将粮食安全作为八大重点合作领域之一。

一、粮食安全的概念

20世纪70年代中期以来，粮食安全的概念不断演化，呈现出日益综合化趋势，超越了粮食供给本身，涉及多层次和多领域协同。联合国可持续发展目标提出到2030年实现全球零饥饿，倡导采取综合性行动。

（一）粮食安全的定义与分类

粮食安全的概念最早出现在20世纪70年代中期。当时粮食价格飙升，国际社会普遍关注市场动荡对全球饥饿的影响。1974年的世界粮食会议将粮食安全定义为始终有足够的粮食供给，以确保粮食消费的稳定扩展，并能抵御生产和价格的动荡[②]。

1996年世界粮食峰会对粮食安全的定义则获得了广泛认可，并沿用至今。根据世界粮食峰会定义，粮食安全是指所有人在任何时候都能够在物质上和经济上获得足够的、安全的营养食品，以满足积极、健康生活的饮食需求和物质偏好。该定义强调了

---

① 本章撰稿人：袁晓慧，商务部国际贸易经济合作研究院西亚与非洲研究所研究员。

② High Level Panel of Experts, Food Security and Nutrition: Building A Global Narrative Towards 2030, HLPE Report 15, 2020.

粮食安全的多层面，包含粮食的供给、获取、使用和稳定性四个支柱（见图 20-1）。①

第一，粮食的供给（Food Availability）：通过国内生产或进口（包括粮食援助）提供数量充足、质量适当的粮食。

第二，粮食的获取（Food Access）：个人有充足的资源（应享权利），以获取适当的食物，满足营养膳食的需要。

第三，粮食的使用（Utilization）：通过充足的饮食、清洁水、卫生设施和医疗服务，使用好粮食，以达到满足所有生理需求的营养健康状态。这意味着非粮食投入对实现粮食安全也很重要。

第四，稳定性（Stability）：即以上三个因素的稳定性。要实现粮食安全，家庭或个人必须在任何时候都能获得充足的食物，不应因突如其来的冲击（如经济或气候危机）或周期性事件（如季节性粮食不安全）而失去获得粮食的机会。

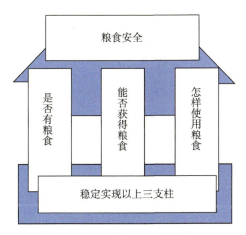

图 20-1　粮食安全的支柱

资料来源：作者自制。

基于以上对粮食安全的定义，粮食安全阶段综合分级（Integrated Food Security Phase Classification，IPC）成为国际上普遍接受的判断粮食安全程度的标准。IPC 对粮食不安全的程度和级别进行分级，并按照级别确定了需要采取优先行动的目标，其中 IPC3 以上级别（含 IPC3）就达到了粮食危机状态，需要采取紧急救助行动（见表 20-1）。而一个地区如果超过 20% 的人口处于以上特定粮食危机状态，则该地区被认定为该特定粮食危机级别（见表 20-1）。②

---

① FAO, Food Security, Policy Brief, Issue 2, June 2006.

② https://www.usaid.gov/food-assistance/integrated-food-security-phase-classification-ipc-explainer.

表 20-1　粮食安全阶段综合分级

级别分类	IPC1	IPC2	IPC3	IPC4	IPC5
级别名称	安全级别	紧张级别	危机级别	紧急级别	饥荒级别
具体情况	家庭能够满足基本粮食和非粮食需求，不需要采取包括依赖人道主义援助在内的非正常、非持续性方式获得粮食和收入。	家庭有最低限度的、足够的食物，但若没有危机应对战略则不能负担一些重要的非食物开支。	家庭粮食消费的缺口带来高比例或高于常规水平的营养不良，或是刚刚能够满足最低限度的粮食需求，但同时家庭财产正在加速消耗，最终将会带来粮食消费缺口。	大规模的粮食消费缺口带来高营养不良率和大量死亡；或者短期内家庭财产的迅速消耗将带来粮食消费缺口。	严重缺乏粮食和其他基本需求品，饥饿、死亡、穷困问题突出。
优先行动目标	采取行动提升危机应对能力，降低灾害风险。	采取行动降低灾害风险，满足生存需要。	采取紧急行动来保护生计，降低食物消费的缺口。	拯救生命和满足生存需要。	避免大规模死亡和生存的完全崩溃。

资料来源：Global Network Against Food Crises，2023 Global Report on Food Crises：Joint Analysis for Better Decision。

（二）可持续发展议程与粮食安全

2015 年 9 月，联合国可持续发展峰会通过了 2030 年可持续发展议程，呼吁各国采取行动，为今后 15 年实现 17 项可持续发展目标而努力。在 17 个可持续发展目标中，目标 2 明确提出了粮食安全方面的目标，即消除饥饿，实现粮食安全，改善营养状况和促进可持续农业发展[①]。该目标进一步细分为消除饥饿、消除所有形式的营养不良、提高农业生产效率和收入、确保可持续的粮食生产系统和保护生物多样性等具体目标。为实现上述目标，需要加强国际合作，加大对基础设施和技术的投资，以提高农业生产力，畅通农产品贸易，确保粮食市场的正常运行，稳定粮食价格。

二、全球粮食安全形势分析

截至 2022 年，全球粮食安全形势已经连续 4 年恶化，处于粮食危机状态[②]的人口持续增加。严峻的粮食安全形势主要是由持续的多重冲击叠加新的不稳定因素所驱动。

[①]　https://sdgs.un.org/goals/goal2#targets_and_indicators.
[②]　一般是指 IPC3 及其以上粮食不安全级别。

（一）全球粮食安全形势持续恶化

根据《全球粮食危机报告 2023》[①]，2022 年全球粮食安全状况进一步恶化。2022 年，全球 58 个国家或地区的 2.58 亿人口处于粮食危机之中，占总人口的 22.7%，较 2021 年 53 个国家的 1.93 亿人口出现了明显上涨。这是处于粮食危机级别（IPC 3）及以上的饥饿人口第四年出现连续增长（见图 20-2）。

图 20-2 2016—2022 年间面临粮食危机的国家与人口

资料来源：Global Network Against Food Crises，2023 Global Report on Food Crises：Joint Analysis for Better Decision.

在 58 个面临粮食危机的国家中，42 个被认定处于重大粮食危机。这些国家有超过 100 万处于粮食危机之中的人口或超过 20% 的人口处于粮食危机。其中，南苏丹、叙利亚和也门超过 50% 的人口处于危机状态，阿富汗、中非和海地超过 40% 的人口处于危机状态。而有 7 个国家在近 7 年内首次被划定为处于重大粮食危机状态，包括哥伦比亚、多米尼克、几内亚、毛里塔尼亚、缅甸、斯里兰卡和黎巴嫩。

就处于粮食危机的人口增长情况来看，2021—2022 年，8 个国家出现了超过 100 万人的增长。具体来看，尼日利亚增加了 650 万人，巴基斯坦增加了 390 万人，索马里增加了 210 万人，肯尼亚增加了 200 万人，苏丹增加了 190 万人，尼日尔增加了 180 万人，也门增加了 120 万人，马拉维增加了 120 万人。

---

① 在 2016 年 5 月举行的全球人道主义峰会上，欧盟、联合国粮农组织和世界粮食计划署发起成立了应对粮食危机的粮食安全信息网络，每年发布《全球粮食危机报告》，综合各方数据和信息，提供全球粮食危机和紧急粮食不安全情况的评估。截至 2023 年，该报告已经发布了 7 期。

（二）冲突、经济冲击和极端天气是粮食危机主要诱因

当前，全球粮食危机日益严峻主要是由相互联系和强化的多个因素造成的，主要包括冲突和不安全、经济冲击和极端天气等。2022 年，这些因素与新冠疫情带来的社会经济影响以及俄乌冲突相交织，进一步恶化了粮食安全形势。

根据《全球粮食危机报告 2023》统计，冲突因素是 2022 年 19 个国家 1.17 亿人口处于粮食危机的主要原因，相较 2021 年 24 个国家的 1.39 亿人口有所下降。主要是因为在三个国家中经济冲击超过了冲突成为严重粮食不安全的主要诱因，包括阿富汗、南苏丹和叙利亚。7 个处于灾难级别的粮食危机（IPC5）国家中有 6 个面临旷日持久的冲突，包括阿富汗、布基纳法索、尼日利亚、索马里、南苏丹和也门。

极端天气是 2022 年 12 个国家 0.57 亿人口处于粮食危机之中的主要原因，而 2021 年 8 个国家 0.24 亿人口由于极端天气而处于危机之中。这些极端天气包括非洲之角的持续干旱、巴基斯坦的洪水以及南部非洲国家的热带风暴、飓风和干旱等。

经济冲击，包括新冠疫情的社会经济影响以及俄乌冲突的影响，是 2022 年 27 个国家 0.84 亿人口处于粮食危机之中的主要原因，比 2021 年 21 个国家 0.3 亿人口主要由于经济冲击而处于粮食危机之中出现了明显增长。

俄乌冲突是助推 2022 年粮食危机升级的重要因素。2022 年 2 月，俄乌冲突爆发时，全球经济尚未自新冠疫情冲击中复苏，许多中低收入国家由于日益增长的债务、高企的通货膨胀、上涨的商品价格、缓慢的经济增长以及收紧的财政状况，应对又一场冲击的能力有限。俄罗斯和乌克兰是全球农产品的主要供给方，2021 年，两国出口了世界上 1/4 的小麦、大麦以及 2/3 的葵花籽油。[①] 而 2021 年，俄罗斯是全球最大的氮肥出口商、第二大的钾肥出口商以及第三大的磷肥出口商。[②] 由于地理位置临近，北非、西亚与中亚地区许多国家的小麦进口高度依赖俄罗斯和乌克兰。超过 30 个小麦净进口国家从俄罗斯和乌克兰进口超过本国 30% 的小麦进口需求。[③] 由于黑海贸易通道被切断，战争直接导致世界粮食和化肥价格上涨，乌克兰和俄罗斯谷物出口的急剧下降。为应对潜在的供给中断，许多国家限制粮食出口，以保护国内供给。这些举措是以国际市场为代价的，助推了国际粮食贸易中断和价格上涨。根据国际食物政策研究所 2023 年 1 月统计，2022 年 5 月这一趋势达到了顶峰，17% 的全球粮食出口受到了 23 个国家限制举措的影响。2022 年，所有发生粮食危机的国家粮食价格都出现了上涨，其

---

① FAO，2023 年 2 月统计。

② FAO，2022 年 12 月统计。

③ FAO, WTO, World Bank Group, Rising Global Food Insecurity: Assessing Policy Responses—A report prepared at the request of the Group of 20, April 2023.

中 58 个处于危机的国家中，38 个国家的粮食通货膨胀超过 10%。[①]

三、国际主要援助方的行动

为应对当前粮食危机，国际社会提供了紧急人道主义援助，提出了新的粮食安全倡议，尤其聚焦确保粮食供应链运行，取消粮食出口限制，支付食品进口账单，强化社会保障，缓解化肥短缺，维持粮食生产，并继续投资于面向未来的气候友好农业。

（一）多边发展机构采取紧急应对行动

世界粮食计划署向处于粮食危机的国家和人群提供了紧急粮食援助。2022 年，世界粮食计划署向 1.4 亿人口提供了粮食援助，自 2021 年的 1.28 亿人口的顶峰再度上升，达到历史新高。2022 年，世界粮食计划署也获得了创纪录的 140 亿美元赠款。[②] 世界贸易组织在 2022 年 6 月的第十二次部长级会议上通过决议，对世界粮食计划署出于人道主义目的采购粮食物资取消出口限制。

联合国粮农组织则提供了大量紧急生计援助。保守估计 2/3 遭遇严重粮食不安全的人群以农业为生[③]，为此联合国粮农组织倡导将投资农业作为全球粮食危机人道主义响应的核心。2022 年，联合国粮农组织通过紧急和韧性方案向超过 0.35 亿人提供了援助，主要用于阿富汗、索马里、也门、南苏丹、苏丹、叙利亚和刚果（金）等处于粮食危机人口最多的国家。[④]

国际农业发展基金的行动主要聚焦于俄乌冲突对全球粮食安全带来的影响。国际农业发展基金发起新的危机应对倡议（Crisis Response Initiative，CRI），重点帮助受俄乌冲突影响最大的国家，同时应对其他危机冲击，例如新冠疫情、极端天气以及冲突。截至 2023 年 4 月，国际农业发展基金筹措了 5200 万美元资金用于 15 个国家的干预行动。[⑤]

面对严峻的粮食危机状况，相关国家的融资需求急剧上升。2022 年 5 月，国际多边发展机构发起了《国际金融机构应对粮食不安全行动计划》。[⑥]

---

① Global Network Against Food Crises, 2023 Global Report on Food Crises: Joint Analysis for Better Decision, May 2023.

② FAO, WTO, World Bank Group, Rising Global Food Insecurity: Assessing Policy Responses—A report prepared at the request of the Group of 2023, April 2023.

③ FAO. 2022. FAO Council Document CL171/3. Rome.

④ FAO, WTO, World Bank Group, Rising Global Food Insecurity: Assessing Policy Responses—A report prepared at the request of the Group of 2023, April 2023.

⑤ Ibid.

⑥ https://www.imf.org/-/media/Files/News/press-release/2022/ifisactionplan-final.ashx.

2022 年 5 月，世界银行集团宣布将在未来 15 个月内提供 300 亿美元的资金，以应对粮食安全危机，帮助 2.96 亿人获益。① 大部分资金被投向受粮食危机冲击最为严重的非洲地区。世界银行集团的资金，主要用于鼓励公共政策调整，提升公共资金效率，促进粮食和化肥生产，强化粮食体系，扩大贸易，为脆弱家庭和生产商提供支持。

国际货币基金组织在粮食安全领域的支持主要集中在帮助相关国家应对由于粮价高企而带来的支付平衡问题。据统计，60% 的低收入国家面临债务压力的高风险，而 25% 的新兴经济体也面临债务压力的高风险，其中高企的粮食价格是一个助推因素。② 国际货币基金组织的支持主要为提供政策建议、能力建设援助或直接拨付资金帮助应对支付平衡问题。2022 年 9 月，国际货币基金组织在其紧急资金工具框架下批准了一个暂时的粮食冲击窗口（Food Shock Window，FSW），提供为期 12 个月的紧急融资。粮食冲击窗口主要面向与严重粮食安全相关的有支付需求国家，由于谷物和化肥进口成本上涨进口账单出现明显增加的国家，或者谷物出口遭受冲击的国家。

2022 年 5 月，非洲开发银行设立了 15 亿美元的紧急粮食生产资金（Emergency Food Production Facility），帮助非洲国家应对即将到来的粮食危机。该资金工具旨在帮助非洲小农户获得高质量的种子和化肥，促进生产，填补乌克兰战争带来的非洲粮食进口缺口。③

泛美发展银行在粮食安全领域的行动主要为帮助有援助需求的国家扩展和加强对粮食不安全人群的社会保障方案，包括通过有条件和无条件的现金转移、食品券、校园餐等。泛美银行也提供市场和贸易领域的政策援助，以及粮食生产、化肥使用等领域的技术援助。

亚洲开发银行在整个地区开展了社会保障网络建设支持，为关键食品进口提供贸易融资担保，向农业商业和农产品价值链提供财政资金，促进更有效地使用化肥。气候智慧农业也是亚洲开发银行气候行动的优先方向。2022 年 9 月，亚开行宣布 2022—2025 年以综合性支持方案方式至少提供 140 亿美元，以缓解亚洲和太平洋地区日益恶化的粮食危机，强化建设应对气候变化影响和生物多样性损失的粮食体系，以改进长期粮食安全。④

---

① FAO, WTO, World Bank Group, Rising Global Food Insecurity：Assessing Policy Responses-A report prepared at the request of the Group of 20, April 2023.

② Ibid.

③ https://www.afdb.org/en/topics-and-sectors/initiatives-partnerships/african-emergency-food-production-facility.

④ FAO, WTO, World Bank Group, Rising Global Food Insecurity：Assessing Policy Responses-A report prepared at the request of the Group of 20, April 2023.

（二）主要援助方在现有或新的发展合作框架下加大援助力度

美国、德国和欧盟作为提供全球官方发展援助资金排名前三位的援助方也采取了相应行动，通过现有或新的发展合作框架对处于粮食危机的国家加大援助力度。

美国在养活未来倡议（Feed the Future Initiative）框架下开展了应对全球粮食危机的援助支持，覆盖以下4个方面：减缓全球化肥短缺；提升对小农户韧性的投资，包括支持其获得农业投入、技术、融资和市场；减缓宏观经济冲击及其对贫困人口的影响；持续高水平的全球政治参与。[①] 在多边层面，美国国务卿布林肯于2023年5月召集超过40个国家和国际组织通过了全球粮食安全部级倡议，重申对全球粮食安全路线图的承诺，呼吁采取紧急、大规模和协调行动，以应对全球紧急粮食安全和营养需求。美国农业部通过养活未来倡议与非盟合作，在非洲大陆自贸区框架下设计和实施强化粮食安全、贸易和营养的政策。

德国经济合作与发展部（BMZ）每年在全球粮食安全和农村发展方面投资约20亿欧元。其中，约三分之一的资金是通过2014年启动的"农业和粮食系统转型"特别倡议提供的。该倡议面向受饥饿和营养不良影响特别严重的伙伴国家，重点是促进非洲的小农农业发展。此外，BMZ通过16个绿色创新中心，分享德国粮食和农业领域的创新，提高160万个小农农场的生产力。BMZ还在西非、东非、南部、北非和中非设有5个有机农业知识中心，在当地非政府组织的大力参与下，收集和研究有机农业方法，分享良好实践经验。2022年，在现有预算基础上，BMZ额外提供了5.25亿欧元，用于非洲、中东以及受粮价上涨影响特别严重的国家，以确保农业生产、维护农业贸易以及减少贫困和饥饿的风险。[②]

欧盟以改善营养为目标提供农业和粮食安全领域的援助。在2014—2020年预算周期，欧盟将43亿欧元用于营养领域，比预计增加8.35亿美元。其中，28亿欧元用于发展，15亿欧元用于人道主义援助。此外，欧盟还提供了大约5.16亿欧元，支持合作国家政府制定涉及多领域的营养政策或计划，覆盖农业、社会保障、教育、卫生和治理等领域，同时也用于改进公共资金管理。在2021—2024年的新预算周期，欧盟承诺将25亿欧元用于营养领域的国际援助，其中14亿欧元用于发展，11亿欧元用于人道主义援助。[③]

---

① Feed the Future, Mitigating Impacts of Russia's Invasion of Ukraine on Global Food Security & Nutrition, updated in June, 2022.

② https://www.bmz.de/en/issues/food-security/transformation-of-agricultural-and-food-systems.

③ European Commission, Action Plan on Nutrition, Seventh Progress Report, April 2021-March 2022.

四、中国在粮食安全领域采取的主要行动

中国用不足全球 9% 的土地生产了约占世界 1/4 的粮食，养活了世界近 1/5 的人口，对全球粮食安全作出了巨大贡献。中国的谷物自给率超过 95%，完全有条件、有能力、有信心把饭碗牢牢端在自己手上。中国在保障国内粮食基本自给的基础上，主动分享粮食安全经验，深化粮食安全领域的国际合作，帮助其他发展中国家提升粮食安全水平。

（一）提供紧急粮食援助与支持农业发展

在双边领域，中国向遭受自然灾害陷入冲突的国家提供了大量紧急粮食援助，并支持相关国家的农业发展。

2016 年以来，中国连续向亚非拉 50 余国提供紧急粮食援助，惠及上千万受灾群众。新冠疫情发生以来，中方积极响应联合国等国际组织倡议，向阿富汗、斯里兰卡、肯尼亚、乌干达、刚果（布）、贝宁、利比里亚等国提供紧急粮食援助，受到国际社会和各国人民普遍赞誉。[①] 2022 年，中国向 18 国提供了 3.5 万多吨粮食援助。[②]

同时，为帮助各国提升农业生产和粮食安全水平，中国援建农田水利、仓储设施、乡村道路等农业基础设施和农产品加工厂，提供种子、化肥等农用物资，派遣农业专家分享农业技术，以开设农业技术培训班、提供农业学历学位教育等方式开展人力资源开发合作，走出了一条具有中国特色的农业援助之路。

中国杂交水稻技术自 1979 年以来已在亚洲、非洲、美洲的数十个国家和地区推广种植，年种植面积达 800 万公顷，平均每公顷产量比当地优良品种高出 2 吨左右。中国研究人员先后赴印度、巴基斯坦、越南、缅甸、孟加拉国等国提供建议和咨询，并通过国际培训班为 80 多个发展中国家培训超过 1.4 万名杂交水稻专业技术人才。[③]

2018 年 5 月，中国与布基纳法索复交。应布方要求，不到一个月时间中国农技组即抵布开展农业技术援助，至今已在水稻、水利和农业 3 个领域完成了 10 余项示范项目，为布方开发洼地 2000 公顷，建设 100 公顷示范区和 5 个水利工程，培训学员 2000 余人，取得了示范区水稻每公顷产量 5.8 吨、同比增长 81.25% 的显著成绩。[④]

---

① http://www.cidca.gov.cn/2022-06/03/c_1211653042.htm.
② http://www.cidca.gov.cn/2022-11/12/c_1211700302.htm.
③ http://www.cidca.gov.cn/2022-06/03/c_1211653042.htm.
④ http://www.cidca.gov.cn/2022-12/03/c_1211706324.htm.

（二）设立多边合作基金与发起多边合作倡议

在多边领域，中国在联合国粮农组织设立了南南合作信托基金，深化农业领域的南南合作。中国通过增资后的全球发展和南南合作基金在粮食安全领域加强了与国际机构合作。中国也在全球和地区层面发起了多个粮食安全倡议，倡导各方采取积极行动。

2009 年以来，中国累计向与粮农组织合作设立的南南合作信托基金捐款 1.3 亿美元，向亚洲、非洲、拉丁美洲和加勒比地区、太平洋岛国派遣了大批专家和技术人员，是联合国粮农组织南南合作框架下资金援助最多、派出专家最多、开展项目最多的发展中国家，成为联合国粮农组织南南合作的重要战略伙伴。[①]

2022 年 6 月 24 日，中国国家主席习近平在全球发展高层对话会上宣布，加大对全球发展合作的资源投入，把南南合作援助基金整合升级为"全球发展和南南合作基金"，并在 30 亿美元基础上增资 10 亿美元。2023 年 3 月，全球发展和南南合作基金与联合国粮食计划署合作向布基纳法索萨赫勒地区流离失所者提供粮食援助举行了交接仪式，将为布 17 万受安全局势影响的难民提供紧急人道主义粮食援助，助力缓解布粮食危机和难民营养不良问题。[②] 2020 年 7 月至 2023 年 4 月，在全球发展和南南合作基金支持下，中国国际发展合作署与联合国粮农组织合作，在乌干达实施了"提升可持续土壤管理能力"项目。该项目由联合国粮农组织与乌农牧渔业部共同组织实施，向乌干达土壤实验室提供仪器设备，改善该国的土壤测试能力；采集和分析土壤样本和肥料样本，建立相应数据库；根据土壤检测结构、作物养分需求和目标产量提供施肥建议；开展农田现场试验，示范土壤测试和化肥应用技术，培训了近 400 名农民。[③]

2022 年 7 月，中共中央政治局委员、外交部长王毅在巴厘岛出席二十国集团外长会时就粮食和能源安全问题阐明中方立场并代表中方提出国际粮食安全合作倡议。王毅表示，粮食和能源攸关世界经济健康运行，影响 2030 年可持续发展议程有效落实。当前形势下，二十国集团应承担责任，建立大宗商品合作伙伴关系。

① http://www.cidca.gov.cn/2022-06/03/c_1211653042.htm.

② http://www.cidca.gov.cn/2023-03/13/c_1211737495.htm.

③ http://www.cidca.gov.cn/2023-05/24/c_1212191406.htm.

专　栏

2022 年二十国集团外长会议上中国提出的国际粮食安全合作倡议

一是支持联合国中心协调作用。加强而非削弱联合国作用，支持联合国粮农组织、国际农业发展基金、世界粮食计划署的工作。

二是不对世界粮食计划署开展的人道主义粮食采购实施出口限制措施。

三是为俄罗斯、乌克兰、白俄罗斯的农产品和投入品顺利进入国际市场提供便利。

四是主要粮食生产和净出口国释放自身出口潜力，减少贸易和技术壁垒，控制粮食能源化利用，纾解市场供给紧张局面。

五是各国采取的粮食贸易应急措施应是短期、透明、有针对性和适当的，并符合世贸组织规则。

六是支持国际农业研究磋商组织及各国农业科技创新合作，减少高科技交流限制。

七是减少粮食损耗。中方已举办国际粮食减损大会，愿共同落实会议共识。

八是在资金、技术、市场等方面帮助发展中国家提升粮食生产、收储和减损能力。[1]

2022 年 9 月，中共中央政治局委员、外交部长王毅在"携手推进全球发展倡议，合力谱写共同发展新篇章"为主题的"全球发展倡议之友小组"部长级会议上提出推进"粮食生产专项行动"。中国农科院、可持续发展大数据国际研究中心将分别同联合国粮农组织商签合作协议，在数字和创新农业金融、动植物疫病防治、可持续土壤和水资源管理等领域开展合作。中国愿向联合国赠送全球耕地、森林覆盖率等 6 套全球可持续发展数据产品，为各国更好实现粮食安全、陆地生态保护等可持续发展目标提供数据支持。[2]

2022 年 11 月，第 25 次中国—东盟领导人会议期间，中国与东盟联合发布了《中国—东盟粮食安全合作联合声明》。声明提出，中国与东盟一致同意围绕粮食安全四大支柱（即粮食供给、获取、使用、稳定性），采取保障粮食供给、促进粮食获取、提高粮食利用效率和保障粮食安全稳定性的务实举措。[3]

---

① http://new.fmprc.gov.cn/web/wjbzhd/202207/t20220708_10717772.shtml.

② https://www.mfa.gov.cn/wjbzhd/202209/t20220921_10769127.shtml.

③ https://www.mfa.gov.cn/web/ziliao_674904/1179_674909/202211/t20221111_10972995.shtml.

五、思考与展望

展望未来，全球粮食安全形势仍不容乐观。粮食危机的驱动因素，如缺乏对农业粮食体系和农村地区的投资、冲突和不安全、极端气候和经济减缓与下降等将在未来持续一段时间。根据《2023 全球粮食危机报告》估计，目前 58 个处于粮食危机的国家将会进一步受到 2023 年早期发生的一些事件的冲击而恶化粮食安全形势。这包括马达加斯加、马拉维和莫桑比克发生的热带龙卷风，叙利亚和土耳其发生的地震，以及苏丹日渐升级的冲突。同时，经济冲击也将继续是大部分国家处于粮食危机之中的主要驱动因素，特别是受新冠疫情恢复缓慢和俄乌冲突影响，这些国家的经济韧性已经下降。在一些粮食危机国家，持续走高的粮价叠加不可持续的债务水平将进一步削弱单个家庭获取粮食的能力，并制约政府提供相应援助的财政空间。

与人道主义援助相比，早期干预可以较低成本缩小粮食缺口，保护财产和生计。国际社会积极倡导加大资金投入解决粮食安全的根源性问题，促进农村地区的可持续与包容性经济增长，以减缓由于饥饿和粮食安全风险上升而带来的财政压力。具体来看，紧急人道主义援助需要更多资金支持，以满足紧急粮食需求，并采取相应举措维持生计，降低未来的短期粮食需求。对于缺乏资源和能力向脆弱家庭提供支持的国家而言，需要进一步完善社会保障体系，帮助贫困和脆弱人群获得粮食。而应对粮食安全问题的关键在于提升农业粮食体系的韧性，包括多元化食物来源和粮食供应链的行为方，建立起有效的灾害预警体系等。

第二十一章
卫生健康与国际发展合作[①]

一、卫生发展合作的概念与范畴

卫生发展合作是指各国之间为促进全球卫生事业发展，提高发展中国家人民的卫生和健康水平，共同应对全球性传染病和健康挑战而进行的援助与合作行为。其涵盖卫生基础设施建设、卫生物资援助、卫生人力资源开发合作、卫生技术合作、公共卫生合作、援外医疗队派遣以及紧急人道主义援助等多个方面。

2000 年提出的 8 项千年发展目标之中，有 3 项直接与健康相关，即降低儿童死亡率（MDG4）；改善产妇保健（MDG5）；与艾滋病毒/艾滋病、疟疾和其他疾病作斗争（MDG6）。在 2030 年联合国可持续发展目标框架下的 17 项目标中，卫生发展合作是"确保健康的生活方式，促进各年龄段人群的福祉"（SDG3）的重要方式，同时也与其他多项可持续发展目标间接相关，对实现全球可持续发展至关重要。全球发展倡议将抗疫和疫苗作为八大重点领域之一，卫生发展合作是推动落实该领域合作的重要抓手。

二、卫生发展合作的国际形势分析

21 世纪以来，全球健康状况总体改善，人类预期寿命从 2000 年的 67 岁提升至 2019 年的 73 岁。[②] 这一增长主要源于儿童死亡率减半，孕产妇死亡率下降三分之一，多种传染病的发病率和死亡率下降，以及非传染性疾病导致的过早死亡风险降低。然而，自 2015 年开始，多个健康相关指标下降趋势出现明显停滞，给 2030 年如期实现可持续发展目标构成严峻挑战。尤其在新冠疫情的冲击下，全球各地的卫生体系遭受重创，累计近 1500 万例超额死亡，总计生命损失达 3.368 亿年。[③] 疫情还导致麻疹、人

---

① 本章撰稿人：何其为，商务部国际贸易经济合作研究院国际发展合作研究所助理研究员。

② World Health Organization. World Health Statistics 2023.

③ World Health Organization. World Health Statistics 2023.

乳头瘤病毒（HPV）、白喉、破伤风和百日咳等多种免疫接种覆盖率的下降，接受被忽视热带病（NTDs）治疗的人数也有所下降以及疟疾和结核发病率的下降趋势出现逆转。此外，新冠疫情不仅加剧了全球健康危机，还暴露出当前全球卫生体系面临的多重挑战和不足。

（一）治理赤字：全球卫生治理体系失灵

全球卫生治理面临着严重的"治理赤字"，特别是在新冠疫情的背景下。这一赤字体现在全球、地区和国家层面。首先，主权国家作为全球卫生治理的主体，在应对全球突发公共卫生事件时表现出多样性的价值观和应对策略导致了全球卫生响应的不协调和低效。例如，在疫情防控过程中，不同国家应对措施不协调、责任推诿，甚至国家间的法律诉讼，都严重削弱了国际公共卫生专门机构（如世界卫生组织）在全球卫生治理中的功能。[1] 其次，国际法律规则，特别是《国际卫生条例（2005）》，由于缺乏强制性执行机制，未能为全球卫生治理提供充分的法律和制度支撑。[2] 这不仅导致了全球卫生治理体系在紧急情况下的响应能力大打折扣，也无法确保各国根据国际法承担相应的义务。最后，大国行为和全球卫生治理赤字有着密切关联。例如，新冠疫情初期，美国对多边主义的敌意和领导力的缺失进一步恶化了全球卫生治理的赤字情况，从而削弱了整个治理体系的有效性和公信力。[3] 综合考量，全球卫生治理赤字是一个多维度、多因素交织的问题，需要全球性的改革和多方积极参与，以增强未来对全球性危机的应对能力。

（二）资金赤字：全球卫生资金缺口扩大

在新冠疫情暴发前，全球卫生领域已经面临着巨大的资金缺口。根据世界卫生组织于 2017 年的估计，为了在 2030 年达成可持续发展目标中健康相关目标，低收入和中低收入国家需要每年额外增加 3710 亿美元的卫生支出。[4] 这些资金将用于医疗服务提供、新设施建设以及医务人员的培训和配置。然而，新冠疫情冲击使得实现良好健康与福祉（SDG3）所需的资金进一步增加。为应对新冠疫情，2020 年全球卫生支出猛增

① Jones, L. and Hameiri, S. 2022. Explaining the failure of global health governance during COVID-19. International Affairs, 98（6）, p.2057-2076.

② Abu El Kheir-Mataria, W., EI-Fawal, H. and Chun, S., 2023. Global health governance performance during Covid-19, what needs to be changed? a delphi survey study. Globolization and Health, 19（1）, p.1-13.

③ Jones, L. and Hameiri, S. 2022. Explaining the failure of global health governance during COVID-19. International Affairs, 98（6）, p.2057-2076.

④ World Health Organization. Investing in global health: A common objective.

到 9 万亿美元的新高，约占全球 GDP 的 11%，其中 63% 为公共支出。[①] 但是，这种急剧增加的公共支出并非长期可持续，同时也大大增加了政府的债务压力。此外，面对通货膨胀、俄乌冲突以及全球经济衰退风险加剧等多重压力，各国政府将更加难以维持现有的卫生支出，更别提如期实现 SDGs 中的健康相关目标。在这种情况下，任何国家都难以独立解决卫生资金缺口问题。因此，全球性的团结和集体努力成为解决方案的核心，包括创新筹资机制和动员私营部门资源，以缓解全球卫生资金赤字的压力。这种集体行动和多元融资模式不仅是应对当前卫生资金赤字的战略性选择，更是全球卫生治理体系可持续发展的关键基石。

（三）发展赤字：全球卫生发展不平等加剧

全球卫生发展赤字问题在新冠疫情的背景下同样被进一步放大。除财政资金不足外，全球卫生发展赤字还包括服务可及性、资源分配和健康结局等多方面的不平等。联合国《2021 年可持续发展融资报告》指出，全球 16 万亿美元的疫情纾困资金中，仅不到 20% 用于发展中国家。[②] 新冠疫苗分配方面，2022 年，高收入国家 72% 的人口已接种至少一剂新冠疫苗，而在低收入国家，这个比例仅为 21%。[③] 同样，在预防宫颈癌的疫苗分配方面，低收入国家承担了宫颈癌大部分的治疗费用，但仅有 41% 的低收入国家能获得预防宫颈癌的 HPV 疫苗，而 83% 的高收入国家能够做到这一点。[④] 健康不平等现象不仅存在于国际层面，也在国内层面显现。与 2015 年相比，各国在基本卫生服务可及性方面的增长放缓，在减少因病致贫方面也没有取得明显改善。特别是偏远和弱势群体在健康风险和相关死亡率方面面临更大压力，但在获得基础卫生服务方面却受到限制。[⑤] 此外，气候变化、粮食危机和全球化逆流也在加剧这一赤字现象。为解决这一复杂问题，除了提高关注度和增加财政投资，也需要全球团结和集体努力，包括推动健康平等和可持续发展。这不仅需要国家间合作，还需要来自私营部门和非政府组织的参与和支持。

三、卫生发展合作最新动向

（一）卫生发展援助规模创历史新高

新冠疫情在导致各国政府卫生支出激增的同时，卫生发展援助（DAH）的规模也

---

① World Health Organization. Global spending on health: rising to the pandemic's challenges.

② United Nations. Financing for Sustainable Development Report 2021.

③ United Nations Development Programme. Human Development Report 2021-22.

④ World Health Organization. Global Vaccine Market Report 2022.

⑤ World Health Organization. World Health Statistics 2023.

大幅增加，达到历史新高。健康指标和评估研究所（IHME）数据显示，2020 年用于应对新冠疫情的 DAH 总额约为 160 亿美元，在 2021 年更是达到 218 亿美元的规模，由此导致 2019 年至 2021 年的 DAH 总额从 431 亿美元增长到 674 亿美元，涨幅达到惊人的 56.3%（见图 21-1）。其中，非应对新冠疫情的 DAH 总额在 2021 年达到了 456 亿美元，虽比 2020 年的总额低 0.8%，但是比 2019 年增加了 5.8%。[①] OECD 最新数据显示，DAC 成员用于应对新冠疫情的 DAH 总额从 2021 年的 218.79 亿美元下降至 2022 年的 112.36 亿美元，降幅达到 48.6%，并随着新冠疫情不再构成"国际关注的突发公共卫生事件"，各国对新冠疫情的关注和投入将进一步减少，最终 DAH 总额也将恢复到新冠疫情前的正常水平。[②]

图 21-1 2019—2021 年卫生发展援助在应对新冠疫情的分配情况[③]

资料来源：IHME Financing Global Health 2021。

图 21-2 展示了 2021 年 DAH 的来源情况。美国作为 DAH 领域最大的投入方，占总额的比例超过四分之一，高达 177 亿美元。其他主要援助国依次为德国（7.63%）、英国（5.83%）、日本（3.98%）、法国（2.82%）、中国（2.36%）和加拿大（2.14%）。其中，美国（52 亿美元）、德国（18 亿美元）和日本（15 亿美元）投入了大量 DAH 用于新冠疫苗采购和协调等工作。除了各国政府的援助，民间慈善力量也是 DAH 的一个

---

① Institute for Health Metrics and Evaluation. Financing Global Health 2021.
② Organization for Economic Cooperation and Development. ODA Level in 2022-Preliminary Data.
③ Institute for Health Metrics and Evaluation. Financing Global Health 2021.

重要组成部分。其中，盖茨基金会作为最大的民间慈善的援助方，其投入额占 DAH 总额的 7.51%，其他民间慈善机构和企业捐款分别占 6.94% 和 1.53%。

单位：亿美元

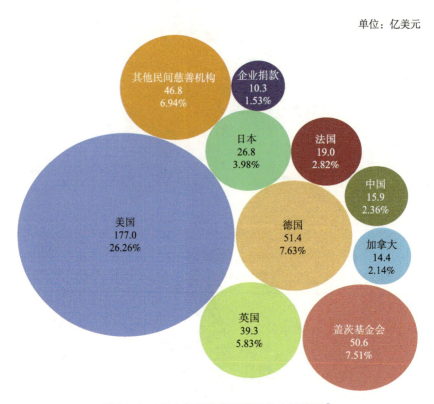

图 21-2 2021 年卫生发展援助的来源情况①

资料来源：IHME Financing Global Health 2021。

图 21-3 展示了 2020 年和 2021 年 DAH 的重点领域分配情况以及发展趋势。从卫生领域看，2021 年应对新冠疫情的 DAH 投入占总额的比例接近三分之一，其次分别为艾滋病（14.70%）、新生儿与儿童健康（14.09%）、卫生体系加强（10.70%）、生殖与孕产妇健康（7.86%）、疟疾（3.62%）、其他传染性疾病（3.28%）、结核病（3.01%）、非传染性疾病（1.60%）和其他领域（8.80%）。与 2020 年相比，用于新冠疫情、疟疾、新生儿与儿童健康、艾滋病和结核病的 DAH 分别增长了 36.25%、13.49%、10.34%、2.16%、2.01%。而用于非传染性疾病（2.70%）、生殖与孕产妇健康（6.69%）、卫生体系加强（11.10%）、其他传染性疾病（不包括新冠疫情）（26.33%）的 DAH 在 2020 年至 2021 年有所减少。

---

① Institute for Health Metrics and Evaluation. Financing Global Health 2021.

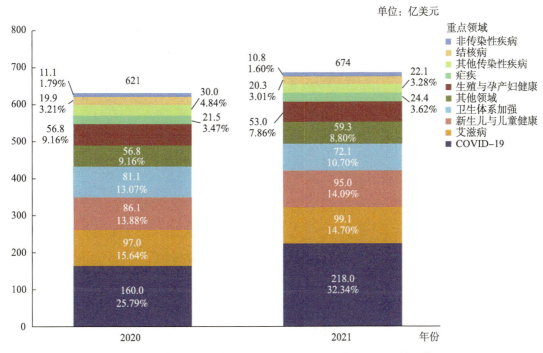

单位：亿美元

重点领域
- 非传染性疾病
- 结核病
- 其他传染性疾病
- 疟疾
- 生殖与孕产妇健康
- 其他领域
- 卫生体系加强
- 新生儿与儿童健康
- 艾滋病
- COVID-19

图 21-3 2020—2021 年卫生发展援助的重点领域分配情况①

资料来源：IHME Financing Global Health 2021。

（二）多边机制发挥引领作用

在新冠疫情背景下，多边机制在卫生发展合作中起到了不可或缺的引领作用。这些机构不仅促进了全球范围内的资源整合和优化分配，还通过多层次、多维度的援助与合作，加强了全球卫生治理体系，特别是在疫苗研发、分发和公共卫生能力建设方面。

全球疫苗免疫联盟的"预先市场承诺"（AMC）机制为疫苗的研发、生产和接种提供了有力保障。一方面，通过预先承诺购买合同，全球疫苗免疫联盟为制药公司提供了一个可预测的市场规模，确保了疫苗在研发阶段就得到足够的资金支持，从而加速了疫苗的上市进程。另一方面，这一机制还通过预购合同，以较低、可承受的价格为低收入和中等收入国家提供疫苗，以确保疫苗的可及性和广泛接种。

全球抗击艾滋病、结核病和疟疾基金（Global Fund）在新冠疫情暴发后迅速调整了资金分配和项目方向，以支持各国在抗击新冠疫情方面的需求。除了资金援助，Global Fund 还通过技术支持和能力建设，帮助受援国提高其公共卫生应急响应能力。

---

① Institute for Health Metrics and Evaluation. Financing Global Health 2021.

流行病预防创新联盟（CEPI）在疫苗研发方面也发挥了关键作用。通过资助多个具有潜力的疫苗项目，CEPI 不仅加速了疫苗的研发进程，还通过与各研发机构的紧密合作，促进了疫苗研发的全球化和多样化。

新冠疫苗实施计划（COVAX）作为一个全球疫苗分发平台，致力于确保疫苗在全球范围内的公平获取。通过与各国政府、非政府组织和私营部门的合作，COVAX 实现了疫苗的大规模集中采购和分发，特别是向低收入和中等收入国家。这一做法不仅缓解了全球疫苗供应的不平衡问题，还为全球抗击疫情提供了有力支持。

这些多边机制的协同作用极大地加强了全球抗击新冠疫情的综合能力，展示了在卫生发展合作中多边合作的重要价值。它们之间的互补性和协同性为全球卫生治理提供了新的视角和实践路径，也为未来可能出现的全球卫生危机提供了有力的应对模板。这一系列的合作和努力不仅提升了全球卫生安全水平，也为构建人类卫生健康共同体提供了宝贵经验和深刻启示。

（三）非国家行为体影响力显著提升

在卫生发展合作体系中，慈善基金会、非政府组织、私营部门实体和学术机构等非国家行为体的影响力正在逐渐增强，进一步促进了全球卫生治理的多元性和包容性。这些行为体通过多维度的参与和创新性的解决方案，不仅填补了传统国家行为体和国际组织在资源和执行力方面的不足，而且为应对复杂多变的全球卫生挑战提供了更为灵活和多样的解决路径。

慈善基金会在资金筹集和保障方面的贡献不容忽视。根据图 21-2 的数据，慈善基金会的资金投入在 DAH 总额中的占比接近 15%，这些资金主要用于药品和医疗器械研发、基础设施建设、健康教育普及和政策倡导等方面。

非政府组织（NGOs）在地方层面的项目执行和社区参与方面发挥着关键作用。他们通常更了解当地社区的具体需求和文化背景，能够更有效地推动卫生项目的实施。以无国界医生（MSF）为例，该组织在新冠疫情暴发初期就迅速进入多个高风险国家，提供临床医疗服务和公共卫生指导，其灵活性和快速响应能力有效提升了受援国的疫情防控水平。

私营部门实体在产品创新和技术应用方面具有独特优势。除了投入疫苗、药物和医疗器械的研发，他们还推动了创新技术和模式在卫生领域的应用。例如，太阳能疫苗冰箱的推广提高了偏远地区免疫接种的覆盖率，而人工智能辅助医疗诊断技术的应用将有助于提高诊断效率并优化医疗资源分配。

学术机构在技术研发和模式探索方面表现出色，同时还通过发表高质量的研究成果，为卫生政策的制定提供了科学依据。例如，约翰霍普金斯大学和牛津大学通过全面、长期追踪新冠疫情的相关数据为全球疫情防控策略的制定提供了宝贵的数据支持。

（四）创新推动卫生发展合作效率提升

创新在推动卫生发展合作成效提升方面起到了重要作用。产品技术创新、干预模式创新和合作机制创新是三个关键领域，它们相互影响，共同推动卫生发展合作在有限的资源内发挥更大功效。

产品技术创新在提高卫生服务质量和效率方面起到了至关重要的作用。例如，疟疾疫苗的成功研发和应用，显著降低了疟疾流行地区民众的感染率和死亡率，减轻了当地民众在疟疾防治方面的医疗负担。此外，基于CRISPR的基因编辑技术和新型抗生素的研发，为抗击耐药性细菌和降低其他复杂疾病负担提供了更有效的手段。

干预模式创新通过更有效地整合和利用资源，不仅提升了卫生服务的覆盖范围和质量，还通过提升社区和个体的卫生素养和自我管理能力，对受援国产生了积极的长期影响。例如，综合性社区病例管理（ICCM）模式通过动员和培训社区卫生工作者，强化了基层的卫生教育、早期诊断和服务能力，有效降低了孕产妇、新生儿和儿童的死亡率。同时，数字健康干预，如人工智能算法的应用，为个体提供了更个性化和精准的健康管理方案。

合作机制创新通过多方参与和协作共赢的治理模式，增强了卫生发展合作项目的可持续性和影响力。例如，大流行病基金、债转卫生和疫苗债券等创新财务工具成功地吸引了更多资金和资源。国际病原体监测网络（IPSN）汇集全球各地的基因组学和数据分析专家，发现和跟踪各类疾病，同时通过数据的共享推动公共卫生决策，开发治疗方法和疫苗，以加强全球突发卫生事件的预防和应对能力。

（五）本地化生产成为卫生发展合作新方向

在全球化的大背景下，医药产品供应链的多元化和复杂性导致了生产地与消费地的不匹配。尤其是在大部分的发展中国家，大量依赖进口药品不仅难以满足民众日益增长的医药需求，还存在供应链安全的风险。新冠疫情的冲击进一步凸显出医药产品供应链的脆弱性，使得发展中国家更加重视医药产品的本地化生产。除了有助于实现医药产品供应的可持续性和安全性，发展中国家还能通过本地化生产增加就业机会、推动技术转移、提高财政收入、促进当地经济社会发展，并进一步加强国家整体卫生安全。

近年来，许多发展中国家为鼓励本地化生产出台了一系列关于医药投资落地的优惠政策，尤其在税收减免、特许权保护和土地使用方面。例如，埃塞俄比亚政府专门新建了医药工业园区，以吸引国内外投资。尼日利亚、南非等国也相继提高了进口药品的注册门槛，以保护和促进本地药品生产。除此之外，肯尼亚、印度尼西亚等国通过溢价采购的方式来保护医药产品的本地化生产。

同时，国际组织和多边机制也通过建立合作伙伴关系、推动技术转移、优化采购机制、提升供应链效率等方面的努力，促进发展中国家公平获得药物及其他卫生技术，提高其在医药生产方面的自主能力。例如，2021 年 6 月，第一届"世界本地化生产论坛"由世界卫生组织主持召开，汇集了超过 100 个国家以及跨行业协会、金融机构、民间组织、联合国机构和国际伙伴的代表，为推动发展中国家医药产品的本地化生产提供了一个持续的支持平台。此外，两家制药公司在 Global Fund 的支持下，按照质量保证要求将治疗疟疾的青蒿素联合疗法（ACTs）和抑制艾滋病毒的抗逆转录病毒疗法（ART）的技术成功转让给肯尼亚和乌干达的本地制造商。

四、中国卫生发展合作的进展与实践

（一）革新理念：引领全球卫生治理体系重塑

中国作为全球卫生领域的重要参与者，高度重视与其他国家在卫生领域的国际合作，已经构建了一套成熟的卫生发展合作体系。该体系不仅包括传统的"南南合作"模式，还延伸至"一带一路"倡议。新冠疫情背景下，中国进一步提出"全球发展倡议""全球安全倡议"和"全球文明倡议"，以及构建人类卫生健康共同体和中非卫生健康共同体等多维度理念。这些理念不仅为全球卫生治理提供了新的思路，也明确了中国在卫生发展合作中的战略定位和方向。

（二）创新模式：打造全方位、立体式的"造血式"合作体系

中国的卫生发展合作始于 1963 年的援阿尔及利亚医疗队，由毛泽东和周恩来等革命家开创。一代又一代援外医疗队员始终传承不畏艰苦、甘于奉献、救死扶伤、大爱无疆的中国医疗队精神，以仁心仁术造福当地人民，以实际行动践行人类卫生健康共同体理念，这一行动不仅体现了中国特色社会主义的援助方式，也成为中国国际合作和对外交往的一块金字招牌。60 年来，中国根据自身国情和发展中国家发展需要，不断丰富医疗卫生合作的领域和内容，从单一医疗队派遣的"输血式"援助，逐步拓展到医疗基础设施建设、药品和医疗物资捐赠、医护人员培训、重点专科建设、公共卫生合作、经验技术分享、紧急人道主义援助等全方位和立体式的"造血式"合作，有力促进了发展中国家卫生体系发展和医疗技术水平提升。

(三) 携手抗疫：肩负大国责任，守护人类健康

新冠疫情期间，中国实施了自新中国成立以来最大规模的全球紧急人道主义行动，向 153 个国家和 15 个国际组织提供数千亿件抗疫物资。除了物资援助，中国还与 180 多个国家地区和 10 余个国际组织举办了 300 多场技术交流活动，分享了最新的疫情防控经验和医疗救治方案[①]，并向 34 个国家派出 38 支抗疫专家组，为受援国带去防疫经验、诊疗方案和抗疫物资，常驻非洲各国的 46 支医疗队也在第一时间投入当地的抗疫行动[②]。值得注意的是，中国积极践行承诺，通过同 31 个国家发起"一带一路"疫苗合作伙伴关系倡议、加入新冠疫苗实施计划、向全球疫苗和免疫联盟捐款等形式，将中国疫苗作为全球公共产品，向 110 多个国家和 4 个国际组织提供了超过 23 亿剂疫苗[③]，并与 20 多个国家开展疫苗生产合作，提高了疫苗在当地的可及性和可负担性[④]。

(四) 凝聚合力：深化多元主体协同合作

中国倡导平等、包容、共赢的卫生发展合作模式，通过多元主体共同参与，与全球伙伴携手，坚定不移推动构建人类卫生健康共同体。除政府主导的国际合作外，私营部门实体、慈善基金会、非政府组织和学术机构等多元主体也在深入推动卫生发展合作进程方面展现出多维度和多层次的特点，在积极实践中涌现出大量丰富多彩的案例、经验和模式。例如，人福医药探索在马里和埃塞俄比亚投建本地化药厂，万孚生物携手国际组织将国产艾滋病自测试剂纳入乌干达艾滋病防控计划；中国乡村发展基金会通过国际微笑儿童项目为发展中国家贫困地区超 12 万名儿童解决饥饿问题，共享基金会和健康快车香港基金聚焦于亚洲和非洲等发展中国家完成超 5000 例白内障复明手术；中国作为世界上拥有国际应急医疗队伍最多的国家之一，大陆地区通过世界卫生组织认证的 4 支国际应急医疗队均是由地方医院组建而成，多次承担国际救援任务；北京大学第三医院、国家卫生健康委妇幼司、四川大学全国妇幼卫生监测办公室共同发布柳叶刀重大报告，总结分享中国在妇女儿童健康领域的发展改革成效与经验；在国家自然科学基金委和盖茨基金会的联合资助下，中国多所高校联合疟疾流行地区科研机构共同开展疟疾媒介控制方案研究等，有力推动全球卫生健康事业高质量发展。

---

① 陈芳、徐鹏航、田晓航：《携手同心　共克时艰》，新华每日电讯，2023-01-15（004）.
② 苏璇、刘亮：《我国对外抗疫援助惠及世界 150 多个国家凸显大国担当》，央视网，2021-07-04.
③ 国家国际发展合作署：持续推进国际发展合作和援外事业新闻发布会。
④ 刘健：《惠民生　利天下——"一带一路"中的人民至上理念》，新华社，2023-10-13.

五、思考与展望

当前全球卫生发展正处于治理赤字、资金短缺和发展不平衡交织的艰难时期，新冠疫情对全球冲击进一步凸显了卫生发展合作的紧迫性和重要性。这不仅是全球共同的责任，更是未来实现可持续发展的核心要素。在此背景下，中国参与卫生发展合作具有重要意义。作为全球最大的发展中国家和第二大经济体，中国在全球卫生安全中起到的关键作用，不仅有助于维护国家生物安全，还能保障海外中国公民的健康安全。同时，中国的参与也增强了在国际舞台上的影响力和软实力，为国内医疗产业的全球拓展创造了有利条件。更为关键的是，中国作为构建人类卫生健康共同体的倡导者与践行者，有责任和义务深度参与全球卫生治理，以应对当前和未来的发展挑战，推动全球卫生健康事业可持续发展。

中国应将卫生发展合作作为大国外交和高质量发展政策的重要组成部分，综合考虑其系统性和复杂性，制定全面和长远的卫生发展合作顶层战略，明确中国开展卫生发展合作的方向，包括主要原则、关键领域、重点地区和合作模式等内容。根据顶层设计进一步优化形成更加灵活和响应迅速的中国对外卫生发展合作管理体制，以便更好地提升资源的使用效率，增强卫生发展合作的效果和影响力。为应对复杂多变的全球卫生挑战，中国应重点培养一批具有国际视野和跨学科专业知识的全球卫生人才，涵盖但不限于医学、公共卫生、经济学、法学、国际关系等领域。除了中央政府间的合作，还应进一步鼓励和支持地方政府、非政府组织、学术机构、慈善基金会和私营部门实体等多元主体参与卫生发展合作，统筹资源以形成协同效应。此外，中国应继续积极为构建更有效的全球卫生治理体系提供全球公共产品，并利用中国的全产业链优势，依据发展中国家的迫切需要提供质优价廉的高性价比医疗产品和器械，从而稳定全球供应链，提升医疗服务的可及性、可负担性和公平性。在人类卫生健康共同体理念的指引下，中国将积极落实全球发展倡议、全球安全倡议、全球文明倡议，结合自身经济、社会和科技实力，发挥比较优势，以更系统、更战略的方式参与卫生发展合作，为实现"人人享有健康"的全球目标作出更大贡献。

第二十二章
发展筹资与国际发展合作[①]

发展筹资是实现全球发展的重要保障条件和落实手段。在 2002 年的蒙特雷国际发展融资会议后，国际社会逐渐探索形成了发展筹资的理念和模式。2015 年，联合国可持续发展目标提出后，主要西方国家和国际机构加大了对发展筹资的关注和投入。近些年，尤其是 2022 年以来，地缘冲突、粮食安全、气候变化等危机冲击世界经济社会发展，全球发展筹资需求缺口持续扩大。国际发展筹资格局呈现多元主体、多样渠道的新特点，但也面临借贷困境、协调难题和效率赤字等矛盾。2021 年，习近平主席提出全球发展倡议，其中发展筹资是八大重点领域之一。中国作为负责任发展中大国，宜进一步优化中国特色发展筹资体系与路径，推动落实全球发展倡议，助力实现 2030 年可持续发展目标。

一、发展筹资概念的历史沿革和范畴

发展筹资伴随 21 世纪初千年发展目标的提出而被正式提上议程。2000 年，联合国宣布千年发展目标，成为国际社会共同的发展目标。2002 年 3 月，联合国首届发展筹资国际会议在墨西哥蒙特雷市召开，推动国际社会加大对发展问题的投入，落实联合国千年发展目标。2008 年多哈第二届发展筹资会议和 2015 年亚的斯亚贝巴第三届发展筹资会议后，发展筹资加速演进，各国积极创新资源，出现了机票统一税、绿色债券、三角贷款、货币交易税和碳交易税等新的筹资机制。

2015 年，联合国通过 2030 年可持续发展议程，提出消除贫困、零饥饿等 17 个可持续发展目标，涉及经济发展、社会进步和环境保护三大支柱，为发展筹资提供了新的全球参考框架。可持续发展投融资成为国际发展融资的重要关注点之一，即融资带来的经济社会收益是否能实现可持续发展、绿色发展的目标。议程促使各国国内和国际资源流动、政策和国际协定同经济、社会和环境优先事项保持一致，具体包括国内

---

① 本章撰稿人：刘娴，商务部国际贸易经济合作研究院国际发展合作研究所助理研究员；张晨希，商务部国际贸易经济合作研究院国际发展合作研究所研究实习员。

公共资源，国内和国际私营企业和金融，国际发展合作，作为发展引擎的国际贸易，可持续债务，科学、技术、创新和能力建设等 7 个行动领域。联合国经社理事会每年举行发展筹资论坛，进行后续落实的跟踪和审查。

二、国际可持续发展筹资的新形势

2023 年 6 月，法国举行新全球融资契约峰会，围绕国际金融机构和体系改革、促进低收入国家私营部门发展、新兴国家能源转型基础设施投资，以及为气候脆弱国家创新融资机制等议题开展讨论，体现出当前国际发展筹资的趋势，其出发点是发展中国家可持续转型和发展，关注点在于融资机制和方案创新，着力点在于金融体系改革和私营部门动员。同时，多边开发银行、私营部门、南方国家、慈善基金会等主体广泛参与筹资，发展筹资格局更加丰富。国际社会积极推动统计发展筹资和制定评估规则，努力提升融资效率，缩小发展资金缺口。

(一) 筹资缺口扩大化：传统资金供给无法满足日益增长的融资需求

全球危机扩大了发展筹资需求。近些年，公共疾病（新冠疫情、猴痘、霍乱、埃博拉病例增加）、地缘冲突、气候危机和日益频繁的自然灾害等多重因素诱发发展中国家卫生、环境、经济和金融等领域危机，且危机呈现综合性、持续性特点，进一步扩大了全球可持续发展筹资的需求。2022 年以来，全球疫后复苏、粮食安全、人道主义、气候融资等发展领域资金需求更加旺盛。联合国数据显示，新冠疫情前，实现 2030 年议程所需的发展资金每年约为 2.5 万亿美元，2020 年极速上升到 3.9 万亿美元。估计至 2025 年，每年还将增加 0.4 万亿美元。

而从供给看，发展资金存在三大缺口。

一是发展援助承诺目标缺口。根据 DAC 统计，2022 年，全球 ODA 资金为 2040 亿美元，较上年增加 13.6%，ODA 占捐助方 GNI 比重平均为 0.36%。但增长很大部分是由于发达国家境内难民费用（in-donor refugee cost）大幅攀升，达到 293 亿美元，占 ODA 比重达到 14.4%。总的来看，大部分捐助者仍未能履行 0.7% 的 ODA 承诺，距该目标仍差约 1880 亿美元。

二是资金优惠度缺口。由于发展中国家财政能力有限，且债务风险加剧，需要更多高优惠度的融资。但一方面，官方发展援助中优惠度最高的无偿援助占比在下降。最不发达国家接受无偿援助的比重从 93% 下降到 87%，小岛屿发展中国家从 87% 下降到 71%。另一方面，贷款优惠度总体呈下降趋势。向最不发达国家提供双边官方援助贷款的偿还期限从 35.7 年缩短至 27.3 年，利率从 2015 年的 0.35% 提升至 2021 年的

0.63%，平均赠与成分从 2015 年的 78% 下降至 2021 年的 70%（见表 22-1）。多边开发银行作为提供长期贷款融资的重要来源，2021 年贷款规模为 830 亿美元，同比下降 12%，且其中 720 亿美元为非优惠贷款，优惠性质贷款占比不足两成。

表 22-1　2015—2021 年向最不发达国家提供双边 ODA 的贷款条件

类别	2015 年	2016 年	2017 年	2018 年	2019 年	2020 年	2021 年
偿还期/年	35.7	33.4	32.5	32.0	28.3	30.5	27.3
利率/%	0.35	0.49	0.59	0.67	0.80	0.43	0.63
平均赠与成分/%（按赠款等值法计算）	78	75	75	73	70	73	70
平均赠与成分/%（按净流量法计算）	81	78	78	77	73	76	73

资料来源：OECD。

三是全球公共产品缺口。发展筹资重点从早期的贫困问题拓展至更广泛议题，特别是关注公共卫生、粮食安全、人道主义援助、气候融资等全球性议题。但当前，应对上述领域的公共资金和政策工具仍显不足。以气候变化为例，2009 年，哥本哈根气候大会提出 2020 年之前每年筹集 1000 亿美元的目标，以支持发展中国家的气候行动。但 2020 年，气候融资总额仅为 833 亿美元。资金优先投资于"气候减缓"领域，而非杠杆率低、融资成本高的"气候适应"领域，气候融资结构有待优化。

（二）筹资结构多样化：私营部门、南方国家等主体参与度上升

第一，私营部门参与度提升。为弥补传统资金供给缺口，OECD 开始使用混合融资（blended finance）工具，有策略地利用公共资金撬动私营部门融资，发挥私营部门的创新优势和额外融资的作用，引导其支持可持续发展。私营部门逐渐从全球发展议程的边缘者成为重要力量，从主要扮演投资者角色转变为具有与各国政府平等决策地位的重要行为体。2030 年可持续发展目标通过以来，西方发展融资机构进一步探索新的融资模式和杠杆机制，新一轮混合融资的速度明显加快，主要体现在以下几个方面：一是加强战略和倡议引领。例如 2016 年，法国开发署下属经济合作参与和促进公司（PROPARCO）出台《2017—2020 年支持私营行业战略》，计划未来三年加大对发展的直接影响，实现业务额翻三番，体现法国政府支持私营行业发挥活力的意愿。2021 年，美国国际开发署专门为调动私营投资发起"绿色回收投资平台"（GRIP）和"非洲贸易和投资计划"（ATI），旨在撬动私营企业提供解决方案，支持绿色转型和非洲贸易投资。二是突出体制机制和资金保障。美国 2018 年宣布将原海外私人投资机构（OPIC）

升级为国际开发金融公司（DFC），集成发展援助、保险、投资、贷款等多种工具，追加预算至 600 亿美元，为私营部门提供一站式支持。加拿大、瑞典等通过设立亚洲私营部门气候基金、瑞典挑战基金等混合融资基金，鼓励当地和外国投资，在非洲等地增加至少 1.5 亿美元的投入。三是创新融资支持工具。亚洲开发银行、国际金融公司和美洲开发银行等机构设计了吸引私营投资者的债券，德国复兴信贷银行支持绿色可持续债券市场，绿色、社会责任、可持续发展及可持续发展挂钩债券（GSSS）正在成为挖掘和释放私营投资潜力的新兴工具。芬兰工业合作基金（Finnfund）、韩国进出口银行、捷克和瑞典发展基金计划在其投资组合中引入担保工具，增加特殊风险融资限额。英国政府发起 "调动机构资本计划"（MOBILIST），国际金融公司（IFC）启动 "联合借贷组合方案"，旨在建立支持可持续私营部门投资的技术援助机制，为发展中国家开发大规模项目提供投资机会。通过上述方式，西方发展筹资伙伴关系网络不断拓展，养老社保基金、主权财富基金、投资基金、保险公司、商业银行、影响力投资者和私营基金会等具有高融资潜力的私营实体被纳入发展筹资体系中。在环境、社会和治理理念（ESG）的驱动下，私营部门也纷纷将可持续发展放入商业战略的重要位置，积极参与企业社会责任，为促进可持续发展目标注入新的视角和活力。

第二，南南合作和南方主导的开发银行正在发挥越来越重要的作用。作为南北合作的补充，近年来，南南合作发展迅速，为全球发展提供了新的资源、搭建了新的平台。联合国的一项调查显示，27 个联合国发展系统实体中的 80% 已将推进南南合作和三方合作纳入其战略框架，南南合作和以南方国家为参与主体的三方合作将在发展筹资体系中发挥更为积极的作用。同时，亚洲基础设施投资银行、金砖国家新开发银行的成立无疑反映了新兴经济体在国际发展合作中日益崛起，其承担的角色已逐渐从受援国转换到发展资金重要提供者。特别是新冠疫情后，南方主导的开发银行在支持国际团结抗疫等方面发挥了积极作用。2020 年，新开发银行累计向成员国提供 60 亿美元紧急贷款，支持成员国各项措施，应对新冠疫情造成的负面影响。2021 年，新开发银行批准了 10 笔价值 51 亿美元的新贷款，涉及疫情支持和基础设施项目，当年还迎来孟加拉国、埃及、阿联酋和乌拉圭等新成员，预计业务规模将继续增长。2021 年，西非开发银行在非洲发行了第一个可持续性债券，支持 8 个成员国①与可持续发展目标相关的非商业项目。

第三，全球慈善基金会影响力扩大。全球基金会以其自身优先事项和方法影响着国际发展议题，逐渐成为全球发展筹资体系一股重要力量。例如，洛克菲勒基金会对健康、科学和农业的投资，福特基金会资助外国政府和当地机构合作开展社会研究，

---

① 贝宁、布基纳法索、科特迪瓦、几内亚比绍、马里、尼日尔、塞内加尔和多哥。

比尔及梅琳达·盖茨基金会助力解决全球健康和卫生问题。据统计，2020 年，美国各大基金会的捐赠总额达 750 亿美元，约有十分之一资金用于海外。此外，随着慈善事业在南方国家的持续增长，印度的塔塔信托基金、沙特阿拉伯的阿尔瓦利德慈善基金会、中国慈善机构等也在参与全球发展事业，影响力不断提升。

（三）筹资规则规范化：国际社会愈加关注数据透明度和影响力评估

2015 年以来，OECD、联合国等机构积极探索建立统一、全面的发展资金统计口径，以期发挥高质量统计数据对可持续发展目标进展评估的支持和促进作用。其中，2015 年，OECD 推出统计工具"官方对可持续发展的总支持"（TOSSD），突破传统 ODA 概念，按照"官方发展援助+其他官方流动+私营资本流动"总计的方法计算，统计包括来自传统和新兴融资提供者的优惠和非优惠支持，包含南南合作和三方合作、通过官方调动的私人资金、跨境资源流动，以及国际公共产品融资的统计数据。在联合国层面，2017 年，联合国大会审议通过了"可持续发展目标全球指标框架"，明确提出衡量目标实现程度的 231 个具体指标，其中包含 14 个对资金的统计，涉及减贫、农业、奖学金、水和卫生、清洁能源、贸易、基础设施、气候变化等领域。2022 年，联合国第 53 届统计委员会讨论通过可持续发展目标"从多渠道筹集额外财政资源用于发展中国家"的指标建议。统计指标包括了官方可持续发展援款、官方优惠可持续发展贷款、官方非优惠可持续发展贷款、外国直接投资、官方调动的私营资金和私营赠款，这 6 项统计"支流"，汇聚形成可持续发展的资金"干流"，指标设置兼顾官方和私营资金，结合优惠和非优惠性质，突出资金的发展目的，完善了发展资金统计谱系，有助于更加全面地呈现全球发展筹资图景。同时，量化南南合作的努力也在推进。长期以来，南南合作实践未形成统一的模式和国际统计标准。2022 年，联合国贸易和发展会议与联合国统计委员会共同制定了衡量南南合作的初步概念框架，并在墨西哥等国推出早期试点举措，建立南南合作报告机制，成立咨询小组指导当地能力建设工作。

除规范统计工具外，发展资金的影响评估也是发展筹资的关键议题。为打造以结果为导向的发展筹资体系、提升资金的发展影响，不同机构相继推出了一些指导标准，包括"全球有效发展合作伙伴关系"（GPEDC）的《坎帕拉原则》、OECD 和联合国开发计划署联合出台的《可持续发展融资影响标准》、"公布你的资金"机构推出的"发展金融机构透明度指数"等。上述标准对可持续发展融资的影响做了规定，引导发展筹资机构将影响管理纳入发展投资的实践和决策中，促进可持续发展筹资主体发展问责机制发展。

三、全球可持续发展筹资面临的三大矛盾

当前，全球发展筹资呈现新的特点，也仍面临着诸多挑战，集中体现为借贷困境、协调矛盾和效率赤字三大矛盾。

（一）借贷困境：发展中国家融资需求与借贷空间有待平衡

新冠疫情后，全球经济下行明显，发展中国家经济产出显著收缩，社会状况和债务可持续性恶化。2022 年，全球 69 个最贫困国家中有 37 个面临高债务风险或债务困境。2023 年，全球通胀率预期为 5.2%，高于 2000—2019 年平均水平（3.1%）。发达国家为应对通胀而提高利率，却又给粮食和能源依赖进口、债务偿还依赖外汇的发展中国家带来了额外压力。一些发展中国家偿债压力加大，对全球发展筹资造成深远的影响。一是债务问题挤压了发展中国家原有投入发展的存量资源，有 25 个发展中国家将 20% 以上的政府收入用于偿还外债。在 62 个发展中国家，用于偿还公共债务和公共担保债务的政府支出份额高于用于卫生领域的份额，在一些国家也高于用于教育领域的份额。二是债务问题影响了发展中国家从资本市场借款的能力，贷款增量空间受到挤压。发展中国家融资需求巨大，但发展机构的产品以债权投资为主，不少债务国受国际货币基金组织借债限制，无法再举新债，或在金融市场上被收取更高的利率。新冠疫情后，国际社会针对发展中国家债务问题推出了缓债倡议、债务处理共同框架等举措，但在债务重组中对公私部门协调和可比性待遇等问题尚未达成共识，另一些发展中国家因担忧影响主权评级而不敢参与。2021 年 8 月，国际货币基金组织批准的规模为 6500 亿美元的特别提款权（SDR）中，拥有全球 60% 以上极端贫困人口的非洲仅能使用 5.2%。特别提款权分配在债务处理中应用不足，进一步遏制了发展中国家获得发展融资的空间。

（二）协调难题：公共资金撬动私营资金的杠杆效益未充分发挥

官方资金规模具有有限性，私营部门资金在弥补可持续发展资金缺口中发挥着不可或缺的作用，这已成为国际社会共识。虽然各捐助方为可持续发展调动额外资金的意愿强烈，但当前从私营部门筹集的金额相对有限。2020 年，混合融资全球规模为 513 亿美元，远低于 3.9 万亿美元的可持续发展目标融资缺口。

官方资金和私营资金的属性各异，以及对风险和回报的偏好并不趋同，使得混合融资的进程并不会一帆风顺。扩大混合融资模式的障碍体现在两个方面：一是私营投资的"投资犹豫"。混合融资涉及不同成熟度和不同国情的国家市场，很难形成统一通行的融资模式和商业案例，使得银行可担保的可行项目探讨和协商成本较高。一方面，

在许多发展中国家，调动私营投资的交易往往基于个案、在带有一定"机会主义"的基础上实现。新冠疫情后，发展中国家市场投资风险攀升，汇率波动大，高回报的大规模投资机会更加稀缺。另一方面，发展中国家标准化和制度化的投资法律和文件往往不够健全，私营融资项目的谈判能力不足，推进公私融资伙伴关系的营商环境有待改善。二是公共部门的"投资谨慎"。目前在混合融资实践中，公共资本主要承担技术援助和担保功能，即催化项目和去风险。但随着发达国家公共财政紧张，也更加关注自身资金风险，高风险/低回报的融资机制以及缺乏金融投资专业知识，让很多发展金融机构望而却步。总体来看，撬动私营部门的杠杆率不高。在低收入国家的杠杆率仅为1：0.37，即1美元的公共资金筹集0.37美元的私人资金。[1]

（三）效率赤字：流入普惠性和包容性发展领域的资金不足

发展筹资的目的不仅是增长，更是公平、可持续，"不让任何一个人掉队"。但当前全球发展筹资的不平衡分配，使得资金仍集中在中等收入国家和利润密集型领域，对最不发达国家和低回报率的社会民生领域"心有余而力不足"，这偏离了可持续发展目标，折损了资金的普惠性和包容性。

第一，从发展筹资受益国家来看，全球金融资产在2020年达到469万亿美元，但发展中国家每年3.9万亿美元的发展融资缺口占全球金融资产的不到1%。[2] 2020年和2021年，发达国家用于疫后复苏的资金支出为人均1.22万美元，是发展中国家的30倍，是最不发达国家的610倍。[3] 联合国秘书长古特雷斯指出："80%的复苏资金都花在发达国家，低收入国家正在经历这一代人所目睹的最慢增长。"由于缺乏资金支持，发展中国家投资能源、粮食体系等领域可持续转型的能力受到限制，南北两极分化趋势日趋明显。而在发展中国家，发展融资实践大部分仍青睐资信较好、风险较低的国家，据统计，仅12%的资金惠及最不发达国家，且主要通过少量大型项目，集中于莫桑比克、孟加拉国、乌干达、几内亚和安哥拉等少数国家。

第二，从发展筹资流入领域来看，在最需要融资的最不发达国家和社会民生领域，从项目商业可行性和回报情况来看，私营投资者普遍认为风险高、资金回报率低。目前62%的资金流入交通和基础设施及服务行业，特别是银行和商业服务、能源和交通仓储，平均只有7%的私营融资支持社会项目，年均仅约36亿美元，对脆弱人群的需求回应不足。与可持续发展目标相对应，主要用于资助可持续发展目标8（体面工作和

---

① Attridge S and Engen L, 2019, Blended Finance in the Poorest Economies：The Need for a Better Approach, Overseas Development Institute, London.

② OECD, Global Outlook on Financing for sustainable development 2023.

③ UN, Financing for Sustainable Development Report 2023.

经济增长）、可持续发展目标 10（减少不平等）、可持续发展目标 13（气候行动）和可持续发展目标 9（工业、创新和基础设施），对其他可持续发展目标的贡献较少，特别是卫生、社会保障和性别平等等领域，亟待扩大可持续发展投资。

四、中国发展筹资的行动和图景

中国是全球发展事业的积极倡导者、参与者和贡献者。21 世纪以来，中国在中非合作论坛等框架下，加大了对发展中国家的投融资支持，通过对外援助、援外优惠贷款和优惠出口买方信贷（"两优"贷款）、商业贷款以及中非发展基金等积极开展融资合作，支持海外经济社会基础设施建设。据统计，中国 2000—2020 年对非主权债务融资承诺金额累计约 1600 亿美元，90% 资金用于非洲低收入国家和中低收入国家。[1] 中国发展融资坚持对标全球发展目标，遵循非洲国家自身的发展战略，对支持发展中国家经济增长、改善基础设施、增加出口创汇、吸引外国直接投资、提高入学率、拉动就业等方面产生了积极的正面效应。

专栏

我国对外宣布的融资举措（部分）

2015 年 12 月，习近平主席在中非合作论坛约翰内斯堡峰会开幕式上指出，为确保"十大合作计划"顺利实施，中方决定提供总额 600 亿美元的资金支持，包括提供 50 亿美元的无偿援助和无息贷款；提供 350 亿美元的优惠性质贷款及出口信贷额度，并提高优惠贷款优惠度。

2017 年 5 月，习近平主席在"一带一路"国际合作高峰论坛开幕式上宣布，中国将向丝路基金投入资金 1000 亿元人民币，鼓励金融机构开展人民币海外基金业务，预计规模约 3000 亿元人民币。中国国家开发银行、进出口银行将分别提供 2500 亿元和 1300 亿元等值人民币专项贷款，用于支持"一带一路"基础设施建设、产能、金融合作。

2018 年 9 月，习近平主席在 2018 年中非合作论坛北京峰会开幕式上宣布，为推动"八大行动"顺利实施，中国愿以政府援助、金融机构和企业投融资等方式，向非洲提供 600 亿美元支持，其中包括：提供 150 亿美元的无偿援助、无息贷款和优惠贷款；提供 200 亿美元的信贷资金额度；支持设立 100 亿美元的中非开发性金融专项资金和 50 亿美元的自非洲进口贸易融资专项资金。

---

① 《中国对非主权融资有效性研究》，北京大学新结构经济学研究院，2023 年 10 月。

　　2021 年 11 月，习近平主席在 2021 年中非合作论坛第八届部长级会议开幕式上宣布，中国将提供 100 亿美元贸易融资，用于支持非洲出口，在华建设中非经贸深度合作先行区和"一带一路"中非合作产业园。中国将为非洲援助实施 10 个工业化和就业促进项目，向非洲金融机构提供 100 亿美元授信额度，重点扶持非洲中小企业发展，设立中非跨境人民币中心。中国将免除非洲最不发达国家截至 2021 年底到期未还的政府间无息贷款债务。中国愿从国际货币基金组织增发的特别提款权中拿出 100 亿美元，转借给非洲国家。

　　2023 年 10 月，习近平主席在第三届"一带一路"国际合作高峰论坛开幕式上宣布，中国国家开发银行、中国进出口银行将各设立 3500 亿元人民币融资窗口，丝路基金新增资金 800 亿元人民币，以市场化、商业化方式支持共建"一带一路"项目。

　　在长期融资实践中，中国逐渐建立起具有中国特色的发展筹资体系，形成了无偿援助、无息贷款、"两优"贷款等政府优惠性质资金，商业和私营部门资金各有侧重、相互配合的对外资金格局，资金兼具政策性和市场化、突出公益性和开发性的特点。同时，中国在世界银行、亚洲开发银行、非洲发展银行等设立基金，通过加强国际交流与三方合作，促进联合融资。2014 年，中国倡议设立亚洲基础投资银行，参与建设新开发银行，改革完善全球经济治理体系，进一步丰富了南南合作的公共产品供给。2023 年，中国在全球发展倡议框架下，创新融资方式，通过援助资金调动国内外金融机构 120 亿美元专项资金，开展"债务换发展"，援外和贸易、投资三结合等资金改革，为全球发展提供更多资金红利（见表 22-2）。

表 22-2　中国的发展筹资体系

援助资金名称	主管部门	优惠性质
无偿援助	国家国际发展合作署	优惠性质
政府贴息优惠贷款	国家国际发展合作署，中国进出口银行承贷	优惠性质
优惠出口买方信贷	商务部，中国进出口银行承贷	优惠性质
开发性金融	国家开发银行	商业性质
商业性质资金	商业性银行 私营部门资金	商业性质

五、思考与展望

2030 年可持续发展议程已经过半，国际经济形势的转变和新的发展筹资格局迫切要求扩大政策努力，推动建立更具平衡性和包容性的发展筹资体系，以适应发展中国家日益增长的可持续发展需求，应对日趋复杂的全球性挑战。为此，一是要加强公共部门主导的全球筹资领导力。发达国家应履行 0.7% GNI 用于 ODA 的承诺。同时，公共部门应努力发挥逆周期作用，积极探讨通过公私渠道协调，引导全球资金用于可持续发展方向。二是改革完善多边金融治理体系。多边开发银行和金融机构应提高借贷能力，促进长期和可负担的融资；通过制定绿色引导标准、创造多元化金融产品等方式，完善全球金融服务发展筹资的方法框架，降低脆弱国家的借贷成本和外汇风险，培育经济和社会基础设施投资机会。三是提升资金的发展影响和本地效益。利用"综合国家融资框架"（INFFs）等工具，将外来融资同发展中国家战略规划更好联系起来，推动以实际需求为导向的项目发展。鼓励将更多资金委托给发展中国家政府和当地利益相关者，支持国家自主权。

为应对全球可持续发展筹资的新形势、更好落实全球发展倡议，未来中国可在以下几个方面发力：一是加强融资政策的战略性。因国施策，将发展融资政策同东道国发展规划、产业发展紧密对接，支持借款国具有比较优势和发展潜力的产业，在促进发展中国家能源绿化、数字经济转型、自贸区建设、可持续工业化、产业链价值链、创造就业、应对气候变化等方面发挥切实影响。二是增强融资工具的协同性。用好、用巧官方发展性质资金的撬动能力，动员商业性金融机构、国有和民营企业、社会组织等主体资金，扩大可持续、市场结果导向的发展融资供给，引导资金更多向可持续发展目标倾斜，实现更大意义上的国际发展合作。加强不同金融主体之间的协调，在国别投向、产业布局、债务预警、风险防范等方面加大信息沟通和分享力度。三是提升融资合作的开放性。加大同国际经济金融机构合作深度，通过联合融资、银团贷款等方式，摊薄资金风险，减少试错成本。密切跟踪国际上发展筹资的新发展趋势，对接国际统计规则。四是探索融资方案的创新性。根据债务国形势变化和实际需求，加快形成以发展解决债务的长效信贷方案，将纾解短期偿付困难和促进长期经济产业发展相结合，促进发展中国家债务和发展形成良性循环。

第二十三章
气候变化与绿色发展合作[①]

一、气候变化和绿色发展合作的内涵与范畴

《联合国气候变化框架公约》（UNFCCC）将"气候变化"定义为"经过相当一段时间的观察，在自然气候变化之外由人类活动直接或间接地改变全球大气组成所导致的气候改变"。应对气候变化主要有两种互补性的策略，分别是适应和减缓。适应气候变化指自然和人为系统对于实际的或预期的气候刺激因素及其影响所做出的趋利避害的反应。[②] 同时，由于全球平均温度和大气中温室气体浓度之间有着直接联系，解决气候变化问题的关键在于减少温室气体排放量，并通过增加碳汇（例如增加森林面积）降低目前的二氧化碳浓度。减少排放和增加碳汇的努力被称为"减缓"。[③]

"绿色发展"（Green growth）则是一个更加宽泛的概念，尚未获得权威定义。世界银行认为，"绿色"指的是"自然资源（包括海洋、土地和森林）得到可持续管理和保护，以改善生计和确保粮食安全的世界。在绿色发展的模式中，健康的生态系统不仅为各种人类活动提供支持，而且会增加这些活动的经济回报"。[④] OECD 则将绿色发展定义为"促进经济增长和发展，同时确保自然资产继续提供我们的福祉所依赖的资源和环境服务"。[⑤] 可见绿色发展至少包含两方面，一是以自然资源作为人类社会发展的资料和动能；二是确保这种动能是持久且增长的，这就要求可持续地利用自然资源，以生态环境友好的方式谋求发展。

"气候变化和绿色发展"融合了气候变化适应（如防灾减灾）、气候变化减缓（如降低温室气体排放、变革能源结构）、生态环境保护（如生物多样性、荒漠化防治、海

---

① 本章撰稿人：孙天舒，商务部国际贸易经济合作研究院国际发展合作研究所助理研究员。

② IPCC，IPCC 第三次评估报告，2001，p. 157，https://archive.ipcc.ch/pdf/glossary/tar-ipcc-terms-ch.pdf

③ 什么是减缓，https://unfccc.int/zh/yiti/jianhuan.

④ Toward a Clean, Green, Resilient World for All, The World Bank, https://www.worldbank.org/en/topic/environment/publication/environment-strategy-toward-clean-green-resilient-world.

⑤ Green Growth and Sustainable Development, OECD, https://www.oecd.org/greengrowth/.

洋保护）等多个议题。因为"气候变化和绿色发展"既是资金重点投入方向，又是资金使用的重要原则，所以它与各个领域的高质量合作都紧密联系。《全球发展倡议进展报告》显示，"气候变化和绿色发展"关乎清洁能源、产业创新、气候行动、水下生物、陆地生物等14个联合国可持续发展目标。[①] 总体而言，"气候变化和绿色发展"作为全球发展倡议的优先领域之一，关注的是国际发展合作中人与自然的关系。

二、全球应对气候变化和绿色发展的形势分析

（一）全球环境和气候挑战严峻，绿色发展知易行难

联合国世界环境署于2019年发布的《第六次全球环境展望》认为当前全球环境和气候治理面临严峻挑战：全球面临气候变化、生物多样性丧失和环境污染的三重危机；全球范围内不可持续的人类活动导致地球生态系统退化，危及社会发展的生态基础。[②] 当前的政策无法跟上全球环境退化的速度，而如果维持现状，包括《巴黎协定》、生物多样性"爱知目标"在内的环境可持续发展目标都将无法实现[③]。

（1）生物多样性：1970年以来，全球野生动物数量平均减少了69%[④]，淡水种群数量平均减少83%，人类活动和气候变化带来的栖息地丧失、迁徙路线障碍是生物种群面临的主要威胁。

（2）土地：2015年至2019年，每年至少有1亿公顷健康土地退化，威胁全球粮食安全和用水安全。城市扩张、森林砍伐等人类活动和气候变化是全球土地退化的直接驱动因素。

（3）森林：过去20年中，全球森林净面积减少近1亿公顷，农业扩张导致了90%的森林砍伐。

（4）气候变化减缓：联合国政府间气候变化专门委员会（IPCC）于2022年发布的《第六次评估周期综合报告》显示，近期内全球温升或将达到1.5℃，这将不可避免地提高气候灾害风险。当前减排力度不足以将气温升幅限制在1.5℃或2℃之内[⑤]；到

---

① 中国国际发展知识中心：全球发展倡议落实进展报告 2023，p.13，http://no.china-embassy.gov.cn/lcbt/lcwj/202307/P020230704102269201225.pdf.

② 联合国环境规划署：第六期《全球环境展望》，p.3，https://wedocs.unep.org/bitstream/handle/20.500.11822/31168/updated-k1900198_ch_0c.pdf?sequence=4&isAllowed=y.

③ About GEO-7，https://www.unep.org/geo/global-environment-outlook-7.

④ Wildlife Population Plummet by 69%，https://livingplanet.panda.org/en-GB/.

⑤ 报告称，根据当前的各国国家自主贡献，要在2030年将气温升幅控制在1.5℃以内，估计还有20.3~23.9吉吨二氧化碳当量的排放差距。

2030 年，全球仍将面临 203 亿吨至 239 亿吨二氧化碳当量的执行缺口。[①]

（5）气候变化适应：过去十年中，发展中国家适应行动与所面临气候风险之间的差距正在扩大。[②] 15%的缔约方仍未制定国家适应规划文书，其中大部分属于高气候风险和高脆弱性的国家。

人类始终寻求在增长中解决贫困、生计、发展问题。然而，虽然新的技术和生态保护可以在一定程度上修复生态系统的承载力，但"增长的极限"始终存在，增长与生态可持续性的矛盾日益突出。人类必须意识到自然的巨大价值，并从根本上变革发展模式，而这一过程知易行难。

2023 年《第七次全球环境展望》编写已经开始，将为全球环境工作进展带来最新研究支持。

（二）国际公约取得进展，国际合作是"乌云的银边"

虽然全球环境和气候的多年趋势不容乐观，但科学观测证明在短周期和局部地区内，环境退化和温室气体排放得到改善。

例如，2023 年 9 月，《联合国气候变化框架公约》首次发布全球盘点综合报告，报告显示，部分发达国家和发展中国家排放量已达到峰值，标志着经济发展将由高耗能、高排放向清洁、低耗能模式转变。联合国报告显示，2015 年到 2020 年，亚洲、欧洲和北美洲的森林面积得到保持甚至新增。2000 年以来，保护区所覆盖的海洋、陆地、淡水和山地生态系统关键生物多样性区域平均面积几乎翻了一番。[③]

全球环境和气候合作取得了可喜进展，为未来全球各方朝统一目标协同合作奠定了基础。例如，2022 年，在埃及沙姆沙伊赫气候大会上，200 多个国家达成共识，为遭受洪水、干旱和其他气候灾害重创的脆弱国家设立"气候变化损失与损害"基金；2022 年联合国生物多样性大会（CBD COP 15）通过了"昆明—蒙特利尔全球生物多样性框架"，确定了到 2030 年保护地球 30%的海洋、30%的陆地的目标，该框架将指导未来几年的生物多样性政策；2023 年 3 月，联合国近两百个成员国历经近 20 年的谈判达成具有法律约束力的《公海生物多样性条约》。这些共识历尽艰辛，终于取得历史性进展，反映了虽然全球环境和气候合作受到疫情冲击、地缘政治、资金收紧的影响，但依然是各方愿意扩大共识和寻求务实合作的公约数之一。

---

① 联合国气候变化框架公约（UNFCCC），全球盘点综合报告。

② UN Environment, 2023, Adaptation Gap Report 2023, p. XIV, https://www.unep.org/resources/adaptation-gap-report-2023? gad_source=1&gclid=Cj0KCQiAgqGrBhDtARIsAM5s0_nIJ8-uZNo3s0h_ApE8Tgkpr1Wps-til2FMfc8awWjpDOnMGAzfwGoaAlgGEALw_wcB.

③ 联合国：《可持续发展目标报告 2023：特别版》，p. 43，https://unstats.un.org/sdgs/report/2023/The-Sustainable-Development-Goals-Report-2023_Chinese.pdf.

（三）发达国家履约乏力，出资不足问题依然焦灼

资金是推进气候和环境工作，尤其是提升发展中国家应对气候变化和生态环境保护能力的关键。

在气候领域，《巴黎协定》指出资金是支持气候行动的关键杠杆。[①] 1992 年达成的《联合国气候变化框架公约》确定了"共同而有区别的责任"原则，要求发达国家向发展中国家提供新的、额外的气候资金援助。2009 年在哥本哈根举行的第 15 届缔约方会议上，发达国家承诺到 2020 年每年筹集 1000 亿美元，用于发展中国家的气候行动（见图 23-1）。

然而，这一目标的实现一拖再拖，直至今日承诺从未被兑现。[②] 2022 年 OECD 基于发达国家汇报数据做出的统计显示，2020 年发达国家对发展中国家提供和调动的气候资金为 833 亿美元，虽然较 2019 年增加了 4%，但依然没有达到 1000 亿美元资金目标（见图 23-1）。2021 年，在格拉斯哥气候变化大会上，95% 的气候资金供给方作出了新的承诺，预计最晚于 2023 年实现 1000 亿美元的目标，并保持增长趋势至 2025 年。但具体履约情况如何，还需在最新数据发布后予以分析判断。

上文提到于 2022 年 COP27 启动的"损失和损害"基金，目前尚在协议阶段，包括谁来出资、如何出资、谁能受益的问题还在讨论之中，基金"过渡委员会"会议已于 2023 年 3 月启动，将就上述问题进行研究和建议，具体安排将在 2023 年 12 月于阿联酋举办的 COP28 上做讨论和协商。

图 23-1　发达国家提供和调动的气候资金

资料来源：OECD 报告。

---

① Paris Agreement Article 6, https://unfccc.int/files/meetings/paris_nov_2015/application/pdf/paris_agreement_english_.pdf? gclid = Cj0KCQiAgqGrBhDtARIsAM5s0_l6jDuqD1BPK9wyHyiAumkfZHctJYqjIgaFlFg KxMzNDX-EyNT1qKfEaAkEVyEALw_wcB.

② UNFCCC, 2016, Roadmap to US $100 Billion, p.3, https://unfccc.int/sites/default/files/resource/climate-finance-roadmap-to-us100-billion.pdf.

（四） 调动私营资金成为讨论焦点，但理想和现实存在差距

显然，仅靠公共资金并不足以缩小资金供给与需求之间的巨大差距，因此当前国际各方普遍将希望寄托于从私营部门、慈善部门调动多种资金，扩大气候和自然融资规模。调动资金的方式包括项目融资、信用担保、联合贷款等。

近两年在英国格拉斯哥和埃及沙姆沙伊赫召开的气候大会上，各方继续承诺加大努力，以各种方式增加资金投入和调动。英国、美国、日本等国主导的公正能源转型计划（Justice Energy Transition Partnership）在南非、印尼等发展中国家相继启动，反映出发达国家以赠款、信用保险等方式撬动私营部门资金力度加强。海洋资源、生物多样性资源丰富的伯利兹、巴巴多斯、厄瓜多尔在多方支持下，相继达成总额 3.6 亿美元、1.5 亿美元和 16.2 亿美元的"债务换自然"协议，国际非政府组织、多边开发银行、双边信用保险机构和跨国金融服务公司共同创新金融产品，帮助生物多样性资源丰富的发展中国家以较低成本发行债券，缓解其因债务集中到期引发的流动性困难。

然而，虽然成功调动私营部门资金的"最佳实践"屡有创新，多边和双边金融机构也在近些年反复强调资金的撬动作用，但资金调动的实际效果并不尽如人意。以气候资金为例，OECD 统计显示，发达国家调动的私营部门资金在 2016 年至 2017 年从 101 亿美元提高到 145 亿美元，但 2017 年至 2019 年基本没有变动，并在 2020 年出现下降。除金额以外，私营部门资金流向的不均衡性明显：在地域上，私营部门资金偏向风险较低、营商条件较优的中等收入国家；在支持领域上，私营部门资金偏向气候变化减缓，尤其是能源转型项目；适应项目由于投入高、回报率低、汇报周期长，很难获得大规模私营部门资金。

（五） 关注气候脆弱性和债务脆弱性的耦合

一直以来，对应对气候变化和对发展中国家债务问题的讨论基本是两个不相交的轨道，前者关注资金供求和自主承诺排放的履约，后者关注债务可持续性和国际债务处理框架。然而近两年，国际上对上述两个议题的讨论开始并轨，认为发展中国家受到发达国家经济体气候负外部性和金融负外部性的双重影响，一方面承受了气候变化带来的损失和损害；另一方面长期背负高额债务和高昂融资成本。

例如，2015 年成立的"脆弱 20 国（V20）"指出，全球 55 个气候脆弱经济体外债总额为 6863 亿美元[①]，相当于其总体 GDP 的 27%。2022—2028 年，V20 国家向各债

---

① Vulnerable Twenty Group, 2022, V20 Debt Review: An Account of Debt the Vulnerable Group of Twenty, https://www.v-20.org/resources/publications/v20-debt-review.据报告统计，其中对私营部门、世界银行、其他多边开发银行、巴黎俱乐部双边债权人、中国的债务分别为总量的 36%、20%、20%、16%、7%。

权人还本付息的资金为 4358 亿美元。① 在高昂的利息成本和债务集中到期引发的外汇储备和流动性紧张压力下，气候脆弱国家难以为国内气候韧性建设投入足够的财政资金，在遭遇气候灾害时也经常陷入还本付息和出资赈灾的两难局面。

2023 年召开的若干高级别峰会（如 6 月的新全球融资契约峰会、9 月非洲气候行动峰会等）都探讨了"气候×债务"的交叉问题，并推动相关金融工具和政策框架的形成。这包括而不限于：在金融机构对脆弱国家的信用评级体系中纳入气候和自然要素、试点和推广气候灾害暂停债务偿付条款（CRDC）、试点"债务换气候"、调动特别提款权（SDR）为气候脆弱国家提供流动性支持等。上述方案可以在一定程度上为遭受自然灾害影响或自然损失的债务国争取财政空间，使其无须为了维持信用记录而将紧缺的财政资源和流动性用于还本付息，从而延误对社会民生至关重要的赈灾和重建工作。

（六）新的技术释放动能

技术方案对实现绿色发展至关重要，可以从根本上改变绿色发展面临的约束条件。许多在现有条件下难以兼顾经济性、稳定性和环境友好性的技术方案，有望被技术创新赋能，得到提升和推广，破解"不可能三角"。绿色技术——用于生产具有更低碳足迹和环境外部性的商品和服务的技术——正在迅速发展，创造高经济收益，也为全球绿色发展释放强大动能。

例如，得益于技术进步、规模经济和激烈竞争，风能和太阳能的成本不断下降。2019 年下半年新建光伏发电厂的电力成本比 10 年前降低了 83%。② 可再生能源发电成本的显著下降使其更容易吸引商业投资，从而逐步替代高排放、高污染的煤炭发电。联合国贸发会议（UNCTAD）于 2023 年 3 月发布的《2023 年技术与创新报告》考察了光伏、绿色氢能、人工智能、物联网等 17 项前沿的绿色技术，提出上述技术到 2030 年的市场规模可能高达 9.5 万亿美元。技术带来的生产成本快速下降有机会使发展中国家获得后发优势，例如以低成本使用生物质能、太阳能光伏等产品和技术，实现跨越式发展。根据全球可再生能源机构（IRENA）2021 年的分析，仅 2020 年新增的可再生能源项目在其整个生命周期内为发展中国家经济体节省的资金就高达 1560 亿美元。③

① 其中对私营部门、世界银行、其他多边开发银行、巴黎俱乐部双边债权人、中国的还本付息分别为总量的 34.6%、12%、16%、27.4%、10%。

② UNEP Collaborating Centre for Climate & Sustainable Energy Finance, 2020, Global Trends in Renewable Energy Investment 2020. p. 3, https://www.unep.org/zh-hans/xinwenyuziyuan/xinwengao/qingjienengyuanchengbenxiajiangweicovid.

③ IRENA, 2021, Renewable Power Generation Costs in 2020, p.29https://www.irena.org/-/media/Files/IRENA/Agency/Publication/2021/Jun/IRENA_Power_Generation_Costs_2020.pdf.

不过，上述技术进步带来的红利可能会更多被发达国家经济体把握；发展中国家想要借绿色技术创新之东风创造产值、丰富产业，还需要有力动员国家资源、优化营商条件、提升公共部门服务能力和人口受教育水平。发展中国家需要通过国际合作来吸收公共部门管理的有益方案和对基础设施的投资，这也是发达国家、国际组织和包括中国在内的新兴发展中国家可以在开展三方、多方合作中提供支持的领域。

三、中国应对气候变化和绿色发展的进展与实践

党的十八大以来，在习近平新时代中国特色社会主义思想指引下，中国坚持"绿水青山就是金山银山"的理念，坚定不移走生态优先、绿色发展之路，促进经济社会发展全面绿色转型，将"生态文明建设"纳入中国特色社会主义事业"五位一体"总体布局中。2022 年 9 月，习近平主席在第 75 届联合国大会上宣布"双碳目标"，即中国二氧化碳排放力争于 2030 年前达到峰值，努力争取 2060 年前实现碳中和，给全社会树立了根本性的发展指导。走生态优先、绿色发展、节能降碳之路，是以高质量发展破解资源环境约束突出问题、实现可持续发展的迫切需要，是要将环境保护和应对气候变化变成推动中国高质量发展的动能。

（一）以国内绿色发展助力全球应对气候变化和生态环境保护事业

中国是世界上最大的发展中国家，是世界上生物多样性最丰富、森林和海洋面积最大的国家之一。中国自身降低碳排放强度、保护境内多样的山水林田湖草，就是为全球应对气候变化和绿色发展进程作出贡献：从 2005 年到 2020 年，中国碳排放强度下降 48.4%[1]，在减排领域的贡献基本占全球总量的 30% 到 50%[2]；2022 年中国光伏制造产能占全球新增产能的 95% 以上，中国的技术创新和规模经济大大拉低了全球可再生能源利用的成本[3]；中国森林面积和森林蓄积量连续 30 多年保持双增长，成为全球森林资源增长最多的国家，有力支持了全球森林碳汇增长[4]；中国境内 90% 的陆地生态系统类型和 74% 的国家重点保护野生动植物种群得到有效保护，112 种特有珍稀濒危野生

① 《中国应对气候变化的政策与行动》，中华人民共和国国务院新闻办公室，2021，https://www.gov.cn/zhengce/2021-10/27/content_5646697.htm.

② 《数据说话，看中国减排贡献有多大》，新华社，2021，https://www.gov.cn/xinwen/2021-11/08/content_5649796.htm.

③ IRENA, 2023, Renewable power generation costs in 2022, p. 8, https://mc-cd8320d4-36a1-40ac-83cc-3389-cdn-endpoint.azureedge.net/-/media/Files/IRENA/Agency/Publication/2023/Aug/IRENA_Renewable_power_generation_costs_in_2022_SUMMARY.pdf?rev=a008fb3ef20d4f05b1160b37f837c6dd.

④ 《我国森林面积和森林储蓄量连续 30 年保持双增长》，人民日报，2021，https://www.gov.cn/xinwen/2021-06/12/content_5617334.htm.

动植物实现了野外回归。①

过去七十年中，中国在治理公共环境、提升产业水平、转变发展模式的过程中积累了丰富的认识和经验，实现了从初级工业化到工业现代化的飞跃，也由全球环境和气候合作的后来者成为中流砥柱。中国国内绿色发展理念和应对气候变化经验可为其他国家，尤其是发展中国家所用。

（二）完善绿色发展国际合作顶层设计

共建"一带一路"倡议提出十周年，中国国际影响力不断提高，中国气候与环境治理的对象从国内主体扩展到走出国门的中国企业、金融机构、民间组织和个人，气候与环境治理的场域也从国内扩展到其他国家和国际多边体系。共建"一带一路"必须是一条绿色之路。为了在国际合作中贯彻绿色发展和应对气候变化的理念，近年来中国政府致力于完善绿色发展顶层设计，先后发布了若干政策文件，树立绿色发展总体原则、具体规划目标和重点任务，也提出了当前和今后一段时期推进绿色"一带一路"建设的时间表和路线图（见表23-1）。

表23-1　2013—2022年中国发布的关于"气候变化和绿色发展"国际合作的主要政策文件

时间	文件及签发部门	主要内容
2013年	商务部、环境保护部《对外投资合作环境保护指南》	指导中国企业进一步规范对外投资合作活动中的环境保护行为，及时识别和防范环境风险，引导企业积极履行环境保护社会责任，树立中国企业良好对外形象，支持东道国的可持续发展。
2015年3月	国务院《推动共建丝绸之路经济带和21世纪海上丝绸之路的愿景与行动》	在投资贸易中突出生态文明理念，加强生态环境、生物多样性和应对气候变化合作，共建绿色丝绸之路。
2017年4月	环境保护部、外交部、国家发展改革委、商务部《关于推进绿色"一带一路"建设的指导意见》	阐述了建设绿色"一带一路"的重要意义，并对加强交流和宣传、保障投资活动生态环境安全、搭建绿色合作平台、完善政策措施、发挥地方优势等方面做出了详细安排。
2017年5月	环境保护部《"一带一路"生态环境保护合作规划》	明确生态环保合作是绿色"一带一路"建设的根本要求，设定了2025年形成与沿线国家的环保合作良好格局，共同推动实现2030可持续发展目标、继续深化生态环保合作领域、全面提升合作水平的具体规划目标与六大重点任务。
2021年7月	生态环境部、商务部《对外投资合作绿色发展工作指引》	加快推动对外投资合作绿色发展，建立健全绿色低碳循环发展经济体系，在国际合作与竞争中赢得主动，更好服务构建新发展格局。

---

① 黄润秋：《共建地球生命共同体，为全球生物多样性保护贡献中国方案》，2022年5月22日，https://www.gov.cn/xinwen/2022-05/22/content_5691696.htm。

时间	文件及签发部门	主要内容
2020 年 9 月	习近平主席在第 75 届联合国大会一般性辩论上的发言	宣布"30·60 双碳目标":中国二氧化碳排放力争于 2030 年前达到峰值,努力争取 2060 年前实现碳中和。
2021 年 9 月	习近平主席在第 76 届联合国大会一般性辩论上的发言	宣布中国将不再新建海外煤电项目,大力支持发展中国家能源绿色低碳发展。
2021 年 10 月	中共中央、国务院《关于完整准确全面贯彻新发展理念做好碳达峰碳中和工作的意见》	明确了我国实现碳达峰、碳中和的时间表、路线图,围绕"十四五"时期以及 2030 年前、2060 年前两个重要时间节点,提出了构建绿色低碳循环经济体系、提升能源利用效率等五个方面主要目标。
	国务院《2030 年前碳达峰行动方案》	聚焦"十四五"和"十五五"两个碳达峰关键期,提出了提高非化石能源消费比重、提升能源利用效率、降低二氧化碳排放水平等方面主要目标。
2022 年 1 月	生态环境部、商务部《对外投资合作建设项目生态环境保护指南》	规范和优化企业境外投资建设项目全生命周期生态环境和气候管理。
2022 年 3 月	国家发展改革委、外交部、生态环境部、商务部《关于推进共建"一带一路"绿色发展的意见》	相较 2017 年版,在政策沟通和规则共建、绿色产业合作和项目落地、绿色金融市场双向开放和赋能三个层面进行了重大升级。

(三)以绿色"南南合作"助力其他发展中国家绿色发展

作为经济和国际影响力都快速发展的发展中国家和大国,中国提供对外援助和参与全球环境气候治理时的身份比发达国家和其他发展中国家更复杂。一方面,作为发展中国家,中国曾经是全球最大的环境和气候领域援助接收方,同时根据"共同而有区别的责任"原则,不具有强制减排义务,在对外提供援助时系自愿出资;另一方面,作为全球第二大经济体,中国无疑肩负很高的期待。带着这种多重身份,中国快速实现了从援助接收方向援助提供方的转变,在"南南合作"框架下为其他发展中国家环境保护和应对气候变化提供力所能及的帮助。

在环境领域,中国政府积极参与生态系统和野生动物保护国际合作。通过支持研究、提供物资、开展能力建设等方式,中国的对外援助助力世界范围内对野生动植物及栖息地、森林草地资源的保护工作,且逐步将生态保护与扶持小农、改善民生工作相结合。中国将成套项目建设的传统优势与国际科研合作结合,援建了肯尼亚中非联合研究中心、尼泊尔自然保护基金会研究中心等基础设施项目,并由中方科研团队与东道国团队联合入驻开展科研工作;中国开展了与蒙古联合保护濒危物种戈壁熊等技术援助项目和野生动植物保护援外培训项目,向柬埔寨、缅甸、坦桑尼亚、肯尼亚等多国援助野生动物巡护物资,提高上述国家开展保护工作的管理水平和硬件条件。

值得注意的是，中国对外援助重视东道国提高生计与保护生态的双重关切，探索"在发展中保护，在保护中发展"的道路，因地制宜地为受援地区提供可持续开发当地资源的方案和中国经验，如在人力资源开发合作培训中设立"社区林业能力建设国际研讨班"、以澜湄合作专项基金资助"社区林业推进澜湄区域国家农村减贫事业项目"等。

在气候领域，中国从20世纪60年代即开始对外提供沼气、小水电等清洁能源援助项目；随着中国加入《联合国气候变化框架公约》、积极参与全球气候治理，中国逐渐将传统成套项目、物资、技术合作和培训援助项目与应对气候变化议题结合，关注项目的应对气候变化属性，发挥自身在清洁能源装备制造领域的优势，开展了一批光伏发电、风电、水力发电等清洁能源项目。中国设立专项基金开展气候变化南南合作，2011年以来累计安排约12亿元用于开展应对气候变化南南合作，与35个国家签署40份合作文件，通过建设低碳示范区、援助气象卫星、光伏发电系统和照明设备、新能源汽车、环境监测设备、清洁炉灶等应对气候变化相关物资，帮助有关国家提高应对气候变化能力，为近120个发展中国家培训了约2000名应对气候变化领域的官员和技术人员。

2023年9月首届非洲气候峰会上，中方宣布为落实《中非应对气候变化合作宣言》，将开发实施应对气候变化的南南合作"非洲光带"项目。"非洲光带"聚焦非洲光伏资源和清洁能源发展的合作需求，利用中国光伏产业发展优势，采取"物资援助+交流对话+联合研究+能力建设"的方式，援助非洲相关国家开发利用太阳能资源，帮助解决用电困难问题，助力实现绿色低碳发展（见表23-2）。

表23-2 部分中国援建的可再生能源项目

援助领域	援助项目
太阳能	援莱索托马费腾30MW光伏电站项目、援古巴西恩富戈斯5MW太阳能电站项目、援中非15MW萨卡伊光伏电站、援莱索托太阳能应用技术培训项目、援塞内加尔太阳能路灯示范项目、援博茨瓦纳太阳能光伏发电移动户用电源设备、援尼泊尔三万多套太阳能户用光伏发电系统
水电及小水电	援刚果（布）布昂扎水电站项目、援喀麦隆拉格都水电站技术合作、援加纳400MW布维水电站项目
风能	援乌兹别克斯坦风电站项目、援哈萨克斯坦奇利克5MW风电场项目
生物质能	援塞拉利昂小型沼气示范点、援埃塞沼气设备、生物质气化发电在缅甸的示范与推广项目
混合能源	援马尔代夫新能源微网海水淡化成套设备、援埃塞风电太阳能规划项目、援埃塞俄比亚LED灯项目
低碳园区	气候变化南南合作柬埔寨低碳示范区、气候变化南南合作塞舌尔低碳示范区

中国为环境和气候领域多边组织提供资金捐助，支持其与发展中国家开展项目，

其中包括联合国环境署、亚太森林恢复与可持续管理组织、国际竹藤组织等。2021 年在昆明举办的联合国《生物多样性公约》第十五次缔约方大会（COP15）领导人峰会上，中国宣布将率先出资 15 亿元人民币，成立昆明生物多样性基金，支持发展中国家生物多样性保护事业。

四、展望和建议

（一）提高援助资金支持、做好领域和区域规划

环境和气候议题是当前全球合作的重要公约数，也与全球价值链、非传统安全、国际金融系统改革等重大问题的连接愈发紧密。中国进入环境和气候国际合作时间较晚，对外提供相关援助时间较短，总体上依然存在规模较小、影响力不足、形式较单一、规划不够系统等问题。需要开展环境和气候领域对外援助和国际发展合作总体规划和区域国别规划，指导相关资源的流向，让相关援助更好助力发展中国家绿色发展，也为中国外交工作和产业发展营造良好的外部环境。

（二）加强统筹协调，降低多头对外的碎片化

对外援助是中央事权，但援助资金分布在多个中央部门。国家国际发展合作署和生态环境部作为中国传统双边援助、全球发展和南南合作援助基金、南南合作气候基金的主管部门，对外提供了大部分应对气候变化和绿色发展主题的援助资金；而由于这一领域与诸多议题紧密联系，还有许多其他部门都提供了这一领域的援助项目，建设南南合作平台或为对口多边组织出资，这包括但不限于外交部、国家林业草原局、科技部、农业农村部、能源局、自然资源部等。为了让对外援助更多凝聚中国优势方案、讲好中国对全球应对气候变化和绿色发展的突出贡献，应当发挥对外援助跨部门协调机制作用，通过包括对外援助统计调查在内的工作摸清中国开展环境和气候南南合作的总体情况。

（三）建立健全环境和气候影响评估体系

应在国际发展合作实践中主动对接发展中国家的绿色发展规划，在项目生命周期的各个环节强调高质量和绿色原则，审慎评估和控制合作过程中的环境和气候影响，打造更高标准、更高质量的国际合作名片。近年来中国对外援助评估制度建设进展显著，《应对气候变化南南合作物资赠送项目管理暂行办法》《应对气候变化南南合作物资援助项目监督管理实施细则（征求意见稿)》《应对气候变化南南合作物资援助项目评

估管理实施细则（征求意见稿）》《国际发展合作的中国实践——对外援助项目评估指标体系》等文件相继发布；需要在后续实践中检验评估系统的适用性和援助项目实际效果。

（四）提升参与全球环境与气候治理的制度性权利

在 2023 年 7 月召开的全国生态环境保护大会上，习近平总书记指出，中国"紧跟时代、放眼世界，承担大国责任、展现大国担当，实现由全球环境治理参与者到引领者的重大转变"。但中国在全球环境治理体系中的义务与权力尚不平衡，在目标和议程设定上仍显被动，话语权和影响力仍然有待增强，履约上的行动力有待转化为制度性权力。需探讨将在发展援助、金融合作、产能技术、科研创新方面的优势紧密结合，形成助力世界环境保护和可持续发展的解决方案，为全球提供更多的公共产品。

第二十四章
数字经济与国际发展合作[①]

数字发展合作是中国把握世界科技革命和产业变革大趋势作出的重要战略部署。数字技术具有提高劳动生产率、培育新市场和产业新增长点等多重功能，长期内可为发展中国家减贫和可持续发展增添新动力。近期，中国通过第三届"一带一路"国际合作高峰论坛、全球发展倡议、高层访问非洲等契机，相应提出科技创新、数字经济、"数字非洲"等合作重点，反映中国顺应全球数字经济发展潮流，愿同广大发展中国家开展数字合作、参与全球数字治理的愿景。

一、数字发展合作的内涵和范畴

根据经合组织（OECD）的定义，数字技术包括互联网、手机以及所有用数字方式储存、分析、分享信息的工具。数字发展合作是指通过帮助发展中国家建立良好的数字生态系统，赋能政府、企业、社区和个人利用数字技术获得改善生活服务、社交沟通、国家治理和经济发展机会的一种国际合作方式。[②] OECD 在《经济和数字机会》报告中指出，数字技术是实现减贫、教育、卫生、农业、环境、政府治理等发展目标的重要手段，在创造新的发展模式、改变国际发展合作事业方面的潜力巨大。

具体来看，在人道、卫生、农业、水、能源等方面，可利用地理空间、地理测绘等数字技术进行数据采集，使发展合作需求更加明确、援助资源分配更加合理；在发展合作活动监督方面，通过搭建电子政务系统、移动应用平台等方式，监测动态数据，提高透明度；针对远程项目，数字技术支持空间连接、移动支付，能够提高援助可及性、简化流程、缩减成本。另外，通过数字培训、知识传播，有助于孵化就业机会，赋权青年、女性，促进经济增长。

---

① 本章撰稿人：陈小宁，商务部国际贸易经济合作研究院国际发展合作研究所副研究员。

② OECD, "Going Digital: Shaping Policies, Improving Lives", March 11, 2019, https://www.oecd.org/digital/going-digital-shaping-policies-improving-lives-9789264312012-en.htm.

二、全球数字发展领域的形势分析

当前，数字技术与实体经济不断深度融合，全球经济社会数字化、网络化、智能化水平总体加速提升。由于经济水平的差异性，全球也面临着数字发展和治理不平衡不充分的挑战。

（一）全球数字基础设施迭代升级，脆弱国家数字发展仍较滞后

在数字发展的硬件条件方面，过去 20 年，电信基础设施的有效部署推动互联网迭代更新，实现用户联网需求。从有线接入到移动接入，从拨号上网到光纤到户，电信技术的发展推动互联网以更便宜、更方便、更快捷的方式从发达国家向发展中国家普及。国际电信联盟（ITU）的最新数据预计，2023 年全球有 54 亿人使用互联网，约占世界人口的 67%，与 2022 年相比，联网人口增加了 1 亿，可负担性有所改善。其中，发达国家互联网使用率超过 90%，发展中国家互联网使用率也达到 57%。[①] 总体看，全球数字基础设施得到快速部署，逐渐呈现规模化、集约化特点，这为全球数字发展合作奠定了基础。

然而，应当注意到不同收入水平国家间的数字经济发展存在差异。互联网服务的快速普及主要出现在发达国家以及发展中国家的城市地区，而在发展中国家农村和偏远地区，电信基础设施的普及、信息技术的利用和认知度等方面的进展依然缓慢。对于低收入经济体的普通消费者来说，最便宜的移动宽带费用是全球平均价格的 6 倍多，占其平均收入的 6%，负担大、可及性低。长此以往，极易形成国家间、城乡间巨大的经济差距和数字鸿沟。

（二）发展中国家数字化愿景强烈，弥合数字鸿沟任务紧迫

在发展中国家意愿方面，尽管数字发展起步较晚，但多数国家已着手开展数字发展规划[②]，希望利用数字技术促进社会减贫工作。以东南亚国家为例，为缓解新冠疫情给贫困地区带来的冲击，大部分国家采取了相应的数字方案以缓解贫困压力。例如，开展紧急线上转移支付，避免现金支付中断使弱势群体陷入经济困境；推进线上教育，防止教学大面积停滞；探索电商合作，为农产品销售寻找出口等。然而，由于数字基

---

① International Telecommunication Union，"Facts and Figures：Focus on Least Developed Countries"，https://www.itu.int/hub/publication/d-ind-ict_mdd-2023/.pdf.

② 例如，《马来西亚数字经济蓝图》《2021—2024 年印度尼西亚数字路线图》《越南至 2025 年国家数字化转型计划及 2030 年发展方向》等。

础设施和技术匮乏，发展中国家在数字合作方面的需求空间巨大，急需得到国际社会的资金和技术支持。

（三）传统援助方愈加青睐数字合作，抢占全球治理变革先机

在提供援助趋势方面，现阶段，美国、中国和欧洲国家的数字化水平处于全球前沿，在市场、技术、规则领域占据优势，已基本形成全球数字经济发展的三级格局。非洲、拉丁美洲及亚洲多数发展中国家则远远落后。为避免弱势群体被排除在数字生态系统之外，国际社会呼吁加大援助力度，尽快扭转发展中国家数字技术赤字局面。联合国、欧盟、非盟等多边组织以及传统援助国已相继部署行动方案，在数字基础设施、数字技术开发和应用等方面向发展中国家提供援助。随着数字技术逐渐成为改变国际竞争格局的新变量，传统援助国纷纷加大数字技术援助力度，抢占全球数字合作空间。

三、国际数字发展合作的最新动向

数字技术作为可持续发展新动能、新载体的功能已基本成为全球共识。当前，虽然数字援助还尚未规模化、主流化，但由于其具有与经济、社会、文化等各层面融合度高、提质增效快等特征，也已跻身国际发展合作重要地位。

（一）顶层设计：抢先部署数字发展合作战略，建立数字合作管理机制

近年，美国、英国、联合国、欧盟等援助方陆续出台数字发展合作战略、政策或方案，呼吁发展中国家抓住全球数字化发展机遇，并从数字基础设施、法律法规、技术研发、融资等方面提供援助。其中，美国是新冠疫情后首个制定数字发展合作战略①的传统援助国，其数字发展理念、规划布局、伙伴关系等将对其他盟国产生影响。美国等传统援助方出于多重利益考虑加紧战略部署。一方面，虽然数字技术发展迭代更新加快、全球数字经济迅猛发展，但全球数字合作尚处于摸索阶段，总体进程缓慢。因此，传统援助方亟须将数字优势融于国际发展合作中，推动数字合作成为塑造全球影响力的工具。另一方面，发展中国家数字发展需求旺盛，亟须跟上数字化潮流，然

---

① 美国国际开发署于 2020 年发布美国历史上第一份数字合作政策文件《数字合作战略 2020—2024 年》，基于数字援助实践经验，提出两个战略目标：一是提升数字和援助融合度，促进发展效果可衡量性；二是帮助发展中国家实现开放、安全和包容的数字生态系统，提高发展中国家自主发展能力。在行动计划方面，美国国际开发署计划将在 2020—2024 派出 30 个特派团，选取 50 个合作伙伴，执行 75 项活动，并设立了受援国互联网普及率提升至 30%、增加 20% 私人部门数字投资、保障 60% 美国资助的私人部门获得后续资金的成果目标。

而受制于数字技术短板，数字发展的供给严重不足，需要从外部获得资金和技术，以防与发达国家形成断崖式差距。传统援助方部署战略，向发展中国家提供技术援助，不仅能够缓解发展中国家数字发展的供需矛盾，也利于其在全球数字合作中抢先渗透数字思维，布控有利局面。

美国、日本、世界银行等援助方基于数字发展合作战略需求，纷纷增设数字发展机构，选取重点合作领域，培养外交人员"数字思维"。以美国为例，在管理机制上，美国已搭建了以全球发展实验室（GDL）和美国国务院为主导，国际开发金融公司（DFC）、贸易发展署（USTDA）、千年挑战公司（MCC）等为辅的跨部门管理协调机制。总体看，主要援助方在数字发展合作的战略布局已从法律法规、国家数字战略等宏观层面纵向延伸至机构、领域、行动计划等微观层面，呈现出统筹兼顾、多举并重的特征。

（二）数字竞合：抱团搭建数字合作平台，塑造全球数字伙伴关系

主要援助方致力于联合建设伙伴关系，促进有关数字发展的全球知识交流。目前，世界银行集团打造了三个平台，一是数字发展伙伴关系（DDP），这是一个数字创新和发展融资平台，汇集了公共部门（Public Sector）和私营部门（Private Sector）合作伙伴，以促进数字发展战略的制定和实施；二是发展识别倡议（ID4D），通过分析、评估和融资，促进数字识别系统的建立，为 10 亿人解决没有官方身份的问题；三是数字登月计划（Digital Moonshot），支持非洲联盟促进非洲大陆数字转型，提高非洲国家互联网普及率。世界银行集团通过融资、技术合作、理念传播等方式，在数字援助领域走在国际前沿，相关援助效果起到示范性作用。

值得注意的是，部分传统援助方在伙伴关系搭建过程中，带有鲜明的意识形态色彩。为抑制中国在数字经济方面的国际影响力，美国从深化与盟友和伙伴国协作，到强调人权、民主价值观、重返亚太等方面多管齐下，挑弄意识形态分歧，压制中国的数字领导力。第一，美国参议院通过《2021 年美国创新与竞争法案》，指出将在非洲设立跨部门工作组保护其数据网络和基础设施；在拉丁美洲和加勒比地区支持并推广互联网自由和网络信息自由流通计划，为媒体提供反审查技术和服务；组建由大使级官员任领导人的跨部门技术伙伴关系办公室，寻求性价比更高的数字领域替代方案来减少伙伴国对中国的依赖。第二，美国加大对盟国、伙伴的资金援助。美国将成立全球基础设施协调委员会（GICC），通过融资、资金援助、技术援助等方式，协调各机构支持全球数字基础设施建设。美国政府将在 2022—2026 财年每年拨款 1 亿美元，帮助伙伴国建设安全互联网和数字基础设施，保护数据等技术资产。第三，美国与日

本共同发起"数字互联互通和网络安全伙伴关系"①，致力于推动东盟国家城市的数字转型、加强与其他援助方在东盟网络安全能力建设方面的合作，利用数字互联互通保护人权，打击数字保护主义和敌对国家对数据的"非法"使用。系列行动也反映出，在全球开展数字合作的初期阶段，数字援助已成为西方大国塑造数字影响力的重要工具，已有的战略部署带有鲜明的意识形态色彩。

(三)"双刃"效应：数字实践效果显著，仍需警惕数字潜藏风险

在过去较长时间内，数字仅和电信、互联网、软件和信息技术服务等行业密切关联。随着经济部门交互发展，数字逐渐渗透、融入了广泛的实体产业，大大提升了相关产业的产量和生产效率，成为经济发展的驱动力。现阶段，数字发挥的引擎效应已从经济层面逐渐延伸至更广泛的社会层面，覆盖减贫、粮食安全、公共卫生、气候变化等发展领域，成为推进联合国可持续发展目标的新动力。目前，数字在农业和粮食安全、贸易便利化、卫生健康方面的驱动效应尤为显著，是推进联合国可持续发展目标、落实全球发展倡议的示范领域。例如，电子商务作为数字贸易的典型之一，已成为推动全球贸易增长的新兴力量，对于推动全球包容性增长具有重要意义。电子商务具有低门槛、低成本、宽平台的优势，为不发达国家的中小企业创造了机会。发展中国家对电子商务的重视与日俱增，跨境电商迅速兴起。据 Statista 预测，非洲电子商务市场的收入将在 2023—2027 年持续增长，总额将由 230 亿美元增长至 2027 年的 591.8 亿美元。②

同时，数字援助潜在的风险也引发国际社会关注。在人道主义援助领域，移动电话、社交媒体是开展危机响应的重要信息来源，移动支付比传统现金方式更快速、安全、透明。但数字手段在难民、流离失所者等弱势群体的身份、隐私保护方面存在较大风险，例如，也门的人道主义机构利用"受援者身份识别"进行粮食援助活动监测，数据所有权归属分歧问题却导致援助活动受阻。在国家安全合作方面，开放、可靠的互联网有助于言论自由，增进民主价值观在伙伴国间的传播促进，但网络安全漏洞给暴力极端分子留下制造恐怖的机会，特别是利用网络激化种族仇恨、招募恐怖活动人员、非法筹集资金、非法使用加密货币等。在国际贸易和商业合作方面，数字技术极大缩减了商业运作时间和成本，提升了国际商品流通效率，但许多政府采取保护主义的数字贸易政策，如强制性技术转让、强制性产业标准等，延缓了数字化贸易发展进

---

① 数字互联互通和网络安全伙伴关系（Digital Connectivity and Cybersecurity Partnership，DCCP），其中日本承诺投入 20 亿美元。

② Statista, Revenue of the e-commerce industry in Africa 2017—2027, https://www.statista.com/statistics/1190541/e-commerce-revenue-in-africa/.

程。在获取信息方面，数字技术为公众、政府、企业带来广泛的信息获取渠道，但虚假信息、负面舆论也给公众认知、政府公信力、社会稳定带来消极影响。当下，如何利用好数字技术这把"双刃剑"，是国际社会推进数字发展合作的重要考虑因素。

四、中国数字发展合作的进展与实践

（一）国内数字发展基础夯实、成就斐然

当前，数字经济已成为最具活力、最具创新力、辐射最广泛的经济形态，是推动中国国民经济增长的核心要素之一。2022 年，中国数字经济规模达到 50.2 万亿元，同比名义增长 10.3%，已连续 11 年显著高于同期 GDP 名义增速，数字经济占 GDP 比重相当于第二产业占国民经济的比重，达到 41.5%。[①] 数字发展为中国减贫事业、民生发展加码赋能。

改革开放以来，中国约有 8 亿人口脱离了贫困，对全球减贫的贡献率超过70%。[②] 数字推动技术、资本、劳动力、土地等传统生产要素深刻变革与优化重组，为民众的生产发挥放大、叠加、倍增效益。以农业为例，过去，中国亿万小农经历了农产品难以对接大市场渠道的困境，农产品滞销一度成为常态。随着"互联网+"理念的引入，数字逐渐融入农产品种植、加工、流通、销售等环节，使原本分散的农产品价值链条各环节得以整合，实现了农业的高附加值和经济增长。

数字发展在中国取得的成就表明，数字经济带来的红利并非局限于高收入国家或大城市。只要条件合适，在发展中国家和农村，其减贫效果也大为可期。当然，应当看到，数字发展在中国获得的成功实践得益于一系列因素和条件，包括中国巨大的市场需求、日益完善的交通和数字基础设施、良好的营商环境、数字发展政策利好以及各方的积极行动。未来在提供数字援助时，应研判受援国的实际情况和援助需求，因地制宜转化数字发展经验。

（二）国际数字合作领域拓展、不断完善

近年来，中国已通过多种方式在广大发展中国家推进数字领域的援助，包括改善数字发展合作国际环境、援建数字基础设施、搭建数字贸易平台、开展数字科研合作、推广远程教育等，这为提升发展中国家数字化综合水平奠定了基础，具体表现在以下

---

① 中国信息通信研究院：《2023 年中国数字经济发展研究报告》，2023 年 4 月。
② 国务院发展研究中心、世界银行：《中国减贫四十年：驱动力量、借鉴意义和未来政策方向》，https://the-docs.worldbank.org/en/doc/f692402b5b3b21154f103ee64c0c551d-0070012022/original/Poverty-Synthesis-Report-cn.pdf.

几个方面。

1. 参与全球数字发展治理

中国于 2015 年提出 "数字丝绸之路"，通过与相关国家和地区共建信息基础设施、推动信息共享、促进信息技术合作、推进互联网经贸服务和加强人文交流，携手共建 "网络空间命运共同体"。截至 2023 年，中国已与 20 个国家签署了关于加强 "数字丝路" 建设合作的谅解备忘录，为共建国家衔接发展战略、加强政策协同、推动企业间的务实合作搭建了平台。[①] 中国联合有关国家发起《全球数据安全倡议》《"一带一路" 数字经济国际合作倡议》等，同时正式提出申请加入《全面与进步跨太平洋伙伴关系协定》（CPTPP）与《数字经济伙伴关系协定》（DEPA），这些重大举措表明中国以更加开放的态度积极参与全球数字发展治理的决心。

2. 帮助改善数字基础设施

中国过去为亚非国家援建了大量通信、互联网、电子政务、智能交通、卫星等方面的基础设施，为受援国经济社会发展提供了新动能。据大西洋理事会统计，华为、中兴通讯共同参与了非洲约 80% 的 3G 网络基础设施建设。中兴通讯、中国电信为非洲数字运营商提供设备和技术服务，助力非洲经济数字化转型项目的落地实施。[②] 以宽带骨干网为例，中国援坦桑尼亚国家 ICT 宽带骨干网项目使坦全国电话资费降低 58%，互联网资费降低 75%，偏远农村地区也能享受到现代通信的便利性。[③]

3. 培养数字发展人才

中国通过联合科研、人力资源开发培训、理论培训、实地教学、教材开发等方式，助力发展中国家破解数字创新人才瓶颈。以卫星与航天人才培养为例，中国陆续与埃及、阿尔及利亚、纳米比亚等非洲国家建立数字航天合作关系，通过分享卫星资源、卫星设计研发技术，助力非洲数字抗疫，培养非洲航天人才。中国援埃及卫星总装集成及测试中心项目帮助埃及培养 600 公斤及以下级别小卫星的总装、集成和测试能力，大幅提升其宇航人才储备以及宇航工业基础能力。当前，在 "中非数字创新伙伴计划" 支持下，中国正在实施 "国际杰青计划" "藤蔓计划" 等一系列项目，加强中非远程教育合作，进一步支持非洲培养数字领域优秀青年，鼓励中国企业加强与非洲创新人才的交流合作。

---

① 国务院新闻办公室：《共建 "一带一路"：构建人类命运共同体的重大实践》，https://www.ndrc.gov.cn/fzggw/wld/cl/lddt/202310/t20231010_1361129.html.

② 张艳茹：《中非数字经济合作前景可期》，《中国社会科学报》，2021 年 12 月 31 日，第 10 版。

③ 商务部国际贸易经济合作研究院：《国际发展合作之路——中国对外援助 40 年》，中国商务出版社，2018 年。

4. 创新数字贸易环境

中国通过搭建跨境电商平台，以及在清关、仓储、物流、技术运用等方面提供便利和培训等途径，帮助中小企业和弱势群体享受贸易数字化带来的红利。以阿里巴巴搭建的世界电子贸易平台（eWTP）为例，该平台旨在利用互联网力量，建立一个成本低、效率快、货通全球的贸易枢纽。目前已有马来西亚、泰国、卢旺达、埃塞俄比亚、比利时等国加入 eWTP。新冠疫情期间，位于马来西亚的 eWTP 承担了医疗物资仓储、运输、分发等重任，成为世界卫生组织指定的亚太地区重要的救援枢纽。

五、中国参与数字发展合作的建议

总体上，全球数字发展合作的条件已基本成熟，中国参与数字发展合作也具备了一定基础。随着国内数字经济蓬勃发展，数字治理能力与日俱增，在全球发展倡议下，中国可将数字援助作为"抓手"，加快转化数字发展经验，与发展中国家共同开展惠及民生的数字创新合作，为全球可持续发展注入新动力，具体可以从以下六个方面着手。

第一，开展顶层设计，部署数字合作战略。在坚定不移做好自主科技研发的前提下，加紧形成具有中国特色的数字国际合作战略，通过前瞻谋划领域布局、国别布局、方式布局，逐级推进数字影响力，主动适应国际发展新格局。

第二，注重因国施策，科学甄别示范性项目。精准识别受援国发展需求，选取减贫示范性强、发展潜力足的民生领域开展数字合作。特别是对医疗、教育、农业等援助项目开展运营管理数字化改造，加强"软硬"结合，提升巩固援助效果。

第三，加强风险防范，警惕数字合作风险。在数字援助过程中，应探索创新性方法，与合作伙伴充分探讨风险最小化方案，建立风险防控制度、规则和应对机制，培养当地政府和媒体数字能力，防御网络黑洞、对抗虚假信息，优化媒体运作能力。

第四，推进政企合作，支持领军企业"出海"。充分发挥企业技术和管理优势，支持数字化领军企业"出海"，发挥数字援助在应对疫后复工复产和恢复社会生活等方面的关键保障作用，为未来数字合作开辟"机会窗口"。

第五，开展能力建设，加快培育数字技术人才。依托已援建的职业技术学校、人力资源开发合作项目、奖学金项目、数字企业培训平台等，积极向受援国传授数字化管理运营新理念、新方法，增强当地"造血"功能，提升其自主发展能力。

第六，深化开放合作，提升数字合作影响力。深度参与全球数字发展合作，加强与联合国、二十国集团、金砖国家等多边组织以及相关数字科研机构的对接对话，推广中国数字技术、标准和服务，凝聚发展共识，推进全球可持续发展走深走实。

第二十五章
互联互通与国际发展合作[①]

一、概念、范畴：包罗万象的"互联互通"

"互联互通"（connectivity）作为一个概念可以有多种界定。全球发展倡议及其相关政策语境下界定的"互联互通"涵盖范围较广，与"一带一路"倡议"五通"的范围基本一致。根据 2021 年 9 月中国在联合国散发的《全球发展倡议概念文件》，"互联互通"既有基础设施的"硬联通"，还包括规则标准的"软联通"，以及贸易畅通和全球产业链供应链安全、稳定的"链联通"。[②]

根据全球基础设施互联互通联盟（Global Infrastructure Connectivity Alliance Initiative）定义，基础设施的"硬联通"，指通过交通运输、贸易、通信、能源以及供水网络把各社区、经济体以及国家连成一体[③]，包括公路、铁路、航空、航运、管道、输电线路、电信、互联网、邮政、海关、供水系统等。规则标准对接的"软联通"与"一带一路"倡议下"政策沟通"的范围类似，上到联合国可持续发展议程、国家发展战略；下到政策法规、行业标准、经贸规则等均可囊括其中。"链联通"是指全球化背景下国家与国家的经济联系，基于产业链、价值链的相互依赖关系，与"一带一路"下的"贸易畅通""资金融通"范围类似。除此之外，中国政策语境中的全球互联互通还可以指媒体融通、信息交换、人文交流、文明互鉴等。本章在后续分析中将其定义为以上"硬联通"的范畴。

"互联互通"与联合国 2030 年可持续发展目标中"目标 9：建造具备抵御灾害能力的基础设施，促进具有包容性的可持续工业化，推动创新"相关性最高。细分来看，"硬联通"对应"子目标 9.1：发展优质、可靠、可持续和有抵御灾害能力的基础设

---

① 本章撰稿人：范伊伊，商务部国际贸易经济合作研究院国际发展合作研究所助理研究员。

② 外交部：《全球发展倡议概念文件》，2021 年 9 月 21 日，https://www.mfa.gov.cn/eng/topics_665678/GDI/wj/202305/P020230511396286957196.pdf.

③ Kara Watkins，全球基础设施互联互通联盟：为全球基础设施互联互通架设桥梁，2018 年 1 月 30 日，https://blogs.worldbank.org/zh-hans/voices/gica-connecting-the-dots-on-global-infrastructure-connectivity.

施，包括区域和跨境基础设施，以支持经济发展和提升人类福祉，重点是人人可负担并公平利用上述基础设施"和"子目标 9.2：大幅提升信息和通信技术的普及度，力争到 2020 年在最不发达国家以低廉的价格普遍提供因特网服务"。"链联通"对应"子目标 9.3：增加小型工业和其他企业，特别是发展中国家的这些企业获得金融服务、包括负担得起的信贷的机会，将上述企业纳入价值链和市场"。

二、国际形势分析：全球互联互通挑战前所未有

（一）互联互通面临较大资金鸿沟

互联互通基础设施需求大、资金缺口大是全球发展长期面临的突出问题。无论是发展中国家还是发达国家，基础设施的需求都会随着人口增长、城市化及气候变化影响的基础设施折旧加速等因素不断上升。二十国集团全球基础设施中心（Global Infrastructure Facility）研究表明，全球有 8.4 亿人口人均公路覆盖里程不足 2 公里，占世界人口 14% 的 10 亿人口缺少电力供应，40 亿人口缺少互联网链接渠道……到 2040 年，全球基础设施需求将达到 94 万亿美元。[①] 据亚洲开发银行估计，到 2030 年，如果亚洲地区保持当前增长势头，每年需投资约 1.7 万亿美元用于基础设施建设。[②] 巨大资金缺口是各国提升互联互通水平的关键制约。据世界经济论坛统计，全球 GDP 近 14% 投资于基础设施，但近年来基础设施投资的新增投资远跟不上需求扩大的速度。预计到 2040 年，基础设施投资与需求之间的差距将扩大到约 15 万亿美元。这一差距在当前新冠疫情全球流行、美元加息缩表、局部地区战争持续增大背景下恐怕还会扩大。

（二）互联互通面临低碳转型挑战

气候变化对互联互通基础设施的影响巨大，低碳转型是大趋势。气温升高对全球电网形成压力，导致发电效率降低、输电和配电设施损耗增加、变压器等关键设备的使用寿命缩短、用电峰值需求增加等。气候变化引发的降水增加、洪水泛滥、极端大风、北极永久冻土融化等灾害都可能对交通运输系统造成损害，影响桥梁设施的稳定性、损坏道路标牌、增加建筑碎片等。全球低碳雄心要求基础设施对气候变化进行适应性改良，或者新建高质量设施，这需要更高的技术和更雄厚的资金支持。据研究，

---

① G20 全球基础设施中心（Global Infrastructure Facility），https://www.globalinfrafacility.org/about-gif.
② 亚洲开发银行：亚洲的基础设施需求，2017，https://www.adb.org/sites/default/files/publication/227496/special-report-infrastructure.pdf.

基础设施领域预计要占到全球气候变化适应总支出的 60%～80%。① 此外，互联互通设施本身的碳排放量也是影响全球减排目标实现的一大关键，追求新型基础设施对行业智能化升级改造、绿色化要素协同的减排效应也是大势所趋。

（三）互联互通融资南北差距大

发展中国家在基础设施投融资方面处于脆弱和不公平地位。在全球资金和资源总量有限的情况下，各国自身发展优先的主观意愿增强，外加发达国家客观上具备更优越的财政条件及更稳定的融资环境，不可避免对发展中国家的基础设施投资造成挤兑效应。研究表明，优化现有基础设施的成本远低于新建基础设施投资规模，只占每年基础设施总支出的 1%～2%②，将有更多的资金选择投入已有的设施改造。这将进一步拉大南北基础设施鸿沟，尤其是国与国之间互联互通基础设施，更需要调动资金雄厚的发达国家开展国际合作的意愿。然而，当前国际金融体系已不能反映当今世界政治经济现实，亟须进行改革。③

（四）互联互通受国际政治影响

互联互通在当前国际环境下面临前所未有的挑战。一是新冠疫情全球大流行对各国互联互通的持续影响还未完全褪去，例如 2022 年全球机场客运量仅是 2019 年的 73.8%，全球总乘客流量排名前十的机场，与 2019 年疫情前相比恢复率为 85.9%。④ 二是局部战争对互联互通基础设施产生不可逆的破坏，例如全球重要的粮食航运通道、黑海港口及天然气管线在俄乌冲突中遭到了持久封锁或直接损毁，巴勒斯坦与以色列的剧烈冲突更是对阿拉伯国家的一体化建设造成冲击。三是经济逆全球化趋势，尤其是在西方国家"脱钩断链""去风险"的政策导向下，公路、铁路、机场和港口等促进贸易和人员流动的基础设施建设动力减弱，发展中国家在吸引扩大外国投资方面不得不面临更严苛的标准。四是基础设施成为大国博弈地和地缘政治竞争场，欧美在全球基础设施开发领域建立"价值观"驱动的联合方案，鼓吹为世界提供取代中国"一带一路"倡议的新选择，对中国在发展中国家开展基础设施投资建设唱衰抹黑，或扭曲破坏正当竞争环境，打击全球开展基础设施国际合作的信心。

---

① 基础设施能否经受住气候变化的摧残，麦肯锡全球研究院，2023 年 10 月 16 日，https://mp.weixin.qq.com/s/MQfqLrYYeIevlJEq8DwvlQ.

② 同上。

③ 习近平会见联合国秘书长古特雷斯，新华社，2023 年 10 月 18 日，http://www.news.cn/politics/leaders/2023-10/18/c_1129924364.htm.

④ ACI 公布全球最繁忙的十大机场，航空产业网，2023 年 4 月 14 日，https://www.chinaerospace.com/article/show/78cfbab2fe536176b2b8d369e58d30b6.

三、国际主要援助方的行动

在巨大的资金缺口和自然、人为因素叠加造成的愈加严峻的挑战面前，互联互通领域的国际发展合作显得尤为可贵。世界银行、亚洲开发银行等多边开发金融机构以及西方传统援助国仍是发展中国家基础设施建设的主要投资来源。

（一）互联互通是全球官方发展融资重要组成部分

OECD 最新的细分数据显示，全球官方发展融资（ODF）中经济基础设施领域为711.9 亿美元，约占 ODF 总额的三分之一，其中近一半为互联互通领域基础设施。也就是说，全球 ODF 中至少六分之一流入了互联互通领域，包括交通与仓储 225.86 亿美元、电力传输与分配 68.96 亿美元、通信 27.62 亿美元。[①] 在交通与仓储领域，排名前三位的次领域分别为公路 117.87 亿美元（52%）、铁路 62.73 亿美元（28%）以及交通政策与管理 24 亿美元（11%）。[②] 从 ODF 提供方看，OECD DAC 国家所占比重为36%，且基本为六个援助国提供，依次为日本（19%）、欧盟（6%）、德国（4%）、法国（4%）、英国（2%）、澳大利亚（1%）。此外，还有 DAC 统计的非 DAC 国家（不含中国）占 2%。从数据上也可以看出，美国作为世界第一大官方援助提供国，在互联互通基础设施领域的投资并不占据优势。由于 OECD 统计数据更新滞后，美欧近年互联互通领域密集宣布的新举措落实情况暂无全景统计，但可以预测，无论是互联互通领域 ODF 总量还是双边援助国所占比重，都会比以上数据有所增加，预计美国也将挤进双边排名前列。

（二）多边扮演关键角色

相较于双边援助方，互联互通基础设施更多是由多边开发性金融机构提供，援助额占 ODF 总额的 67%，依次为世界银行（22%）、亚洲开发银行（17%）、非洲开发银行（5%）、拉美开发银行（5%）和欧洲复兴开发银行（4%）。[③] 多边机构在解决基础设施融资缺口问题，尤其是扩宽发展中国家互联互通基础设施融资渠道上扮演着关键角色。除资金外，多边金融机构还向发展中国家提供基础设施的规划、技术和标准等方面的软援助，此外，还通过二十国集团、大湄公河次区域（GMS）等多边机制催生

---

① OECD QWIDS 国际发展统计系统数据，https://www.oecd.org/dac/financing-sustainable-development/develop-ment-finance-topics/infrastructure-finance.htm.

② 同上。

③ 同上。

全球基础设施财金合作平台，如二十国集团在 2014 年发起成立的全球基础设施建设中心（Global Infrastructure Hub）、2016 年 7 月成立的全球基础设施互联互通联盟（GICA）、大湄公河次区域经济走廊论坛等。

（三）美欧密集抛出互联互通新举动

传统援助国和发展机构仍是全球互联互通基础设施的重要支持力量，也是填补全球基础设施领域资金缺口的投资主力。但随着百年未有变局和全球地缘政治演变，美国通过拉拢西方盟友，在基础设施领域与中国"一带一路"倡议在全球范围展开竞争。美国的介入让该领域的国际发展合作格局出现了新变化。

2018 年 6 月，美国参议院通过了《更好利用投资促进发展法》（BUILD Act）[①]，授权成立美国国际开发金融公司，整合美国政府现有的开发金融职能。同年的印太商业论坛上，美国宣布在"印太战略"框架下启动总额 1.13 亿美元的基础设施和数字联通战略投资计划。[②] 次年，美国国际开发金融公司联合日本国际协力银行、澳大利亚外交贸易部发起"蓝点网络计划"（Blue Dot Network），计划对亚太地区道路、港口、桥梁、能源等基础设施开展评估和认证，旨在推动建立全球基础设施领域高质量标准。[③] 2021 年 6 月，美国总统拜登在七国集团峰会上宣布总投资额为 40 万亿美元"重建美好世界"（Build Back Better World，B3W）的战略倡议。[④] 2022 年 5 月 23 日，美、日、澳、印四方安全对话机制东京峰会期间，美国拜登政府宣布正式启动"印太繁荣经济框架"（Indo-Pacific Economic Framework for Prosperity），提出"互联经济"概念。随后，美国在七国集团峰会上宣布启动"全球基础设施和投资伙伴关系"倡议（Partnership for Global Infrastructure and Investment），计划在 5 年内筹集 6000 亿美元，在全球开展基础设施投资建设。[⑤] 2023 年 9 月二十国集团峰会期间，美国、沙特阿拉伯、印度、阿联酋、法国、德国、意大利和欧盟签署了一份谅解备忘录，以建立连接印度和海湾国家的东部走廊，以及经约旦和以色列连接海湾国家和欧洲的北部走廊。[⑥]

---

① 美国国际开发金融公司网：更好利用投资促进发展法，https://www.dfc.gov/sites/default/files/2019-08/BILLS-115hr302_BUILDAct2018.pdf.

② CNBC：蓬佩奥宣布美国在"印太"新举措价值 1.13 亿美元，2018 年 7 月 30 日，https://www.cnbc.com/2018/07/30/pompeo-to-announce-initiatives-focusing-on-digital-economy-energy-an.html.

③ 美国国务院网："蓝点网络计划"页面，https://www.state.gov/blue-dot-network/.

④ 美国白宫网："重建美好世界"战略倡议页面，https://www.whitehouse.gov/briefing-room/statements-releases/2021/06/12/fact-sheet-president-biden-and-g7-leaders-launch-build-back-better-world-b3w-partnership/.

⑤ 美国白宫网：印太繁荣经济框架页面，https://www.whitehouse.gov/briefing-room/statements-releases/2023/05/20/fact-sheet-partnership-for-global-infrastructure-and-investment-at-the-g7-summit/.

⑥ 欧盟网：2023 年印度 G20 峰会成果，https://www.europarl.europa.eu/RegData/etudes/ATAG/2023/751474/EPRS_ATA(2023)751474_EN.pdf.

欧盟也紧随其后于 2021 年 12 月 1 日发布名为《全球门户》的联合通信文件，提出拟在 2021—2027 年动员 3000 亿欧元用于全球基础设施建设。"全球门户"的投资重点为数字、卫生、气候、能源和运输部门以及教育和研究五大领域，主要投资项目包括光纤电缆、清洁运输走廊、清洁电力传输线等物理基础设施，以加强数字、运输和能源网络。"全球门户"的融资渠道，包括欧洲可持续发展基金提供 1350 亿欧元，欧盟各国援助计划下的赠款融资 180 亿欧元，以及欧洲金融和发展融资机构提供的 1450 亿欧元[①]。此外，欧盟还将利用新型金融工具吸引私人资本加入，并探索建立欧洲出口信贷机制，以补充成员国现有出口信贷安排，提高欧盟在这一领域的整体实力。

总的来看，围绕"全球南方"的基础设施建设正被美国逐步塑造成对华博弈的前沿，特别是在经济走廊、数字化基础设施等领域的互联互通，欧美已建立"价值观"驱动的联合方案，提出所谓替代中国"一带一路"倡议的新选择，或建构"债务陷阱""白象工程"等概念，对中国在发展中国家开展的互联互通基础设施进行舆论攻击，全球开展互联互通基础设施国际合作正受到"冷战"以来严峻的考验。

四、中国的倡议及行动

互联互通是区域经济一体化的重要基础，也是实现全球联动发展的必要条件。作为中国对外投资和援助的传统优势领域，互联互通理所当然成为中国主张的全球发展倡议的主要支柱之一。全球发展倡议与"一带一路"相辅相成、协同增效，互联互通更是两大倡议的集大成者。在当前的国际大背景下，中国互联互通领域的国际发展合作保持传统、顺应潮流，呈现以下 4 个特点及发展趋势。

（一）互联互通是中国援外传统强项

中国在互联互通领域提供发展援助类型丰富多样，涵盖海、陆、空、电、网等多个领域。其中，交通运输类基础设施是传统强项。《新时代的中国国际发展合作白皮书》显示，2013—2018 年，中国建成成套项目 423 个，其中交通运输类项目 56 个，占总数的八分之一[②]，项目类型包括公路、桥梁、机场、港口等。亚洲是中国提供交通基础设施援助的重点地区。代表项目如巴基斯坦的白沙瓦—卡拉奇高速公路、中国—马尔代夫友谊大桥、孟加拉国中孟友谊八桥等，以及在尼泊尔、马尔代夫、柬埔寨、赞

---

① 欧盟网站：《全球门户》，https://commission.europa.eu/strategy-and-policy/priorities-2019-2024/stronger-europe-world/global-gateway_en.

② 《新时代的中国国际发展合作白皮书》，国新办，2021 年 1 月 10 日，https://www.gov.cn/zhengce/2021-01/10/content_5578617.htm.

比亚、津巴布韦、多哥等国实施机场升级扩建项目以及毛里塔尼亚友谊港扩建项目。此外，中国还通过优惠贷款等支持电力传输类项目，如塔吉克斯坦直属中央区 500 千伏输变电项目、老挝塔棉至拉骚 230 千伏输变电线路、赞比亚卡里巴北—凯富埃西输变电等项目等。①

（二）援助方式愈加丰富

除传统的基础设施成套项目外，中国在互联互通领域开始引入规划和可研类技术援助。2019 年，DAC 统计的全球交通与仓储领域的 ODF 资金中有 24 亿美元用于交通政策与管理，占比高达 11%。② 中国将规划、政策、大项目可研等纳入对外援助，是国际发展合作的大势所趋，也是中国对外援助向国际发展合作转型的产物。如埃及卫星技术合作项目、柬埔寨国家道路规划项目、尼泊尔中尼跨境铁路工程可行性研究项目。③ 以 2022 年启动的中尼跨境铁路工程可研为例，根据规划，中尼铁路日喀则—吉隆—加德满都一线全长约 443.8 公里，由于需要穿过喜马拉雅山脉，地形、地质条件极其复杂，被视为最具挑战性的"世界级"铁路工程之一，可研工作将借鉴中国在艰险复杂山区和高原地区修建铁路的先进技术和丰富经验，带动中国铁路规划设计"走出去"，促进中尼两国顶尖科研机构之间的合作。④

（三）质量标准不断提高

一是紧扣高质量共建"一带一路"，主旨提高互联互通基础设施援助标准。升级完善监督评估体系，在国家国际发展合作署最新推出的援外项目评估指标体系的 10 个专用指标中，有 3 项与互联互通相关，分别是交通领域、通信领域和能源领域，把提高道路通行能力、港口作业能力、空运能力、铁路运输能力、通信覆盖和信息化水平、广电收视能力作为量化评价指标，旨在促进援外项目更好发挥实效。⑤ 二是紧跟全球绿色发展新趋势，建设清洁低碳的互联互通基础设施。如中国政府优惠贷款支持的吉尔吉斯斯坦南部电网改造项目，有效降低了 10% 的电网损耗，其设计和建设都坚持生态

---

① 《新时代的中国国际发展合作白皮书》，国新办，2021 年 1 月 10 日，https://www.gov.cn/zhengce/2021-01/10/content_5578617.htm.

② OECD QWIDS 国际发展统计系统数据，https://www.oecd.org/dac/financing-sustainable-development/development-finance-topics/infrastructure-finance.htm.

③ 王岳：《发挥对外援助项目在全过程工程管理模式上的示范作用》，2023 年 3 月 31 日，在首届"一带一路"与国际工程行业发展论坛上的发言。https://mp.weixin.qq.com/s/di-rkZm1AKHNn5FuznV6nw.

④ 《中国专家组抵达尼泊尔 中尼跨境铁路可行性研究迈出新步伐》，新华社，2022 年 12 月 22 日，https://www.news.cn/world/2022-12/28/c_1129236984.htm.

⑤ 《国际发展合作的中国实践—中国对外援助项目评估体系篇》，国家国际发展合作署网站，2023 年 10 月 25 日，http://www.cidca.gov.cn/2023-10/26/c_1212294432.htm.

优先、绿色低碳的理念。① 再如中国与老挝合作建设的万象赛色塔低碳示范区，通过向老方援助太阳能 LED 路灯、新能源客车、新能源卡车、新能源环境执法车等低碳节能物资，共同编制低碳示范区规划方案等，倡导低碳交通运输和绿色出行方式。② 三是倡导透明廉洁。互联互通基础设施因体量大、投入资金水平高易成为腐败温床，中国对外援助坚持有腐必反，通过广泛开展项目全流程监管，健全项目实施主体诚信评价体系，在防范项目廉政风险③方面取得实效。

（四）顺应数字化、智能化发展浪潮

在基础设施"硬援助"方面，据统计，2013—2018 年，中国支持建设了 37 个电信传输网、政务信息网络等电信基础设施项目，包括肯尼亚国家光纤骨干网项目、老挝警察指挥中心及政府热线、巴布亚新几内亚集成政务信息系统、孟加拉国政府基础网络三期项目等。④ 在人力资源培训合作"软援助"方面，中国在网络基础设施、智慧城市等方面提升发展中国家相应的能力建设，涵盖巴基斯坦、埃及、乌干达、莫桑比克、圭亚那、肯尼亚、老挝等亚洲、非洲、拉美、南太地区的广大发展中国家。⑤

五、思考与展望

中国的国际发展合作已进入新时代，互联互通领域也要顺应时代潮流，在提质增效、扩大影响和引领全球发展等方面更进一步。

习近平主席在第二届联合国全球可持续交通大会上提出全球交通合作的"五个坚持"倡议，包括"坚持开放联动，推进互联互通""坚持共同发展，促进公平普惠""坚持创新驱动，增强发展动能""坚持生态优先，实现绿色低碳"和"坚持多边主义，完善全球治理"。⑥ 这"五个坚持"亦可作为中国未来在互联互通领域开展国际发展合作的指导思想和原则方向。

---

① 《特变电工"点亮"夏夜里的吉尔吉斯斯坦》，新华网，2019 年 6 月 15 日，https://www.xinhuanet.com/world/2019-06/15/c_1124627719.htm.

② 《中老应对气候变化南南合作万象赛色塔低碳示范区揭牌》，新华网，2022 年 4 月 30 日，https://www.gov.cn/xinwen/2022-04/30/content_5688243.htm.

③ 《携手惩治腐败，共建阳光发展合作》，国家国际发展合作署网，2022 年 7 月 21 日，http://www.cidca.gov.cn/2022-07/21/c_1211669426.htm.

④ 《新时代的中国国际发展合作白皮书》，国新办，2021 年 1 月 10 日，https://www.gov.cn/zhengce/2021-01/10/content_5578617.htm.

⑤ 同上。

⑥ 《习近平出席第二届联合国全球可持续交通大会开幕式并发表主旨讲话》，中国政府网，2021 年 10 月 4 日，https://www.gov.cn/xinwen/2021-10/14/content_5642649.htm.

一是要充分发挥优先的援外资金"示范撬动"作用，继续发挥中国对外援助传统优势，加大对发展中国家5G、物联网、卫星互联网、跨境管网、工业互联网等通信网络基础设施支持力度，升级"硬连通"。主张"交通先行"的理念，提倡经济民生因路而兴的中国理念，继续为发展中国家在打通交通动脉、畅通贸易大通道、疏通城市主干道等方面提供支持。

二是要加大互联互通领域的"软援助"，通过加大人力资源开发合作和交通规划类技术援助合作，积极引导发展中国家加大对贫困地区交通投入，提倡"以人为本"的理念，保障好每个人特别是弱势群体的交通权，让人人出行无忧、安全畅通。

三是在高质量互联互通基础设施领域继续下功夫，尤其是推动将低碳、绿色标准纳入现有的援外项目评估指标体系，提升互联互通基础设施项目的气候适应能力；结合中国新能源行业优势，通过物资援助、技术援助等，推广智能化、数字化、轻量化交通装备，引导发展中国家打造智慧城市，倡导低碳交通、绿色出行。

四是持续提升互联互通领域发展合作的数字化程度，在项目设计层面，更多地将大数据、互联网、人工智能、区块链等新技术在交通、能源等领域深度融合和应用。例如在海关等方面实施数字化、智能化改造援助项目，或在社会和民生领域，实施更多惠民生、暖人心的"小而美"数字连通项目。

五是要在多边合作和国际话语权争夺方面下功夫，坚持开放包容的理念，整合援助资金、开发性金融机构资金和私营部门资金，提升中国在全球互联互通基础设施治理体系中的国际地位，推动联合国、世界银行、亚洲开发银行、亚洲基础设施开发银行、二十国集团等在全球或区域互联互通领域发挥应有作用，继续加强国际合作交流与对话。

第二十六章
工业化与国际发展合作[①]

一、国际发展之中的"工业化"概念范畴

2021 年 9 月，中国国家主席习近平在第 76 届联合国大会一般性辩论上提出"全球发展倡议"，受到国际社会广泛赞誉。工业化作为全球发展倡议八大重点合作领域之一，是广大发展中国家强国富民的重要道路，是全球实现持续繁荣的关键动力。[②]

工业化（industrialization），在英文中的词根为 industry。这与联合国 2030 年可持续发展目标（Sustainable Development Goals，SDGs）17 个子目标中的目标 9 "Industry, Innovation and Infrastructure" 关联最为直接。联合国工业发展组织（United Nations Industrial Development Organization，UNIDO）是联合国系统中直接负责推进目标 9 的分支机构，为 industry 提供了广义和狭义两个维度的解释：广义上，industry 可翻译为"产业"，指提供相似产品的一系列生产单位；狭义上，industry 翻译为"工业"或"制造业"，是指使用机器和工厂生产产品的过程。[③] UNIDO 在统计层面也细分了这两个维度，前者是关于"工业、矿业和公用事业"（Manufacturing，Mining and Utilities）的数据，后者聚焦于制造业部门。此外，OECD DAC 作为全球范围内最重要的双边援助协调组织，也采取了类似的两维度统计方式：一是生产部门大类之下的"工业、矿业与建筑业"（Industry，Mining and Construction）统计数据；二是在此之下设置"Industry"统计子类。[④] 参考主流国际组织做法，本章也将在产业化和工业化两个维度进行阐述。

---

① 本章撰稿人：王钊，上海对外经贸大学国际发展合作研究院/国际经贸研究所助理研究员。
② 中国国际发展知识中心：全球发展报告，2022，第 40 页。
③ UNIDO，"International Yearbook of Industrial Statistics"，2022，p. 7.
④ https://stats.oecd.org/Index.aspx?QueryId=42232&lang=en.

二、"全球南方" 工业化的国别群体差异性突出

UNIDO 在狭义制造业方面提供了两个重要指标：用制造业增加值占 GDP 平均比重（Manufacture Value Added Share in GDP，MVA_GDP），衡量一国的制造业规模；制造业人均增加值（Manufacture Value Added Per Capita，MVAPC），常用于制造业发展水平跨国比较，因为它考虑到了国家规模和人口数量等因素。此外，UNIDO 还提供了产业竞争力指标（Competitive Industry Index，CIP），用于在广义工业部门层面衡量一国的生产与出口能力、技术深化与升级以及工业全球影响。

就国别而言，本章将 "Aiddata 中国国际发展融资数据库 2.0 版"[1] 中涉及的中国 147 个受援国全部纳入统计描述，并根据世界银行的两种国别分类标准进行比较[2]：一是根据基本收入水平分为低收入国家、中低收入国家、中高收入国家和高收入国家等四类；二是根据人文地理将发展中国家划分在六个地区，即东亚与太平洋（下文简称 "东亚"）、欧洲与中亚、拉美与加勒比（下文简称 "拉美"）、中东、南亚、撒南非洲。

（一）中低收入国家最具加速工业化潜力

目前，中国的 147 个受援国根据 MVA_GDP 指标排序为：中低收入国家、中高收入国家、高收入国家和低收入国家。图 26-1 显示：第一，中低收入国家与中高收入国家在该指标上趋势缠绕、处于相对高位，中等收入发展中国家群体的制造业在国民经济中位置突出；第二，高收入国家组该指标的顶峰出现在 2010 年，在 2010—2022 年呈现 "去工业化" 特征；第三，低收入国家组在该指标长期处于低水平，且呈进一步下降特征，若希望扭转该趋势，可能需要更多的援助类国际发展融资介入。

在 MVAPC 和 CIP 指标方面，低收入国家、中低收入国家、中高收入国家和高收入国家排序与其整体发展水平一致。综合 MVAPC 与 MVA_GDP 情况比较，中等收入发展中国家群体的制造业规模虽已是最大，但其制造业发展水平仍低于高收入国家，国际发展应重点关注中等收入国家的工业化升级与高质量发展问题。CIP 部分显示，高收入国家和中高收入国家在 2010 年前后达到峰值，近年来呈现相对下降趋势；但中低收入国别组该指标在 2010 年后的下降趋势不明显，显示了产业竞争力提升潜力。

---

[1] https://www.aiddata.org/publications/aiddata-tuff-methodology-version-2-0.

[2] https://datahelpdesk.worldbank.org/knowledgebase/articles/906519-world-bank-country-and-lending-groups.

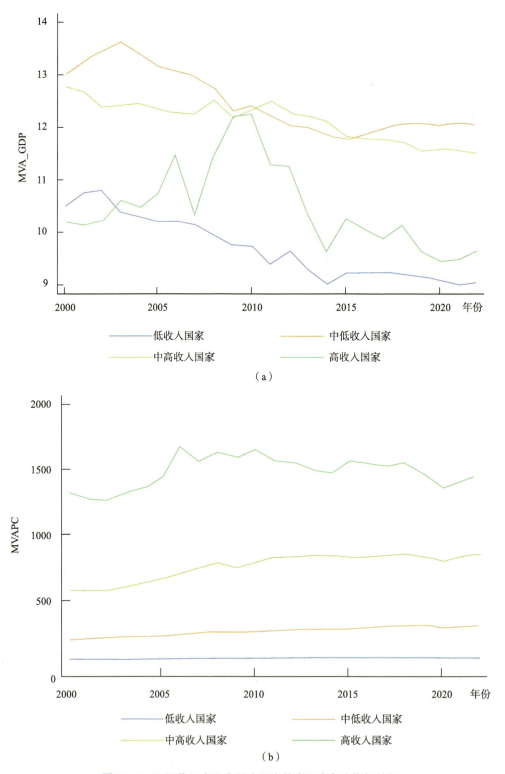

图 26-1 不同收入水平发展中国家的产业竞争力指标特征

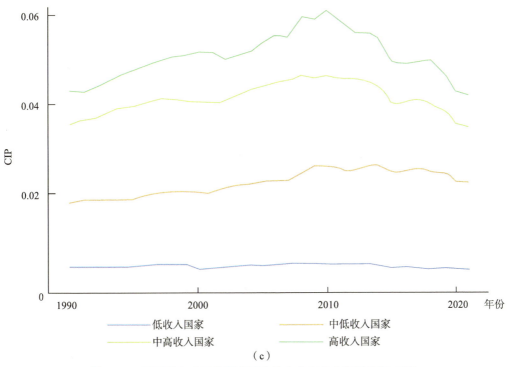

图 26-1　不同收入水平发展中国家的产业竞争力指标特征（续）

注：不同发展水平和地区的发展中国家名录见附录。后文各图分类标准和国别名录与此一致。

资料来源：UNIDO 数据库。

总体而言，高收入发展中国家呈现"去工业化"特征；中等收入发展中国家，特别是其中的中低收入国家群体，加速工业化潜力突出，产业升级与高质量发展是其工业化进程中的关键词；低收入国家工业化水平最低，且呈现进一步削弱的特征。中国下一步在国际发展工业化议题领域发力应根据"全球南方"不同国家群体的差异性特征采取针对性措施：以中等收入国家，特别是中低收入国家为重点，主要投入贷款类等更具市场属性的国际发展融资，完善 PPP 等公私部门协作机制；顺应高收入国家"去工业化"趋势，加强双方基于市场的合作；以赠款等援助属性更强的国际发展融资支持低收入国家保有工业化愿景，夯实各方面基础，不放弃未来承接中等收入国家工业再次向国际转移的可能性。

（二）东亚和南亚是"全球南方"工业化的中心地区

就地区差异而言，欧洲与中亚国家以及东亚国家两个组别的 MVA_GDP 指标表现最好，这符合传统预期。南亚地区在 2015 年后呈现明确上升态势，目前处在六组国别的第三位。与之形成对比的是，拉美国家该指标迅速下降，"去工业化"特征明显。中东和撒南非洲地区该指标处于低位区。在 MVAPC 指标方面，欧洲与中亚、拉美、中东等三个地区的制造业人均增加值处于第一集团，然后是东亚国家的上升趋势明显，南亚和撒南非洲地区较为落后。在 CIP 方面，东亚一骑绝尘，然后是欧洲与中亚；拉美、中东的 CIP 虽不落后，但呈相对下降趋势；南亚地区的 CIP 水平上升趋势相对突出；撒南非洲还是最为落后，且呈进一步下降态势（见图26-2）。

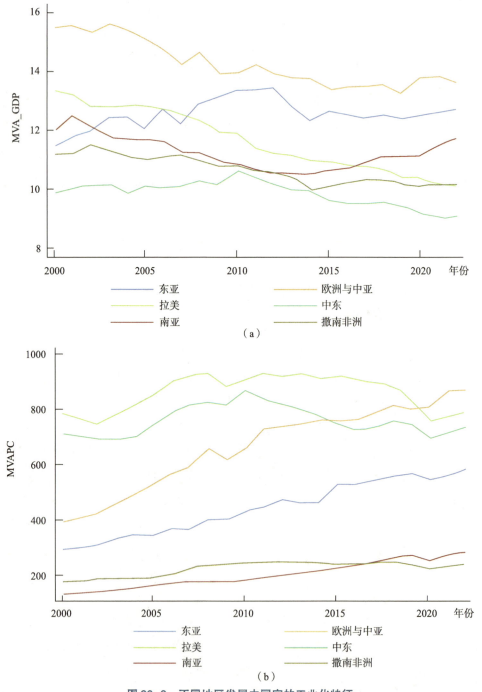

图26-2　不同地区发展中国家的工业化特征

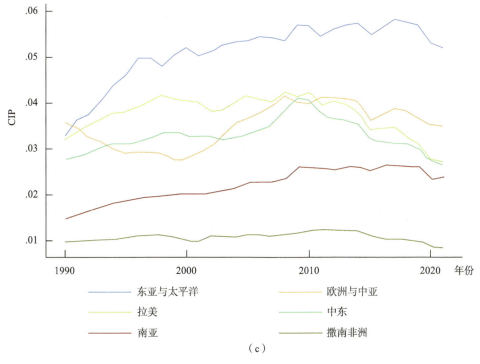

（c）

图 26-2 不同地区发展中国家的工业化特征（续）

资料来源：UNIDO 数据库。

　　总结而言，东亚是目前全球南方工业化的中心地区，南亚则是加速工业化最具潜力的地区，两者基本对应了以收入水平分类的中高收入国家和中低收入国家。欧洲与中亚、拉美两个地区主要反映了高收入发展中国家的去工业化特征，撒南非洲则是低收入国家的主体部分。中东地区因为自然资源等方面的特殊性，工业化阶段和潜力较难判定。因此，东亚和南亚应成为更具市场属性国际发展融资的目标地区，撒南非洲则需要更多的援助类融资。

三、传统援助国对发展中国家工业化缺乏重视

　　OECD DAC 数据库提供了国际主要援助方与国际发展融资明细数据［包括传统援助国（OECD DAC 国家）、新兴援助国（不含中国）以及各类国际组织等在狭义制造业以及广义工业部门的对外援助］，涵盖年份为 2013—2021 年。通过该数据库以及其与中国对外援助与国际发展融资数据的比较，可大致了解国际主要援助方近年来对发展中国家，特别是对工业部门的重视程度和支持情况。

（一）国际主要援助方工业化援助投入不足

就总趋势而言，国际主要援助方（不含中国）的常规对外援助，即 ODA，近年来波动上升，见表 26-1，从 2013 年约 1939.23 亿美元上升至 2021 年约 2468.92 亿美元。其对发展中国家狭义制造业和广义工业部门的投入比例相对稳定，在 1% 和 2% 之间波动。这意味着工业化并非国际主要援助方（不含中国）的重点投入议题领域。就国际发展融资总量而言，即 "ODA+其他官方流动"（Other Official Flows，OOF），国际主要援助方（不含中国）的年度资金规模也呈波动上升趋势，最低值为 2013 年约 2654.65 亿美元，最高值为 2020 年约 4020.06 亿美元。其中对发展中国家狭义制造业和广义工业部门的资源分配在 3% 和 6% 之间波动，相较于常规援助的部门比例要高一些。

表 26-1　国际主要援助方在工业部门发展融资规模变化

单位：百万美元

组织	部门	2013 年	2014 年	2015 年	2016 年	2017 年	2018 年	2019 年	2020 年	2021 年
ODA	III.2.a. Industry	2254	2233	2725	1804	3023	2503	3691	3357	4689
	III.2. Industry, Mining, Construction	3018	2819	3432	2004	3782	2984	5051	4120	5314
	ODA 总量	193923	183579	221777	222596	228768	221072	224270	261257	246892
ODA+OOF	III.2.a. Industry	8669	10438	12279	14930	13701	14902	8053	8667	11384
	III.2. Industry, Mining, Construction	12010	13702	17074	17419	20311	18678	15682	13284	16828
	"ODA+OOF" 总量	265465	271266	328912	331171	351568	340173	349843	402006	379196

资料来源：OECD DAC 数据库。

（二）新旧援助国在工业化领域的共识待培育

表 26-2 为 2021 年国际主要援助方在工业部门发展融资分配情况的比较，主要显示出两大特征：一是传统援助国俱乐部（OECD DAC 国家）在 2021 年度的 ODA 总规模约 1540.28 亿美元，占到国际主要援助方（不含中国）的 62.39%，仍是全球占据主导地位的援助集团；但传统援助国在狭义制造业和广义工业部门的 ODA 以及 "ODA+OOF" 分配比例均明显低于国际主要援助方平均水平。二是中国在狭义制造业和广义工业部门的国际发展融资分配比例（6.81%、30.16%）明显高于国际主要援助方，后

者依次为世界银行（2.48%、6.01%）、OECD DAC（1.77%、2.37%），以及联合国系统（0.93%、1.99%）。这意味着中国与其他援助方在努力推动发展中国家工业化方面的共识尚未完全形成。Aiddata 数据显示，广义工业部门在中国国际发展融资分配中仅次于经济基础设施部门，且两部门占 2000—2017 年度平均资金规模的约四分之三。而经济基础设施部门，包括能源、交通和通信等三个子部门，也是一国工业化起步的前提。应该说，推动发展中国家工业化是中国对外援助与国际发展融资的重心，但在传统援助国看来仅是其援助部门分配中一个普通、较小的议题领域。

表 26-2　2021 年国际主要援助方在工业部门发展融资比较

单位：百万美元

组织	部门	国际主要援助方（不含中国）		OECD DAC		世界银行		联合国系统		中国	
		规模	比例（%）	规模	比例（%）	规模	比例（%）	规模	比例（%）	规模	比例（%）
ODA	III. 2. a. Industry	4689	1.90	2633	1.71	723	2.29	51	0.91		
ODA	III. 2. Industry, Mining, Construction	5314	2.15	2729	1.77	782	2.48	52	0.93	380	6.81
	ODA 总量	246892	100	154028	62.39	31529	12.77	5554	2.25	5587	
ODA + OOF	III. 2. a. Industry	11384	3.00	3816	2.28	4028	5.56	117	1.97		
ODA + OOF	III. 2. Industry, Mining, Construction	16828	4.44	3969	2.37	4350	6.01	118	1.99	14125	30.16
	ODA+OOF 总量	379195	100.00	167173	44.89	72427	19.10	5919	1.56	46827	

注：①"ODA 总量"行的各方比例数据为其与"国际主要援助方（不含中国）"ODA 年度资金总规模的比值，"ODA+OOF 总量"行的各方比例数据计算方式相似；
②中国对外援助与国际发展融资部门分配数据是根据 Aiddata 2000—2017 年数据计算平均值得到。
资料来源：OECD DAC、Aiddata。

（三）中西工业化发展融资的突出差异在 OOF

细分至 OECD DAC 内部，主要西方大国（七国集团国家）在工业部门的 ODA 分配与中国各有上下。如表26-3所示，日本（8.49亿美元）、德国（6.67亿美元）和法国（4.76亿美元）等三国2021年在广义工业部门的ODA规模高于中国2000—2017年平均值（3.8亿美元）。但美国作为西方大国中2021年度ODA资金规模最大的国家（427.85亿美元，占OECD DAC2021年ODA总量的27.78%），其在广义工业部门仅有700万美元ODA投放。

表26-3 2021年七国集团国家与中国在工业部门发展融资比较

单位：百万美元

组织	部门	加拿大	法国	德国	意大利	日本	英国	美国	中国
ODA	III. 2. a. Industry	26	475	626	11	844	65	7	
	III. 2. Industry, Mining, Construction	30	476	667	12	849	66	7	380
	ODA 总量	5349	15169	31364	2388	15404	3608	42785	5587
OOF	III. 2. a. Industry	0	215	186	3	0	0	300	
	III. 2. Industry, Mining, Construction	0	215	186	4	0	0	300	13745
	OOF 总量	249	1931	2425	166	0	-138	3797	41240

注：中国对外援助与国际发展融资部门分配数据是根据Aiddata2000—2017年数据计算平均值得到。

资料来源：OECD DAC、Aiddata。

在OOF资金部分，中国与西方大国的差异更突出。第一，中国2000—2017年OOF总量为412.40亿美元，远高于七国集团国家，甚至是OECD DAC成员国年度规模总和。第二，中国在广义工业部门的OOF分配为国际发展融资总量的三分之一左右，但西方大国在此项下的资金规模非常少，加拿大、日本和英国在2021年甚至为0分配。综上所述，中国与国际主要援助方，特别是西方大国，对发展中国家工业化的支持程度差异很大，尤其体现在OOF部分。

四、中国推动工业化重回国际发展核心议程

新中国在建立之初就致力于建设独立完整的工业体系，在改革开放后积极融入全球化发展，迅速成长为全球第一大贸易国，特别是制造业产品的重要出口国。中国的工业发展经验和经济快速增长为广大发展中国家提供了参考和学习的榜样，成为"全球南方"新一轮工业化的理念内核。与此同时，中国政府也通过对外援助、国际发展

融资、参与全球发展治理等，积极帮助发展中国家推进工业化。本章将根据中国对外援助白皮书等官方文件对中国推动"全球南方"工业化的实际行动进行梳理，重点突出 2022 年前后的内容。

（一）中国对外援助长期支持发展中国家工业化

根据中国政府在 2011 年发布的首份《中国对外援助》白皮书，工业部门援助在中国对外援助初期占据重要地位。20 世纪 50—70 年代，中国帮助许多刚独立的亚非国家建设了一批工业项目，奠定了受援国工业发展的基础，不少项目填补了受援国民族工业的空白。中国政府在 1950—2009 年援助发展中国家建成 688 个工业生产性项目，涉及轻工、纺织、机械、化工、冶金、电子、建材、能源等多个行业。

（二）中国推动"新工业革命伙伴关系"等国际发展合作计划

从 20 世纪 80 年代中后期开始，许多发展中国家受"华盛顿共识"等西方发展理念影响，加快国内私有化进程，中国对其工业部门的援助也有所减少。近年来，中国推动工业化重回国际发展核心议程，在增加工业部门援助和国际发展融资分配方面发挥了重要作用。2015 年 12 月，习近平主席在中非合作论坛约翰内斯堡峰会上宣布中非工业化为"十大合作计划"之一。2016 年 9 月，中国政府推动二十国集团领导人杭州峰会发布《支持非洲和最不发达国家工业化倡议》。2018 年 7 月，习近平主席在南非约翰内斯堡举行的金砖国家工商论坛上提出与金砖国家共同建设"新工业革命伙伴关系"，后写入《金砖国家领导人第十次会晤约翰内斯堡宣言》，强调"新工业革命伙伴关系旨在深化金砖国家在数字化、工业化、创新、包容、投资等领域合作，最大限度把握第四次工业革命带来的机遇，应对相关挑战"。2021 年，《新时代的中国国际发展合作》白皮书明确提出，工业化是一个国家实现经济独立的必由之路，也是创造就业、消除贫困的重要路径。中国支持其他发展中国家工业化，增加资源附加值，促进生产性就业，并帮助其释放数字经济新红利，增强经济创新性和包容性。

（三）工业化为全球发展倡议八大重点合作领域之一

2021 年 9 月，习近平主席在第 76 届联合国大会一般性辩论上提出"全球发展倡议"，工业化是该倡议的八大重点合作领域之一。在此之后，中国在亚非拉等广大发展中国家和地区积极推动工业化议程、广泛筹措国际发展资源。2021 年 11 月，中国政府在中非合作论坛第八届部长级会议期间宣布未来 3 年中国将推动企业对非洲投资，总额不少于 100 亿美元，设立"中非民间投资促进平台"，为非洲援助实施 10 个工业化和就业促进项目。2021 年 12 月，中国—拉美和加勒比国家共同体论坛第三届部长级会议发布《中国—拉共体成员国重点领域合作共同行动计划（2022—2024）》，宣布中拉双方将加强工业政策交流，深化在原材料、装备制造、绿色低碳产业、产业链供应链等领域的合作，推动中拉产业智能化、数字化、绿色化发展。2022 年 11 月，第 25 次中国—东盟领导人会议通过《关于加强中国—东盟共同的可持续发展联合声明》，表示双方决定推进第四次工业革命和数字化转型合作，包括智能制造和绿色工业化合作，共同探索建设经济走廊和国际产能合作示范区，共同加强本地区供应链的联通和韧性。[①]

五、工业化领域的国际发展趋势研判与中国应对

第一，应在援助发展中国家工业化基础上，进一步推动其融入全球价值链，特别是东亚和南亚国家。完整工业体系与积极融入全球化是支撑中国经济高速增长难以分割的两个支柱。且目前全球价值链加速重构，中国在国际发展工作中应将推动国内产业升级、国际产能合作、发展中国家工业化与全球价值链布局相结合。对不同收入水平和地区的发展中国家应制定各具针对性的工业化援助战略，在东亚和南亚地区加大工业援助力度，掌握全球价值链重构的主动权。

第二，努力培育与传统援助国在工业化援助领域的共识，以"可持续工业化"等巩固该议程在全球发展治理中的地位。西方传统援助国已步入后现代、后工业化发展阶段，其在援助"全球南方"工业化中更加关注绿色化议题。目标 9 的完整表述为"建立具有韧性的基础设施，推动包容的和可持续的工业化，以及促进创新"。UNIDO 在关于目标 9 的统计指标中，也包含制造业碳排放等环境类数据（目标 9.4.1）。如图 26-3 所示，东亚和南亚等全球价值链重构的关键地区每单位制造业增加值二氧化碳排放量（Carbon Dioxide Emissions Per Unit of Manufacturing Value Added）问题也相对突出。中国在巩固工业化作为全球发展治理核心议程的努力中，需考虑其他援助方偏好，努力培养新旧援助国共识，推动国际主要援助方增加对发展中国家工业化的资源分配。

---

① 俞懿春、谢佳宁、李欣怡、周辋：《助力发展中国家工业化进程——命运与共·全球发展倡议系列综述》，《人民日报》，2022 年 4 月 20 日，第 03 版。

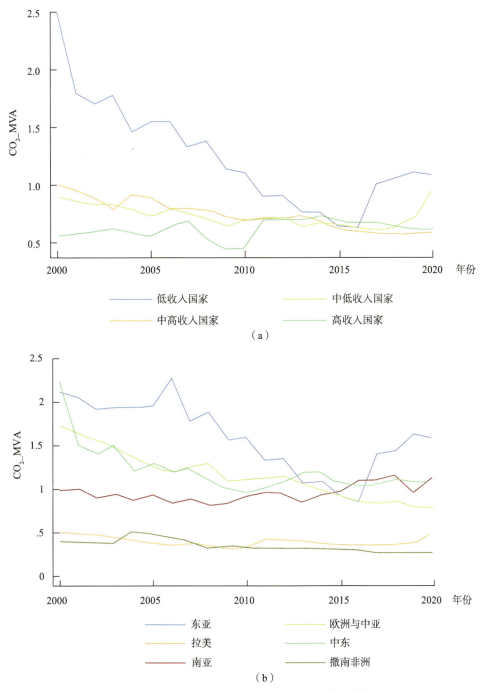

图 26-3　发展中国家的单位制造业增加值碳排放情况

资料来源：UNIDO 数据库。

第三，帮助发展中国家抓住新工业革命机遇，合理推动其工业化与数字化、智能化结合。目前，发展中国家工业化的实质是在国际发展合作的帮助下全面深入地落实第一次和第二次工业革命成果。这包括工业化的前提——能源和交通基础设施，然后是两次工业革命的核心制造业部门真正落地：纺织、钢铁、化学、机械等。第三次产业技术革命之下的通信基础设施、半导体与互联网产业等，以及第四次技术革命之下的人工智能、生物基因工程与量子信息技术等，与传统工业化的结合有利于发展中国家"弯道超车"，在心理层面也更具吸引力，且中国在国际主要援助方之中拥有一定优势。所以，中国在推动第一次和第二次工业革命在发展中国家稳妥落地的同时，可积极利用第三次和第四次产业技术革命前沿技术，针对不同收入水平和地区的发展中国家进行符合其发展阶段、充分本地化的"新工业革命"援助，同时注意避免过度超前建设、难以持续等问题。

附　录

1945—2023年

中国对外援助大事记

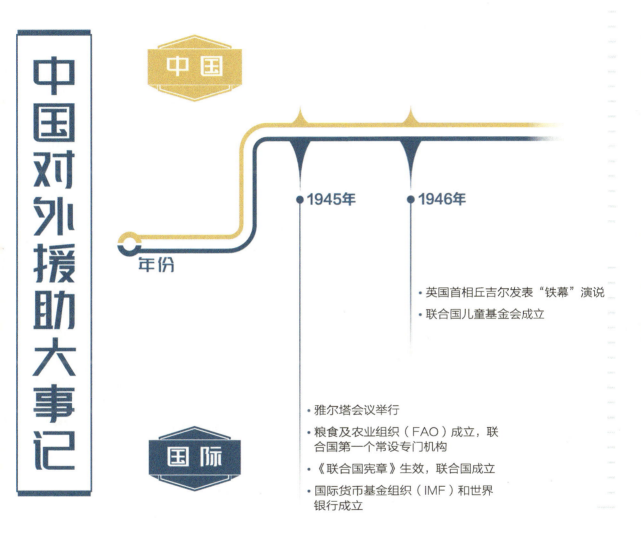

中 国

年份

1945年

1946年

国 际

- 雅尔塔会议举行
- 粮食及农业组织（FAO）成立，联合国第一个常设专门机构
- 《联合国宪章》生效，联合国成立
- 国际货币基金组织（IMF）和世界银行成立

- 英国首相丘吉尔发表"铁幕"演说
- 联合国儿童基金会成立

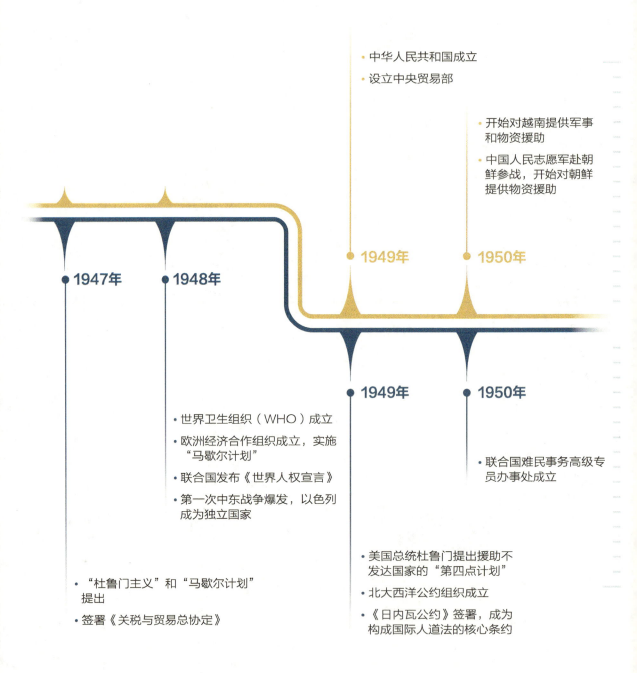

- 中华人民共和国成立
- 设立中央贸易部

- 开始对越南提供军事和物资援助
- 中国人民志愿军赴朝鲜参战，开始对朝鲜提供物资援助

1949年

1950年

1947年　　**1948年**

1949年

1950年

- 世界卫生组织（WHO）成立
- 欧洲经济合作组织成立，实施"马歇尔计划"
- 联合国发布《世界人权宣言》
- 第一次中东战争爆发，以色列成为独立国家

- 联合国难民事务高级专员办事处成立

- 美国总统杜鲁门提出援助不发达国家的"第四点计划"
- 北大西洋公约组织成立
- 《日内瓦公约》签署，成为构成国际人道法的核心条约

- "杜鲁门主义"和"马歇尔计划"提出
- 签署《关税与贸易总协定》

1945—2023年

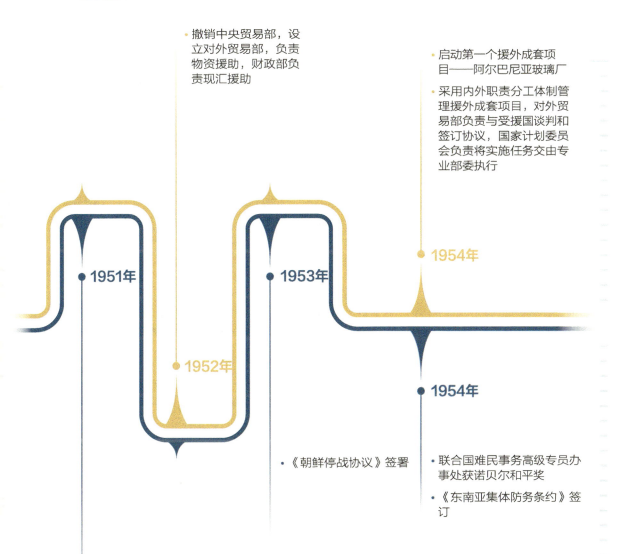

- 撤销中央贸易部，设立对外贸易部，负责物资援助，财政部负责现汇援助

- 启动第一个援外成套项目——阿尔巴尼亚玻璃厂
- 采用内外职责分工体制管理援外成套项目，对外贸易部负责与受援国谈判和签订协议，国家计划委员会负责将实施任务交由专业部委执行

1954年

1951年

1953年

1952年

1954年

- 《朝鲜停战协议》签署

- 联合国难民事务高级专员办事处获诺贝尔和平奖
- 《东南亚集体防务条约》签订

- 第4届世界卫生大会通过《国际公共卫生条例》
- 《美日安全保障条约》签订

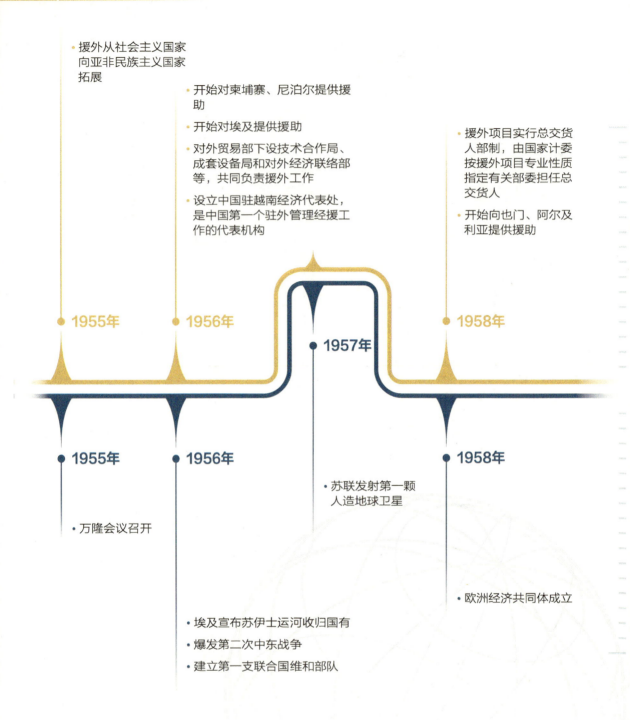

• 援外从社会主义国家
  向亚非民族主义国家
  拓展

• 开始对柬埔寨、尼泊尔提供援
  助

• 开始对埃及提供援助

• 对外贸易部下设技术合作局、
  成套设备局和对外经济联络部
  等，共同负责援外工作

• 设立中国驻越南经济代表处，
  是中国第一个驻外管理经援工
  作的代表机构

• 援外项目实行总交货
  人部制，由国家计委
  按援外项目专业性质
  指定有关部委担任总
  交货人

• 开始向也门、阿尔及
  利亚提供援助

1955年

1956年

1958年

1957年

1955年

1956年

1958年

• 苏联发射第一颗
  人造地球卫星

• 万隆会议召开

• 欧洲经济共同体成立

• 埃及宣布苏伊士运河收归国有

• 爆发第二次中东战争

• 建立第一支联合国维和部队

- 苏联撕毁《中苏国防新技术协定》
- 开始向几内亚提供援助，几内亚总统访华，是第一位访华的非洲国家元首

- 设立对外经济联络总局，作为国务院直属机构，统筹负责原由对外贸易部、国家计委和财政部分管的援外工作
- 苏联单方面终止对华援助

- 开始向缅甸、马里提供援助

中 国

1959年 **1960年** **1961年** **1962年**

- 发展援助委员会开始对成员国的发展援助工作及其政策进行年度评论，出版物为《援助评论》。
- 古巴导弹危机爆发

1959年 **1960年** **1961年**

- 加拿大设立援外办公室，后更名为加拿大国际发展署
- 发展援助集团成立，作为欧洲经济合作组织下属机构负责协调对发展中国家援助
- 大批非洲国家宣布独立，加入联合国
- 国际开发协会（IDA）成立，作为世界银行附属机构向低收入国家提供低息贷款和赠款

- 世界粮食计划署（WFP）成立
- 法国合作部成立
- 美国国际开发署（USAID）成立
- 德国经济合作与发展部（BMZ）成立
- 日本海外经济协力基金成立
- 美国在越南发动"特种战争"
- 欧洲经济合作组织改名为经济合作与发展组织（OECD），发展援助集团改名为发展援助委员会（DAC）
- 第一次不结盟国家首脑会议召开
- 科威特阿拉伯经济发展基金会成立

- 美苏戴维营会谈
- 《儿童权利宣言》通过

1945—2023年

- 向阿尔及利亚派遣第一支援外医疗队

- 周恩来访问亚非国家期间提出《中国对外经济技术援助的八项原则》

- 撤销对外经济联络总局，设立对外经济联络委员会，继续归口管理援外工作

- 开始向刚果、坦桑尼亚提供援助

- 在华东、华北、东北和中南四大区成立对外经济联络局，作为对外经济联络委员会的派出机构，负责组织援外材料设备、派遣专家、培训外国实习生等

1963年　　**1964年**　　**1965年**　　**1966年**

1963年

1964年

1965年

- DAC批准了《技术援助协调指南》

- OECD理事会批准采用对外贷款联合申报制度，后发展为"债权人报告体系"

- 联合国开发计划署（UNDP）成立

- 联合国贸易和发展会议成立

- 七十七国集团成立

- 第二次不结盟国家首脑会议召开

- 非洲统一组织成立

- 中苏论战公开化

- 联合国儿童基金会获诺贝尔和平奖

国际

坦赞铁路援建工作正式启动

援建巴基斯坦喀喇昆仑公路

对外经济联络委员会改为对外经济联络部

援建斯里兰卡国际会议大厦项目开工

援建朝鲜平壤地下铁道项目开工

1967年　　**1968年**　　**1969年**　　**1970年**

1967年　　**1968年**　　**1969年**　　**1970年**

瑞典决定援助拨款达到国民生产总值的1%

- DAC高级别会议在日本召开，一致同意对多边机构捐款不应附带条件
- DAC发布《在发展中国家投资》的协调报告
- 第三次不结盟国家首脑会议召开

- 《国际粮食援助公约》签署
- DAC发布"用国民收入比例来衡量官方援助"的报告
- 第三次中东战争爆发
- 欧洲共同体成立
- 东南亚国家联盟成立

- DAC提出"官方发展援助（ODA）"的概念
- 《国际公共卫生条例》更名为《国际卫生条例》

- 第一次全国援外工作会议召开
- 援外项目实行承建部负责制
- 向越南、柬埔寨、老挝提供大量援助，支援三国抗美救国
- 承担援外任务的部委、省市相应成立援外专门管理部门
- 中国恢复联合国合法席位

- 第三次全国援外工作会议召开
- 向联合国机构提供自愿捐款，同发展中国家开展多边层面的技术合作

- 第二次全国援外工作会议召开
- 美国总统尼克松访华
- 中国与日本建交

1971年　　**1972年**　　**1973年**

1974年

1971年　　**1972年**　　**1973年**

- DAC修改"官方发展援助（ODA）"定义
- 联合国人类环境会议召开
- 联合国环境署成立

- DAC围绕石油危机对发展中国家影响举行紧急磋商
- 第一届世界粮食会议召开，通过《世界消除饥饿和营养不良宣言》

- 联合国救灾协调员办公室成立
- DAC高级别会议关注"最不发达国家"问题

- 荷兰将援助预算增至国民总收入的1.5%
- 第四次不结盟国家首脑会议召开
- 第四次中东战争爆发，引发第一次石油危机

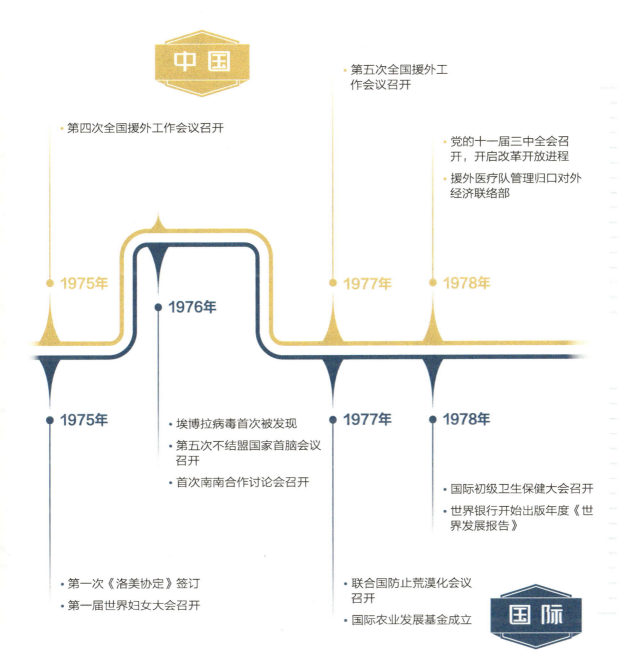

中 国

· 第四次全国援外工作会议召开

· 第五次全国援外工作会议召开

· 党的十一届三中全会召开，开启改革开放进程
· 援外医疗队管理归口对外经济联络部

1975年　　1976年　　1977年　　1978年

1975年
· 埃博拉病毒首次被发现
· 第五次不结盟国家首脑会议召开
· 首次南南合作讨论会召开

1977年

1978年
· 国际初级卫生保健大会召开
· 世界银行开始出版年度《世界发展报告》

· 第一次《洛美协定》签订
· 第一届世界妇女大会召开

· 联合国防止荒漠化会议召开
· 国际农业发展基金成立

国 际

- 设立进出口管理委员会和外国投资管理委员会
- 援建扎伊尔人民宫项目竣工
- 中国与美国建交
- 中国开始接受UNDP等联合国机构的援助
- 中国从日本开始接受主权国家援助

- 发布《关于对外经援项目试行投资包干制的暂行办法》

- 援建的第一个大型水工项目马耳他船坞及码头工程竣工
- 在发展中国家间技术合作（TCDC）框架下，与UNDP合作在华建立沼气、医疗保健、小水电等7个区域研究和培训中心

- 合并国家进出口管理委员会、对外贸易部、对外经济联络部和外国投资管理委员会，成立对外经济贸易部，下设对外援助局（后改名对外援助司），归口管理援外工作
- 对外经济贸易部对外援助职能采取内外分权管理体制。对外援助局主要承担宏观管理职能，部属中国成套设备出口公司兼任援外项目执行局，主要承担援外项目组织实施的微观职能
- 提出同发展中国家开展经济技术合作四项原则
- 地方省市陆续撤销单设的援外管理机构

1979年　　**1980年**　　　　**1981年**　　**1982年**

1979年　　**1980年**　　　　**1981年**　　**1982年**

- DAC关注多边机构的筹资和政策方向
- OECD发布首个由计算机生成的发展中国家资金流向地理分布
- 芬兰决定将援助资金达到国民生产总值的0.7%
- 世界卫生组织宣布天花灭绝
- 两伊战争爆发

- DAC发布《发展中国家外债》调查报告
- 《联合国海洋法公约》签署

- DAC关注援助机构的援助程序
- DAC通过《地方和经常性费用筹资准则》
- DAC高级别会议强调援助有效性评估
- 伊斯兰革命爆发，引发第二次石油危机
- 苏联入侵阿富汗
- 联合国大会通过《消除对妇女一切形式歧视公约》

- DAC关注妇女在发展中的作用
- 法国计划将援助资金增加至国民生产总值的0.7%
- 联合国难民事务高级专员办事处第二次获诺贝尔和平奖

- 第六次全国援外工作会议召开
- 发布《对外经援项目承包责任制暂行办法》，将原规定由相关政府部门作为承包单位，改为由其所属的国际经济技术合作公司或其他国营企业、事业单位作为承包单位

- 援外医疗队管理由对外经济贸易部转为卫生部负责

- 援建毛里塔尼亚友谊港项目竣工

- 援建突尼斯麦热尔德—崩角水渠竣工

1983年　1984年　　1985年　　1986年

1983年　1984年　　1985年　　1986年

- DAC首次发布年度《OECD成员国外债统计》
- DAC高级别会议强调加强援助协调

- DAC高级别会议进一步强调援助协调
- OECD理事会通过关于"促进发展援助项目和计划的环境评估所需措施"的建议
- 乌拉圭回合谈判开始

- 保护臭氧层外交大会召开
- 审查和评议"联合国妇女十年"成就世界会议召开

- 国际清算银行与OECD签署协议
- DAC高级别会议召开，强调加强援助有效性
- 世界环境与发展委员会成立

🕐🏔 1945—2023年

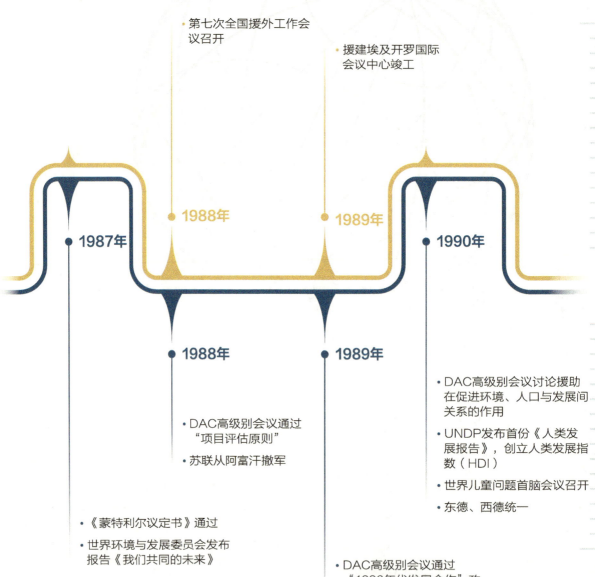

第七次全国援外工作会议召开

援建埃及开罗国际会议中心竣工

1988年

1989年

1987年

1990年

1988年

1989年

- DAC高级别会议通过"项目评估原则"
- 苏联从阿富汗撤军

- DAC高级别会议讨论援助在促进环境、人口与发展间关系的作用
- UNDP发布首份《人类发展报告》，创立人类发展指数（HDI）
- 世界儿童问题首脑会议召开
- 东德、西德统一

- 《蒙特利尔议定书》通过
- 世界环境与发展委员会发布报告《我们共同的未来》

- DAC高级别会议通过"1990年代发展合作"政策声明
- 日本成为最大官方发展援助国家
- 东欧剧变

中 国

• 援建瓦努阿图议会大厦竣工

• 邓小平发表南方谈话

• 党的十四大提出建立社会主义市场经济体制目标

• 发布《多种形式援外专项资金管理办法》

• 对外经济贸易部印发《关于我部改革援外管理体制的通知》

• 对外经济贸易部更名为对外贸易经济合作部，继续归口管理援外工作

• 援外项目实行企业总承包责任制

• 开始举办发展中国家技术培训班

1991年　　**1992年**　　**1993年**　　**1994年**

1991年　　**1992年**　　**1993年**　　**1994年**

1992年
• DAC高级别会议讨论善治、人权和促进民主发展等议题
• DAC出版《发展援助手册》
• 联合国机构间常设委员会成立，作为协调人道主义援助的首要机制
• 《北美自由贸易协定》签署
• 联合国环境与发展大会在巴西里约热内卢召开，通过《21世纪议程》和《生物多样性公约》

1994年
• DAC高级别会议讨论通过"私营部门发展原则"
• 联合国秘书长提出关于"发展纲领"的报告
• 国际人口与发展会议召开
• 卢旺达种族大屠杀造成百万人死亡
• 南非政府宣布成立真相与和解委员会
• 乌拉圭回合谈判结束

1993年
• DAC调整官方发展援助概念和发展中国家名单
• 世界人权会议召开
• 《马斯特里赫特条约》生效，欧盟正式诞生

1991年
• 苏联解体，俄罗斯等11国宣布成立独联体，"冷战"结束
• 海湾战争爆发
• 联合国人道主义事务部成立

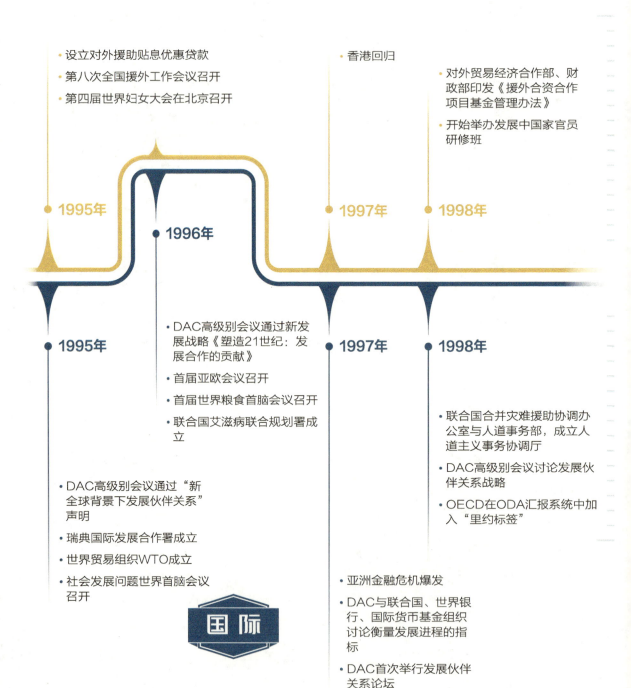

- 设立对外援助贴息优惠贷款
- 第八次全国援外工作会议召开
- 第四届世界妇女大会在北京召开

- 香港回归

- 对外贸易经济合作部、财政部印发《援外合资合作项目基金管理办法》
- 开始举办发展中国家官员研修班

1995年

1996年

1997年

1998年

1995年

- DAC高级别会议通过新发展战略《塑造21世纪：发展合作的贡献》
- 首届亚欧会议召开
- 首届世界粮食首脑会议召开
- 联合国艾滋病联合规划署成立

1997年

1998年

- 联合国合并灾难援助协调办公室与人道事务部，成立人道主义事务协调厅
- DAC高级别会议讨论发展伙伴关系战略
- OECD在ODA汇报系统中加入"里约标签"

- DAC高级别会议通过"新全球背景下发展伙伴关系"声明
- 瑞典国际发展合作署成立
- 世界贸易组织WTO成立
- 社会发展问题世界首脑会议召开

国 际

- 亚洲金融危机爆发
- DAC与联合国、世界银行、国际货币基金组织讨论衡量发展进程的指标
- DAC首次举行发展伙伴关系论坛
- 《京都议定书》正式通过

1945—2023年

- 澳门回归
- 美国轰炸中国驻南斯拉夫大使馆

- 党的十五届五中全会提出实施"走出去"战略
- 中非合作论坛第一届部长级会议在北京举行

- 中国加入世界贸易组织

- SARS疫情暴发

1999年 | **2000年** | **2001年** | **2002年**

1999年

2000年

- 联合国、OECD、国际货币基金组织、世界银行在联合国千年首脑会议前发布报告《为所有人创造更好的世界——实现全球发展目标的进程》，成为联合国千年发展目标（MDG）的重要参考依据。
- 卢森堡官方发展援助资金达到国民生产总值的0.7%
- 联合国千年首脑会议召开，通过《联合国千年宣言》

2001年

2002年

- 欧元正式流通
- 抗击艾滋病、结核病和疟疾全球基金成立
- 发展筹资问题国际会议在墨西哥蒙特雷召开。会议通过的《蒙特雷共识》是全面解决发展筹资挑战的第一个全球倡议
- 联合国儿童问题特别会议召开
- 非洲联盟正式运行
- 可持续发展问题世界首脑会议召开

- DAC高级别会议讨论"最不发达国家官方发展援助去捆绑的建议草案"
- 欧元正式发行
- 全球疫苗免疫联盟（GAVI）成立

- DAC高级别会议正式通过了"最不发达国家官方发展援助去捆绑的建议"
- 联合国及其秘书长科菲·安南获诺贝尔和平奖
- 美国遭遇"9·11"恐怖袭击

2003年

- 原对外贸易经济合作部与原国家计委、国家经贸委的部分职能整合，组建商务部，继续归口管理援外工作
- 顺应国家行政审批制度改革，援外管理实行"政策制定、执行、监督"三分离改革
- 商务部设立国际经济合作事务局，负责援外项目组织实施和管理职能
- "中国—葡语国家经贸合作论坛"第一届部长级会议举行
- 中非合作论坛第二届部长级会议在亚的斯亚贝巴举行

2004年

- "中国—阿拉伯国家合作论坛"第一届部长级会议举行
- 《援外青年志愿者选派和管理暂行办法》施行，向老挝派遣第一批援外志愿者

2005年

2006年

- 开展应对印度洋海啸灾难重大援助行动
- "中国—加勒比经贸合作论坛"首届部长级会议举行
- 第一届"中国—太平洋岛国经济发展合作论坛"举行
- "中国—阿拉伯国家合作论坛"第二届部长级会议举行
- "中国—葡语国家经贸合作论坛"第二届部长级会议举行
- 中非合作论坛北京峰会暨第三届部长级会议举行

2003年

- 第一届援助有效性高层论坛在罗马举行

2004年

- DAC高级别会议强调帮助发展中国家应对暴力冲突
- 印度洋发生大地震和海啸

2005年

- 联合国启动加强全球人道主义体系的改革
- 第二届援助有效性高层论坛召开，通过《关于援助有效性的巴黎宣言》

2006年

- DAC高级别会议关注益贫式增长
- 联合国中央应急基金成立
- 科菲·安南秘书长提出联合国改革提议

- "中国—加勒比经贸合作论坛"第二届部长级会议举行

- 援建巴基斯坦瓜达尔港建成启用
- 商务部牵头成立对外援助部际联系机制
- 商务部实行对外援助项目执行机构专业化分工
- 启动面向发展中国家的援外硕士教育项目
- 汶川地震
- 北京举办奥运会
- "中国—阿拉伯国家合作论坛"第三届部长级会议举行

- 中非合作论坛第四届部长级会议举行

- "中国—阿拉伯国家合作论坛"第四届部长级会议举行
- 第九次全国援外工作会议召开
- "中国—葡语国家经贸合作论坛"第三届部长级会议举行

2007年　　**2008年**　　**2009年**　　**2010年**

2007年　　**2008年**　　**2009年**　　**2010年**

- 美国爆发次贷危机
- 第三届援助有效性高层论坛召开，通过《阿克拉行动议程》
- 联合国大会将每年8月19日定为世界人道主义日

- 海地暴发地震
- "阿拉伯之春"拉开序幕
- 联合国妇女署成立

- 世界粮食安全首脑会议召开

- 政府间气候变化专门委员会获诺贝尔和平奖
- 《国际卫生条例（2005）》生效

🕐 🏔 **1945—2023年**

- 商务部牵头升级对外援助部际联系机制为部际协调机制
- 《中国的对外援助（2011）》白皮书发布
- "中国—加勒比经贸合作论坛"第三届部长级会议举行
- 中国在《联合国气候变化框架公约》缔约方大会上宣布支持发展中国家应对气候变化的援助举措
- 中国宣布对非洲棉花四国促贸援助举措

- 国家主席习近平访问非洲
- 国家主席习近平访问加勒比
- 国家主席习近平提出共建"一带一路"倡议
- 第二届"中国—太平洋岛国经济发展合作论坛"举行
- "中国—葡语国家经贸合作论坛"第四届部长级会议举行

- "中国—阿拉伯国家合作论坛"第五届部长级会议举行
- 援建非盟会议中心项目移交
- 中非合作论坛第五届部长级会议举行
- 党的第十八次全国代表大会召开

2011年　　**2012年**　　**2013年**

2011年　　**2012年**　　**2013年**

- 联合国可持续发展会议召开

- 第一届联合国青年大会召开

- 叙利亚内战爆发
- 日本宫城县发生地震，福岛第一核电站爆炸
- 南苏丹共和国成立
- "占领华尔街"运动爆发
- 世界人口突破70亿
- 第四届援助有效性高层论坛举行，通过《有关新的全球合作关系的釜山宣言》，并将"援助有效性"转换为"发展有效性"

- 为应对西非埃博拉疫情，中国先后向13个非洲国家提供了7.5亿元人民币的四轮援助
- "中国—阿拉伯国家合作论坛"第六届部长级会议举行
- 《中国的对外援助（2014）》白皮书发布
- 商务部发布《对外援助管理办法（试行）》，对援外项目立项、执行、监督等环节进行制度化约束

2014年

- "中国—拉美和加勒比国家共同体论坛"第一届部长级会议举行
- 中国对尼泊尔特大地震提供紧急人道主义援助
- 中国宣布设立"南南合作援助基金"
- 中国宣布将成立南南合作与发展学院
- 中国宣布出资200亿元人民币建立"中国气候变化南南合作基金"，支持其他发展中国家应对气候变化
- 中国宣布设立为期10年、总额10亿美元的中国—联合国和平与发展基金
- 中非合作论坛约翰内斯堡峰会暨第六届部长级会议举行
- 《对外援助项目实施企业资格认定办法（试行）》颁布实施

2015年

2014年

- 西非埃博拉病毒疫情暴发
- 联合国首次就一项突发公共卫生事件（埃博拉疫情）设立特派团

2015年

- 联合国发展峰会召开，通过《2030可持续发展议程》
- 也门爆发内战
- 欧洲难民危机爆发
- 寨卡病毒疫情暴发
- MERS疫情暴发
- 联合国《巴黎气候变化协定》通过

国际

1945—2023年

- 《对外援助成套项目管理办法（试行）》颁布实施
- 《对外技术援助项目管理办法（试行）》颁布实施
- 《对外援助物资项目管理办法（试行）》颁布实施
- 《对外援助标识使用管理办法（试行）》颁布实施
- 南南合作与发展学院在北京大学成立
- "中国—阿拉伯国家合作论坛"第七届部长级会议举行
- "中国—葡语国家经贸合作论坛"第五届部长级会议举行

2016年

- 中央全面深化改革领导小组审议通过《关于改革援外工作的实施意见》
- 第一届"一带一路"国际合作高峰论坛举行
- 中国国际发展知识中心启动运行，发布首份《中国落实2030年可持续发展议程进展报告》
- 党的第十九次全国代表大会召开

2017年

2016年

- 世界人道主义峰会在土耳其举行，这是首次举行全球性人道主义峰会
- 英国公投决定脱离欧盟
- 流行病防范创新联盟（CEPI）成立
- 联合国难民和移民首脑会议召开

2017年

- 美国宣布退出TPP

中 国

2018年

- "中国—拉美和加勒比国家共同体论坛"第二届部长级会议举行
- 组建国家国际发展合作署
- "中国—阿拉伯国家合作论坛"第八届部长级会议举行
- 中非合作论坛北京峰会暨第七届部长级会议举行

2019年

- 第二届"一带一路"国际合作高峰论坛举行
- 第三届"中国—太平洋岛国经济发展合作论坛"举行
- 首届可持续发展论坛在北京举行，发布《中国落实2030年可持续发展议程进展报告2019》

2020年

- 新版中国政府对外援助标识和徽章启用
- 中国广泛提供国际抗疫援助
- 中非团结抗疫特别峰会举行
- "中国—阿拉伯国家合作论坛"第九届部长级会议举行
- 中国加入"新冠肺炎疫苗实施计划（COVAX）"
- 中国与亚太14国签署《区域全面经济伙伴关系协定》（RCEP）
- 国家主席习近平在联合国成立75周年纪念峰会和气候雄心峰会上宣布，中国二氧化碳排放力争于2030年前达到峰值，努力争取2060年前实现碳中和

2018年

- 刚果埃博拉病毒疫情暴发
- 全球初级卫生保健会议召开，发表《阿斯塔纳宣言》，为实现全民健康覆盖指明行动方向
- 美国挑动对华贸易争端
- 法国爆发黄马甲运动
- 《全面进步的跨太平洋伙伴关系协定》（CPTPP）签署
- 第73届联合国大会通过《难民问题全球契约》

2019年

- 联合国秘书长古特雷斯邀请来自政府、金融界、商界和民间社会的世界领导人参加气候行动峰会
- 首届全球难民论坛在瑞士日内瓦举行

2020年

- 新冠疫情在全球范围"大流行"
- 东非暴发蝗灾
- 美国宣布退出世界卫生组织
- 联合国生物多样性问题国家首脑峰会举行
- 英国国际发展部与外交部合并，成立外交、联邦与发展部。英国宣布对外援助预算减少到国民总收入的0.5%
- 二十国集团"暂停债券偿付倡议"启动
- 世界粮食计划署获诺贝尔和平奖
- 联合国开发计划署发布《人类发展报告》30周年纪念版，引入"地球压力调整后的人类发展指数（PHDI）"

- 国务院新闻办公室发布《新时代的中国国际发展合作》白皮书
- 中国—中东欧国家领导人峰会以视频方式举行
- 国家国际发展合作署、外交部、商务部联合发布《对外援助管理办法》，自2021年10月1日起施行
- 菌草援外20周年暨助力可持续发展国际合作论坛在京举行
- 国家主席习近平出席第76届联合国大会，首次提出全球发展倡议
- 中国—阿拉伯国家合作论坛第九届中阿关系暨中阿文明对话研讨会以视频方式成功举行
- 第二届可持续发展论坛在京举行，发布《中国落实2030年可持续发展议程进展报告（2021）》《地球大数据支撑可持续发展目标报告（2021）》
- 《生物多样性公约》缔约方大会第十五次会议在昆明举行，中方出资15亿元人民币建立"昆明生物多样性基金"
- 中国同建交太平洋岛国通过视频方式举行首次外长会
- 中国—东盟建立对话关系30周年纪念峰会召开
- 中非合作论坛第八届部长级会议举行
- 中国—拉美和加勒比国家共同体论坛第三届部长会议通过线上方式举行
- 中老铁路全线开通运营

2021年

2021年

- 美军全部撤离阿富汗，美国发动的长达20年的阿富汗战争以失败告终
- 第26届联合国气候变化大会（COP26）召开，通过《格拉斯哥气候公约》，大会期间，中美发布强化气候行动联合宣言
- 公正能源转型伙伴关系（JETP）启动
- 欧盟推出"全球门户"计划

1945—2023年

- 中国—葡语国家经贸合作论坛部长级特别会议在澳门举行
- 博鳌亚洲论坛年会上，国家主席习近平首次提出全球安全倡议
- 全球发展高层对话会上，国家主席习近平宣布将南南合作援助基金升级为"全球发展和南南合作基金"，成立全球发展促进中心，建立全球发展知识网络
- 党的第二十次全国代表大会召开
- 首届中国—阿拉伯国家峰会、中国—海湾阿拉伯国家合作委员会峰会在沙特举行

● 2022年

● **2022年**

- 《区域全面经济伙伴关系协定》（RCEP）正式生效
- 汤加火山爆发
- 俄罗斯对乌克兰发起特别军事行动，乌克兰危机升级
- 拜登政府发布《美国印太战略》报告
- 联合国难民署宣布，全球难民和流离失所者人口首次突破1亿人
- 七国集团领导人共同宣布发起"全球基础设施和投资伙伴关系"计划，称将在未来5年内筹集6000亿美元，为发展中国家提供基础设施建设资金
- 巴基斯坦遭受严重洪涝灾害
- 联合国发布《2021/2022年人类发展报告》。报告显示人类发展已经回落到2016年的水平
- 世界银行以金融中介基金形式设立疫情大流行防范、准备和应对基金
- 《联合国气候变化框架公约》第二十七次缔约方大会（COP27）召开，决定设立基金补偿发展中国家因气候变化造成的"损失和损害"
- 世界人口突破80亿
- 美国时隔八年举办第二届美国—非洲领导人峰会

• 中国共产党与世界政党高层对话会上，国家主席习近平首次提出全球文明倡议

• 首届中国—中亚峰会在西安举行，与会元首同意正式成立中国—中亚元首会晤等机制

• 全球共享发展行动论坛首届高级别会议在京举行，国家国际发展合作署宣布成立项目库、资金库，并发布《全球发展项目库准则》《全球发展项目库筹资准则》

• 中国在联合国总部举办全球发展倡议合作成果展示高级别会议，发布《全球发展倡议实践成就与世界贡献》《中国落实2030年可持续发展议程进展报告（2023）》《地球大数据支撑可持续发展目标报告（2023）》

• 国务院新闻办公室发布《携手构建人类命运共同体：中国的倡议与行动》白皮书

• 第三届"一带一路"国际合作高峰论坛举行

• 中国援外医疗队派遣60周年纪念暨表彰大会召开

● **2023年**

● **2023年**

• 印度举办"全球南方国家之声"线上峰会

• 联合国经济和社会事务部发布《2023年世界经济形势与展望》报告，预计2023年全球经济增速将降至1.9%，成为数十年来增速最低的年份之一

• 土耳其南部靠近叙利亚边境地区发生强烈地震，给土叙两国造成重大人员伤亡

• 全球主权债务圆桌会议召开

• 世界卫生组织宣布不再将新冠疫情列为全球公卫紧急事件

• 金砖国家领导人第十五次会晤在约翰内斯堡举行，伊朗、沙特、埃及、阿联酋、阿根廷和埃塞俄比亚获邀加入金砖国家合作机制，正式成为金砖组织的新成员国

• 可持续发展目标峰会召开，当前仅有15%的可持续发展目标步入正轨，许多目标甚至出现逆转

• 日本依据国家安全战略修订《发展合作大纲》

• 新全球融资契约峰会在法国巴黎召开，呼吁改革全球发展融资体系

• 首届非洲气候峰会在肯尼亚内罗毕召开，通过《内罗毕宣言》

• 二十国集团第十八次峰会在印度新德里召开，非盟成为正式成员，二十国集团实现首次扩员

• 印度、美国、阿联酋、沙特阿拉伯、欧盟、意大利、法国、德国启动"印度—中东—欧洲经济走廊"（IMEC）

• 新一轮巴以冲突爆发

• 第二届全球难民论坛在瑞士日内瓦举行